Einlage, Tausch und tauschähnlicher Vorgang
im Zivilrecht und im Steuerrecht

FREIBURGER STEUERFORUM

Herausgegeben von Wolfgang Kessler

Band 10

PETER LANG
Frankfurt am Main · Berlin · Bern · Bruxelles · New York · Oxford · Wien

Ralf Adam

Einlage, Tausch und tauschähnlicher Vorgang im Zivilrecht und im Steuerrecht

PETER LANG
Europäischer Verlag der Wissenschaften

Bibliografische Information Der Deutschen Bibliothek
Die Deutsche Bibliothek verzeichnet diese Publikation in der Deutschen Nationalbibliografie; detaillierte bibliografische Daten sind im Internet über <http://dnb.ddb.de> abrufbar.

Zugl.: Freiburg (Breisgau), Univ., Diss., 2004

D 25
ISSN 1617-917X
ISBN 3-631-53638-0

www.peterlang.de

Vorwort

Die rechtswissenschaftliche Dissertation „Einlage, Tausch und tauschähnlicher Vorgang im Zivilrecht und im Steuerrecht“ ist im Zeitraum Mai 2000 bis März 2003 am Lehrstuhl für Betriebswirtschaftliche Steuerlehre der Albert-Ludwigs-Universität Freiburg entstanden. Rechtsprechung und Literatur sind bis Anfang 2003 berücksichtigt.

Mein erster und umfassender Dank gilt meiner Familie, ganz besonders meiner Ehefrau Emily Adam und meinen Eltern Renate und Werner Bernhardt. Ihnen widme ich diese Arbeit.

Gleichfalls herzlichst bedanke ich mich bei meinem verehrten Doktorvater Prof. Dr. Wolfgang Kessler. Ihm verdanke ich den ersten Anstoß für das Thema der Arbeit. Bei der späteren Konkretisierung und Ausarbeitung hat er mir größtmöglichen Freiraum gewährt. Weiterer Dank gilt Herrn Prof. Dr. Hanno Merkt für die Übernahme des Zweitgutachtens und Herrn Prof. Dr. Uwe Blaurock, dem damaligen Dekan der Rechtswissenschaftlichen Fakultät.

Schließlich bedanke ich mich bei dem Fachbereich Steuern und Prüfungswesen der Berufsakademie Villingen-Schwenningen, bei den Sozietäten Graf von Westphalen Bappert & Modest, Wragge & Co und BWS Graf Westphalen Busch & Partner, namentlich bei Herrn RA Dr. Frank Büchler und Herrn WP / StB Günter Maier, sowie bei meinen Freunden, insbesondere bei Herrn Matthias Leitold.

Last, but not least geht mein besonderer Dank an den Rudolf Haufe Verlag, der die vorliegende Arbeit im Oktober 2004 mit dem Rudolf-Haufe-Nachwuchsförderpreis 2004 ausgezeichnet hat.

Freiburg im Breisgau, im Dezember 2004

Inhaltsübersicht

Inhaltsverzeichnis

Abkürzungsverzeichnis

a.A.	anderer Auffassung
a.a.O.	am angegebenen Ort
a.F.	alter Fassung
AG	Aktiengesellschaft
AktG	Aktiengesetz
Anm.	Anmerkung
AO	Abgabenordnung
Aufl.	Auflage
BB	Betriebsberater
BBK	Buchführung, Bilanz, Kostenrechnung
BFH	Bundesfinanzhof
BFH/NV	Sammlung amtlich nicht veröffentlichter BFH-Entscheidungen
BFHE	Sammlung der Entscheidungen des Bundesfinanzhofs
BGB	Bürgerliches Gesetzbuch
BGH	Bundesgerichtshof
BGHZ	Sammlung der Entscheidungen des Bundesgerichtshofs
BHR	Bonner Handbuch der Rechnungslegung
BMF	Bundesministerium der Finanzen
BStBl	Bundessteuerblatt
BT-Drs.	Drucksachen des Deutschen Bundestages
Buchst.	Buchstabe
BV	Betriebsvermögen
BVerfG	Bundesverfassungsgericht
bzw.	beziehungsweise
DB	Der Betrieb
DBA	Doppelbesteuerungsabkommen
ders.	derselbe
DNotZ	Deutsche Notar-Zeitschrift
DStR	Deutsches Steuerrecht
DStRE	DStR Entscheidungsdienst
DStZ	Deutsche Steuer-Zeitung
EFG	Entscheidungen der Finanzgerichte
EStG	Einkommensteuergesetz
EuGH	Europäischer Gerichtshof
f.	folgend
ff.	folgende
FG	Finanzgericht
Fn	Fußnote
FR	Finanz-Rundschau
FS	Festschrift
GbR	Gesellschaft bürgerlichen Rechts
GenG	Gesetz betreffend die Erwerbs- und Wirtschaftsgenossenschaften

GHV	Gesamthandsvermögen
GmbHG	Gesetz betreffend die Gesellschaften mit beschränkter Haftung
GmbHR	GmbH-Rundschau
GmbH-StB	Der GmbH-Steuerberater
GrS	Großer Senat
GuV	Gewinn- und Verlustrechnung
Hdb.PersGes	Handbuch der Personengesellschaften
HFR	Höchstrichterliche Finanzrechtsprechung
HG	Herausgeber
HGB	Handelsgesetzbuch
hrsg.	herausgegeben
Hs.	Halbsatz
HwStR	Handwörterbuch des Steuerrechts
i.d.F.	in der Fassung
i.e.S.	im engeren Sinne
i.V.m.	in Verbindung mit
i.w.S.	im weiteren Sinne
IDW	Institut der Wirtschaftsprüfer
INF	Die Information über Steuer und Wirtschaft
InsO	Insolvenzordnung
IPR	Internationales Privatrecht
KapCo	Kapitalgesellschaft & Co Gesellschaft
KapCoRiLiG	Kapitalgesellschaften- und Co-Richtlinie-Gesetz
KapGes	Kapitalgesellschaft
KG	Kommanditgesellschaft
KO	Konkursordnung
KÖSDI	Kölner Steuerdialog
krit.	kritisch
KStG	Körperschaftsteuergesetz
LSW	Lexikon des Steuer- und Wirtschaftsrechts
m.N.	mit Nachweis
m.w.N.	mit weiteren Nachweisen
MünchHdb.GesR I	Münchener Handbuch des Gesellschaftsrechts
MünchKommHGB	Münchener Kommentar zum Handelsgesetzbuch
MünchKommInsO	Münchener Kommentar zur Insolvenzordnung
NJW	Neue Juristische Wochenschrift
NJW-RR	NJW-Rechtsprechungs-Report
Nr.	Nummer
Nrn.	Nummern
NWB	Neue Wirtschafts-Briefe
NZG	Neue Zeitschrift für Gesellschaftsrecht
OECD	Organisation for Economic Cooperation and Development
OECD-MA	OECD-Musterabkommen
Ö-EStG	Österreichisches Einkommensteuergesetz
Ö-KStG	Österreichisches Körperschaftsteuergesetz

OFD	Oberfinanzdirektion
OHG	Offene Handelsgesellschaft
PersGes	Personengesellschaft
PublG	Publizitätsgesetz
Rn	Randnummer
Rz	Randziffer
S.	Seite
s.	siehe
SBV	Sonderbetriebsvermögen
sog.	sogenannt
st. Rspr.	ständige Rechtsprechung
Stbg	Die Steuerberatung
StBP	Die steuerliche Betriebsprüfung
StEntlG	Steuerentlastungsgesetz
StSenkG	Steuersenkungsgesetz
StuB	Steuer und Buchhaltung
StuW	Steuer und Wirtschaft
SWK	Steuer- und Wirtschafts-Kartei
Tz.	Textziffer
u.U.	unter Umständen
UmwStG	Umwandlungssteuergesetz
UntStFG	Unternehmenssteuerfortentwicklungsgesetz
UStG	Umsatzsteuergesetz
vE	verdeckte Einlage
Vfg.	Verfügung
vGA	verdeckte Gewinnausschüttung
vgl.	vergleiche
WiB	Wirtschaftsrechtliche Beratung
z.B.	zum Beispiel
ZIP	Zeitschrift für Wirtschaftsrecht
zit.	zitiert
ZVglRWiss	Zeitschrift für Vergleichende Rechtswissenschaft

Abbildungsverzeichnis

1. Teil: Grundlegung

I. Kapitel: Einführung

1. Themenstellung

Einlagen stellen eine zentrale betriebswirtschaftliche Finanzierungsart dar. Sie sind Außenfinanzierung und zugleich Eigenfinanzierung der Unternehmung. Unternehmensbeteiligte erbringen Einlagen entweder anlässlich der Unternehmensgründung oder aber anlässlich einer Kapitalerhöhung. Abhängig von der Behandlung im Buchführungswerk können Einlagen das Handelsbilanzergebnis erhöhen, müssen dies aber nicht zwangsläufig. Steuerlich verhalten sich Einlagen in jedem Falle gewinnneutral, eine zunächst erfolgswirksame Verbuchung wird gegebenenfalls neutralisiert.
Ein Aufsatz mit dem Titel „Unterschiedlicher Einlagebegriff im Gesellschafts- und Steuerrecht?" hat im Jahre 1988 eine wichtige, aber bisher noch immer wenig intensiv behandelte Frage formuliert.[1] Damaliger Anlass war die Entscheidung des Großen Senats des Bundesfinanzhofs (BFH) zur fehlenden Einlagefähigkeit bloßer Nutzungsvorteile. Konkreter Anlass der vorliegenden Arbeit ist ein mehr als zehn Jahre später ergangenes Urteil.[2] Der VIII. Senat des BFH hat darin die gegen Gewährung eines Mitunternehmeranteils erfolgte Einbringung eines Einzelwirtschaftsguts aus dem Privatvermögen in das Gesamthandsvermögen einer Personengesellschaft als tauschähnlichen Vorgang und als Realisationstatbestand für den einbringenden Mitunternehmer qualifiziert. Die empfangende Personengesellschaft habe als „Anschaffungskosten" für das eingebrachte Wirtschaftsgut dessen gemeinen Wert zu aktivieren. Entgegen der bis dahin bestehenden Praxis der Finanzverwaltung[3] verneint der BFH die ausschließliche Anwendung der sogenannten Einlageregeln der §§ 4 I 5, 6 I Nr. 5 EStG. Besonders bemerkenswert ist, dass der BFH sich im entscheidenden Teil der Urteilsbegründung auf eine gesellschaftsrechtliche Argumentation zur Rechtsnatur der Einlage stützt.
Das Urteil vom 19.10.1998 ist in der Literatur auf ein Echo gestoßen, das kaum breiter sein könnte. Spekuliert worden war zunächst über die Möglichkeit bzw. die Erforderlichkeit eines Nichtanwendungserlasses der Finanzverwaltung.[4] Das Bundesfinanzministerium (BMF) hat derartigen Überlegungen jedoch eine Absage erteilt. In seinem Schreiben vom 29.03.2000 hat das BMF

---

1 Scheel, BB 1988, 1211.
2 BFH, Urteil vom 19.10.1998, VIII R 69/95, BStBl II 2000, 230 = DStR 1999, 366.
3 BMF, Schreiben vom 20.12.1977 (sog. Mitunternehmer-Erlass), IV B 2 – S 2241 – 231/77, BStBl I 1978, 8 (S. 13, Tz. 49).
4 Kraft, DStR 1999, 1603, 1604.

die Rechtsgrundsätze des BFH-Urteils vom 19.10.1998 für allgemein anwendbar erklärt.[5] Der Sache nach gelte das Urteil allgemein für die gegen Gewährung von Gesellschaftsrechten erfolgende Übertragung einzelner Wirtschaftsgüter aus dem Privatvermögen in das betriebliche Gesamthandsvermögen einer Personengesellschaft. Steuerrechtlich ist mit dieser von BFH und BMF übereinstimmend vertretenen Rechtsauffassung wie für Kapitalgesellschaften nun auch für Personengesellschaften ein begrifflicher Zusammenhang zwischen Einlagen und Tauschvorgängen festgestellt. Während aus dem Blickwinkel des Zivilrechts Einlage und Tausch prima facie nichts gemein haben, kann steuerrechtlich eine offene Einlage einen tauschähnlichen Vorgang bedeuten.

Einlagebegriff und Tauschbegriff sind originär zivilrechtliche Begriffe. Noch stärker als im Zivilrecht bzw. im Gesellschaftsrecht sind Einlagen und Tauschvorgänge jedoch im Steuerrecht Gegenstand der Rechtsprechung und der wissenschaftlichen Diskussion.[6] Die überwiegende Auffassung zum Verhältnis von Steuerrecht und Zivilrecht geht davon aus, dass nicht a priori eine teleologische Prävalenz des Zivilrechts besteht.[7] Auch nach Auffassung des Bundesverfassungsgerichts besteht keine Vermutung, dass ein dem Zivilrecht entlehntes Tatbestandsmerkmal einer steuerrechtlichen Norm stets im Sinne des zivilrechtlichen Verständnisses zu interpretieren ist. Ebenso wenig besteht andererseits eine Vermutung für ein abweichendes Verständnis. Steuerrechtliche Tatbestandsmerkmale sind vielmehr, auch wenn sie ihren Ursprung im Zivilrecht haben, nach dem steuerrechtlichen Bedeutungszusammenhang, nach dem Zweck des jeweiligen Steuergesetzes und nach dem Inhalt der Einzelregelung zu interpretieren. Zivilrecht und Steuerrecht sind einander nebengeordnete, gleichrangige Rechtsgebiete. Das Steuerrecht prägt – wie jedes andere Rechtsgebiet – seine eigenen Tatbestände.[8]

---

5 BMF, Schreiben vom 29.03.2000, IV C 2 – S 2178 – 4/00, BStBl I 2000, 462, Behandlung der Einbringung einzelner zum Privatvermögen gehörender Wirtschaftsgüter in das betriebliche Gesamthandsvermögen einer Personengesellschaft als tauschähnlicher Vorgang; Anwendung des BFH-Urteils vom 19. Oktober 1998.

6 Dies gilt zumindest, wenn man von dem breit behandelten gesellschaftsrechtlichen Thema der verdeckten Sacheinlagen absieht. Der Begriff der verdeckten Sacheinlage ist indessen ein anschauliches Beispiel dafür, dass die Begriffsbildung im Gesellschaftsrecht und im Steuerrecht nicht aufeinander abgestimmt ist. So beschreiben der Begriff der verdeckten Sacheinlage im Gesellschaftsrecht und der Begriff der verdeckten Einlage im Steuerrecht verschiedene Sachverhalte. Vgl. 4.8.2 im II. Kapitel (S. 45).

7 So auch Tipke/Lang, 17. Aufl. 2002, § 1 Rn 19 (S. 6 f.) m.w.N.

8 BVerfG, Beschluss vom 27.12.1991, 2 BvR 72/90, BStBl II 1992, 212 m.N. Engisch, S. 156 ff.; krit. Meincke, StuW 1992, 188. Vgl. zum Verhältnis des Steuerrechts zum Zivilrecht auch Crezelius, § 10 (S. 178 ff.).

Für den Begriff der Einlage besteht im Zivilrecht anders als im Steuerrecht in § 4 I 5 EStG keine Legaldefinition. Das Verhältnis von zivilrechtlichem und steuerrechtlichem Einlagebegriff ist nicht abschließend geklärt. Wiederholt ist der Verdacht geäußert worden, die unklare Einlageterminologie sei ursächlich oder zumindest mitursächlich für eine verfehlte Rechtsauffassung.[9] Bereits an dieser Stelle lässt sich eine Übereinstimmung darin festhalten, dass jeder Einlagevorgang sich im Zivilrecht wie im Steuerrecht aus einem Einlagegegenstand und einer Einlagehandlung zusammensetzt. Kontextabhängig werden in beiden Rechtsgebieten sowohl der Einlagegegenstand als auch die Einlagehandlung als „Einlage" bezeichnet. Jeder Einlagevorgang, gleich ob im Zivilrecht oder im Steuerrecht, besteht also in der „Einlage einer Einlage". Das wird zwar nirgendwo so formuliert, gibt aber in pointierter Weise wieder, dass der Einlagebegriff zuweilen im Sinne des Einlagegegenstands, zuweilen aber auch im Sinne der Einlagehandlung verstanden wird.
Für den Begriff des Tausches und des tauschähnlichen Vorgangs besteht weder im Zivilrecht noch im Einkommensteuerrecht eine Legaldefinition. Anders ist das im Umsatzsteuerrecht. Die dortige Legaldefinition in § 3 XII UStG hilft im ertragsteuerlichen Kontext aber nicht weiter. Gedanklich wird der Tauschvorgang einkommensteuerrechtlich in die Anschaffung des erhaltenen und die Veräußerung des hingegebenen Wirtschaftsguts unterteilt. Wird ein einzelnes Wirtschaftsgut im Wege des Tausches übertragen, bemessen sich die Anschaffungskosten nach dem gemeinen Wert des hingegebenen Wirtschaftsguts. Diese schon bisher bestehende allgemeine Auffassung[10] ist durch das Steuerentlastungsgesetz 1999/2000/2002 in § 6 VI 1 EStG normiert worden. Die Veräußerung eines Wirtschaftsguts im Tauschwege führt daher zur Aufdeckung stiller Reserven.

2. Urteil des BFH vom 19.10.1998

2.1 Kernaussagen

Die amtlichen Leitsätze des Urteils vom 19.10.1998 seien zunächst im Wortlaut wiedergegeben:

---

9 Vgl. nur Büchele, DB 1999, 2336; Hoffmann, Beihefter zu DStR 11/1996, S. 3, 8. Vgl. auch Hoffmann, Beilage 16 zu BB 40/1996 mit der „Feststellung einer erstaunlichen Begriffsverwirrung" (S. 2).

10 Vgl. nur Tipke/Lang, 16. Aufl. 1998, § 9 Rn 375 (S. 348); HwStR, S. 1409.

Leitsatz 1: „Bringt der Gesellschafter einer Personengesellschaft bei deren Gründung ein Wirtschaftsgut seines Privatvermögens (hier: eine wesentliche Beteiligung im Sinne von § 17 EStG) in die Personengesellschaft gegen die Gewährung eines Mitunternehmeranteils ein, so handelt es sich um einen tauschähnlichen Vorgang."

Leitsatz 2: „Die empfangende Gesellschaft hat als „Anschaffungskosten" für das eingebrachte Wirtschaftsgut dessen gemeinen Wert zu aktivieren."

Leitsatz 3: „Entsprechende Grundsätze gelten auch dann, wenn die Einbringung des betreffenden Wirtschaftsguts gegen Gewährung von Personengesellschaftsrechten und ein weiteres Entgelt (z.B. Gutschrift auf einem Forderungskonto des einbringenden Gesellschafters der Personengesellschaft) erfolgt."

Kernaussagen sind die Qualifizierung der offenen Sacheinlage aus dem Privatvermögen in eine Personengesellschaft als tauschähnlich (Leitsatz 1) und das hieraus abgeleitete Gebot der Aktivierung des eingebrachten Wirtschaftsguts mit dem gemeinen Wert (Leitsatz 2). Insoweit hat bis zu diesem Urteil vom 19.10.1998 keine höchstrichterliche Rechtsprechung bestanden. Der BFH hatte die Frage einmal ausdrücklich offengelassen und in der Folgezeit keine Gelegenheit zur Stellungnahme mehr gehabt. Die korrespondierende steuerliche Behandlung auf der Seite des einbringenden Gesellschafters ist zwar nicht den Leitsätzen, wohl aber den Gründen zu entnehmen. Veräußere ein Gesellschafter einer gewerblich tätigen Personengesellschaft an diese eine bisher in seinem Privatvermögen gehaltene wesentliche Beteiligung im Sinne von § 17 EStG, so realisiere er damit einen Veräußerungsgewinn oder Veräußerungsverlust nach § 17 I 1 EStG in Höhe der Differenz zwischen dem Veräußerungspreis und den Anschaffungskosten der wesentlichen Beteiligung abzüglich etwaiger Veräußerungskosten (§ 17 II 1 EStG). Die bei der empfangenden Personengesellschaft zu aktivierenden Anschaffungskosten entsprechen nach dem BFH grundsätzlich dem beim Gesellschafter im Rahmen der Besteuerung nach § 17 EStG anzusetzenden Veräußerungspreis.

2.2 Begründung der Rechtsauffassung durch den BFH

Nach knapper Darstellung verwirft der BFH drei abweichende Auffassungen, ohne sich ausführlich mit ihnen auseinander zu setzen. Etwas apodiktisch stellt der VIII. Senat fest, er beurteile die Einbringung aus dem Privatvermögen gegen Gewährung von Gesellschaftsrechten als tauschähnlichen Vorgang, der bei der übernehmenden Gesellschaft zu einem Anschaffungsgeschäft führe. An anderer Stelle spricht der BFH von einem kaufähnlichen Vorgang, ohne mit der abweichenden Formulierung einen Bedeutungsunterschied zu verbinden.[11]

11 Zu Recht wendet Daragan, DStR 2000, 573 ein: „Etwas unentschlossen bezeichnet der VIII. Senat den Transfer mal als tauschähnliches, mal als kaufähnliches Geschäft."

Unter Nennung jeweils einer Fundstelle des BMF, des BFH und des Schrifttums[12] verweist der BFH ohne nähere Erläuterung auf die Behandlung der offenen Einlage in eine Kapitalgesellschaft, um sodann die aus seiner Sicht tragende Begründung zu formulieren. Sie liegt in einer zivilrechtlichen bzw. einer gesellschaftsrechtlichen Argumentation. Jeder offenen Sacheinlage – sei es bei einer Personengesellschaft oder bei einer Kapitalgesellschaft – liege eine Vereinbarung des Gegenstands der Sacheinlage und der Höhe der in Geld ausgedrückten Einlageschuld zugrunde. Auf diese leiste der Gesellschafter die Sacheinlage, welche die Gesellschaft mit dem angemessenen Wert gegen ihre Einlageforderung verrechne. Die Leistung einer Sacheinlage bei einer GmbH erfordere nach § 5 IV 1 GmbHG die gesellschaftsvertragliche Festsetzung des Gegenstands der Sacheinlage und des Betrags der Stammeinlage, auf die sich die Sacheinlage beziehe. Ferner erfordere sie einen Sachgründungsbericht nach § 5 IV 2 GmbHG. Im wirtschaftlichen Ergebnis, auf das es für die bilanzrechtliche Beurteilung allein ankomme, mache es dabei keinen Unterschied, ob eine Sacheinlage im eigentlichen Sinne oder eine Sachübernahme vereinbart worden sei, bei der die Einlagepflicht durch Verrechnung der als Gegenwert für die Sacheinlage festgesetzten Vergütung erfüllt werde. Immer stehe im Hintergrund die sich aus der Leistungsvereinigung bei der Gründung der Gesellschaft ergebende Pflicht des Gesellschafters zur Geldleistung.[13] Die Sacheinlage stelle sich bei der Kapitalgesellschaft als kaufähnlicher Vorgang unter dem gesellschaftsrechtlichen Vorbehalt einer Bewertung nach objektiven Kriterien dar.
Bei einer Kommanditgesellschaft gelte Entsprechendes. Die Haftung eines Kommanditisten sei nach § 171 I Hs. 2 HGB ausgeschlossen, soweit er die Einlage geleistet habe. Die Haftungsbefreiung könne jedoch nach dem Kapitalaufbringungsprinzip nur in Höhe des objektiven Werts der Sacheinlage eintreten, mit dem diese gegen die in Geld ausgedrückte Einlageschuld verrechnet werde. Durch die Verbuchung auf dem Kapitalkonto und unter Umständen zusätzlich auf einem Darlehenskonto weise die KG den von ihr und dem Gesellschafter für angemessen erachteten Wert aus. Hätte auch ein fremder Dritter diesen Betrag verlangt und erhalten, so führe dies aufgrund seiner Verrechenbarkeit mit der in Geld ausgedrückten Einlageschuld zu Anschaffungskosten der Gesellschaft. Sei er unangemessen hoch, so habe dies in Höhe der Differenz zum objektiven Wert der Sacheinlage eine verdeckte Entnahme, bei einer Unterbewertung eine verdeckte Einlage des Gesellschafters zur Folge.

---

12 BMF, Schreiben vom 04.08.1976, IV B 2 – S 2133 – 9/76, BStBl I 1976, 418; BFH, Urteil vom 11.09.1991, XI R 15/90, BFHE 166, 425 = BStBl II 1992, 404; Groh, DB 1997, 1683, 1684 ff.

13 Richtigerweise müsste der Begriff Leistungsvereinigung wohl Leistungsvereinbarung lauten, vgl. unten im VIII. Kapitel 4.3 (vgl. Fn 471 auf S. 145).

Entgegen der wohl überwiegenden Auffassung in der Literatur könne § 24 UmwStG 1977 weder unmittelbar noch entsprechend angewandt werden. Die analoge Anwendung dieser Vorschrift durch den BFH auf die Einbringung einzelner Wirtschaftsgüter betreffe nur solche, die im Zeitpunkt der Einbringung zum Betriebsvermögen des Gesellschafters gehörten. Für ein entsprechendes Wahlrecht bei aus Privatvermögen eingebrachten einzelnen Wirtschaftsgütern fehle die Rechtsgrundlage.

3. Themenbegrenzung und Gang der Untersuchung

Die Arbeit ist von einem juristischen Untersuchungsinteresse geleitet. In ihrem Zentrum stehen terminologische und dogmatische Fragen. Einlagevorgänge und Tauschvorgänge sollen einerseits zivilrechtlich, andererseits steuerrechtlich auf ihre Gemeinsamkeiten und ihre Unterschiede hin untersucht werden. Gegenstand der Arbeit ist nicht die im Steuerrecht mittlerweile detailliert behandelte Dogmatik der verdeckten Einlage.[14] Auch die prinzipielle Überprüfung etwaiger Wertungswidersprüche in der gegenwärtigen Behandlung von offenen und verdeckten Einlagen ist kein primäres Ziel. Im Vordergrund stehen vielmehr der zivilrechtliche und der steuerrechtliche Einlagebegriff im Allgemeinen sowie die einkommensteuerrechtliche Behandlung offener Einlagen von Einzelwirtschaftsgütern im Besonderen. Für beide Teilaspekte gilt dem Begriff des Tausches und dem Begriff des tauschähnlichen Vorgangs besondere Aufmerksamkeit.
Die Untersuchung erfolgt in zwei Schritten. In einem Allgemeinen Teil (Kapitel II bis V) ist sie vor allem begriffsanalytischer Natur. Untersuchungsgegenstand sind die Begriffe der Einlage, des Tausches und des tauschähnlichen Vorgangs, jeweils sowohl aus dem Blickwinkel des Zivilrechts als auch aus dem des Steuerrechts betrachtet. Ein wichtiger Orientierungspunkt ist der Begriff der Veräußerung, dessen Inhalt zumindest im Steuerrecht vergleichsweise eindeutig umschrieben und allgemein anerkannt ist. Sämtliche Begriffe – Einlage, Veräußerung, Tausch und tauschähnlicher Vorgang – sollen auf der Grundlage der geltenden Gesetzesbestimmungen nach Möglichkeit harmonisch gegeneinander abgegrenzt werden. In Frage steht hierbei insbesondere, ob bzw. inwieweit die genannten Begriffe überschneidungsfrei bzw. trennscharf definiert sind. Ein Hauptaugenmerk ist darauf gerichtet, die Gemeinsamkeiten und die Unterschiede zwischen den Rechtsgebieten des Zivilrechts und des Steuerrechts zu erarbeiten.

---

14 Vgl. nur Ernst & Young, Verdeckte Gewinnausschüttungen und verdeckte Einlagen sowie Rupp/Felder/Geiger/Lang, Kommentar zur verdeckten Gewinnausschüttung und zur verdeckten Einlage.

Erst der Besondere Teil (Kapitel VI bis X) setzt sich intensiv mit dem Urteil des BFH vom 19.10.1998 auseinander. Dieser Teil ist in starkem Maße dogmatisch geprägt und baut auf den im Allgemeinen Teil gewonnenen Erkenntnissen auf. Hauptgegenstand der Untersuchung im Besonderen Teil ist die steuerrechtliche Behandlung der Einbringung von Einzelwirtschaftsgütern des Privatvermögens in eine Gesellschaft gegen Gewährung von Gesellschaftsrechten. Das hierzu ergangene Urteil des BFH vom 19.10.1998 hat eine mitunternehmerische Personengesellschaft betroffen. Die Situation bei Mitunternehmerschaften steht daher im Vordergrund, jene bei Kapitalgesellschaften findet aber ebenfalls Berücksichtigung. Bei beiden Gesellschaftsformen stellt sich die Frage, wie solche Einbringungsvorgänge aus der Sicht des einbringenden Gesellschafters und aus der Sicht der aufnehmenden Gesellschaft zu qualifizieren sind. Während es für den Gesellschafter um die Frage geht, ob die Einbringung aus dem Privatvermögen steuerbar ist, ist aus der Sicht der aufnehmenden Gesellschaft eine im wirtschaftlichen Ergebnis eher unbedeutende, dafür aber dogmatisch bedeutsame Frage zu klären. Auf dem Prüfstand steht insbesondere der Begriff des tauschähnlichen Vorgangs und dessen dogmatische Verankerung im geltenden Ertragsteuerrecht. Zu diskutieren sind nicht zuletzt die Anwendungsbereiche des § 6 I Nr. 5 EStG einerseits und des § 6 VI 1 EStG andererseits.

2. Teil: Allgemeiner Teil:
Begriffe der Einlage, der Veräußerung, des Tausches und des tauschähnlichen Vorgangs

II. Kapitel: Einlagebegriff im Zivilrecht

1. Überblick

Der Begriff der Einlage ist Tatbestandsmerkmal zahlreicher Normen des Zivilrechts, das den Einlagebegriff selbst aber nicht näher bestimmt. Nur für das Steuerrecht besteht in § 4 I 5 EStG eine Legaldefinition. Im Übrigen scheint die Rechtsordnung den Einlagebegriff als selbsterklärend vorauszusetzen. Innerhalb des Zivilrechts werden die Bezeichnungen der handelsrechtlichen Einlage und der gesellschaftsrechtlichen Einlage in nur undifferenzierter Weise gebraucht. Im Interesse einer möglichst allgemeinen zivilrechtlichen Einlagedefinition wird hier primär von dem zivilrechtlichen Einlagebegriff gesprochen. Ob bzw. inwieweit der gesellschaftsrechtliche Einlagebegriff und der allgemeine zivilrechtliche Einlagebegriff sich decken, ist zu klären.[15] Im Bereich des Handelsrechts wird hier lediglich von einem handelsbilanzrechtlichen Einlagebegriff die Rede sein.[16]
Im folgenden Kapitel sollen zunächst die für den zivilrechtlichen Einlagebegriff relevanten gesetzlichen Vorgaben gesammelt werden (2.). Ausgehend von dem streitigen Verhältnis des Einlagebegriffs zum Beitragsbegriff (3.) soll der zivilrechtliche Einlagebegriff in allgemeiner, rechtsformunabhängiger Weise konkretisiert werden (4.). Im Anschluss an Ausführungen zu Einlagebegriff und Einlagebewertung nach Handelsbilanzrecht (5.) soll am Ende des Kapitels insbesondere eine möglichst präzise, trennscharfe Definition des allgemeinen zivilrechtlichen Einlagebegriffs stehen (6.). Diese einheitliche Definition soll die zivilrechtliche Einlage unabhängig davon beschreiben, ob sie in ein Personenunternehmen oder in eine Körperschaft hinein erfolgt.

2. Bestandsaufnahme der gesetzlichen Vorgaben im Zivilrecht

2.1 Einleitung

Im Zivilrecht sind allgemeine Vorschriften für Einlagen weder im Allgemeinen Teil noch im Schuldrecht noch im Sachenrecht des BGB zu finden. Diese Feststellung gilt für Personengesellschaften wie für Körperschaften gleichermaßen. Allgemeine Bestimmungen für Einlagen bestehen weder für den Verein als Grundtyp der Körperschaften (§§ 21 ff. BGB) noch für die

15 Vgl. unten 4.5 (S. 41) und 6.1 (S. 52).
16 S. dazu unten 4.3.3 (S. 35) und 6.3 (S. 53).

BGB-Gesellschaft bzw. Gesellschaft bürgerlichen Rechts (GbR) als Grundtyp der Personengesellschaften (§§ 705 ff. BGB). Auch das Schuldrechtsmodernisierungsgesetz vom 26.11.2001 hat diese Situation unverändert belassen.[17] Ebenso wenig kennen das Handelsrecht und das Gesellschaftsrecht einen gesetzlich definierten oder sonst eindeutig konkretisierten Begriff der Einlage.

2.2 Gesetzliche Vorgaben für Personenunternehmen

2.2.1 Gesellschaft bürgerlichen Rechts

In den Bestimmungen zur GbR (§§ 705 ff. BGB) spielt der Einlagebegriff zumindest im Wortlaut des Gesetzes eine nur untergeordnete Rolle.[18] Vergleicht man die einleitenden Bestimmungen, so ist der Begriff des Beitrags bedeutsamer als der Begriff der Einlage. Im Gegensatz zum Einlagebegriff findet der Beitragsbegriff bereits Erwähnung in den §§ 705, 706 BGB. In § 705 BGB ist die synallagmatische Pflicht der Gesellschafter zur Zweckförderung normiert. Beispielhaft wird die Hauptpflicht zur Beitragsleistung genannt. Erst in § 707 BGB, an etwas versteckter Stelle im Bereich der Vorschriften zur Gesellschaftsgründung, taucht der Begriff der Einlage im Recht der GbR (und im BGB insgesamt) erstmals auf.
§ 707 BGB bestimmt, dass ein Gesellschafter zur Erhöhung des vereinbarten Beitrags oder zur Ergänzung der durch Verlust verminderten Einlage nicht verpflichtet ist. Anders als der Begriff des Beitrags in § 706 BGB erfährt der Begriff der Einlage indessen keine Konkretisierung durch Beispiele. In § 707 BGB selbst kommt zum Ausdruck, dass ein Verlust die Einlage eines Gesellschafters vermindert. § 707 BGB liefert damit immerhin einen ersten Anhaltspunkt dafür, dass Einlagen die von den Gesellschaftern bereitgestellte Haftungsmasse darstellen. Zwar haftet ein Gesellschafter einer Personengesellschaft im Außenverhältnis auch mit seinem Privatvermögen für Verbindlichkeiten der Gesellschaft. Im Innenverhältnis zu den übrigen Gesellschaftern besteht aber nach dem Gesetz keine Verpflichtung eines Gesellschafters zur Ergänzung der Einlage.
Anders als bei Einzelunternehmen besteht bei Personengesellschaften auch ein zivilrechtlich gesondertes Gesellschafts- bzw. Gesamthandsvermögen. § 718 I BGB, der den Begriff des Gesellschaftsvermögens bestimmt, rechnet zum gemeinschaftlichen Vermögen der Gesellschafter nur die Beiträge der Gesellschaft, ohne den Begriff der Einlage bzw. dessen Verhältnis zum Beitragsbegriff zu erläutern. Neben der Gesellschaft mit ihrem Gesellschafts-

---

17 Gesetz zur Modernisierung des Schuldrechts, BGBl I 2001, 3138. Im Hinblick auf Einlagen ist bislang vor allem die Problematik der drastisch verkürzten Regelverjährung diskutiert worden, vgl. nur Schnorr, DStR 2002, 1269; Wälzholz, DStR 2002, 500, 505 ff. m.w.N.

18 Vgl. allgemein zur GbR Klose, NWB, Fach 18, 3889 ff.

vermögen haften bei Personengesellschaften die voll haftenden Gesellschafter mit ihrem gesamten zivilrechtlich verstandenen Privatvermögen.[19]

Wertvolle Anhaltspunkte für den Begriff der Einlage im Sinne des BGB liefert schließlich § 733 II BGB. Gemäß § 733 II 1 BGB sind Einlagen im Falle der Auseinandersetzung nach der Berichtigung der Schulden aus dem übrig bleibenden Gesellschaftsvermögen zurückzuerstatten. Hier klingt immerhin an, dass Einlagen trotz unterbliebener Erwähnung in § 718 I BGB zu Gesellschafts- bzw. Gesamthandsvermögen führen. Das ist zwar nicht zwingend gleichbedeutend mit der Feststellung, dass Einlagen stets und begriffsnotwendig zu einer Erhöhung des Gesellschaftsvermögens führen. Die Schlussfolgerung liegt aber immerhin nahe. Nach § 733 II 2 BGB ist für Einlagen, die nicht in Geld bestanden haben, der Wert zu ersetzen, den sie zur Zeit der Einbringung gehabt haben. Nach dem Gesetz ist also keine Verzinsung vorgesehen. Die Einlagehandlung wird von § 733 II 2 BGB als Einbringung umschrieben. Gemäß § 733 II 3 BGB kann nicht Ersatz verlangt werden für Einlagen, die in der Leistung von Diensten oder in der Überlassung der Benutzung eines Gegenstandes bestanden haben (vgl. § 732 BGB, der die Rückgabe der Gegenstände anordnet). Einlagegegenstand im Sinne der Gesetzesbestimmungen zur Gesellschaft bürgerlichen Rechts können also neben Geld auch Dienstleistungen und Nutzungsüberlassungen sein. Für Dienstleistungen fällt auf, dass § 706 III BGB ausdrücklich festhält, dass der Beitrag eines Gesellschafters auch in der Leistung von Diensten bestehen kann. Dienstleistungen sind folglich sowohl beitragsfähig als auch einlagefähig. Die unstreitig zu bejahende Frage, ob Nutzungsüberlassungen auch beitragsfähig sind, wird im BGB dagegen zumindest nicht ausdrücklich beantwortet.

Nach § 735 BGB ist der Fall denkbar, dass Einlagen bei der Auseinandersetzung mangels hinreichenden Gesellschaftsvermögens nicht an den betreffenden Gesellschafter zurückerstattet werden können (vgl. auch § 739 BGB). Das leuchtet ein vor dem Hintergrund der in § 707 BGB anklingenden Einlageminderung infolge Verlustes. § 734 BGB regelt den Fall des Überschusses nach Einlagenrückerstattung.

Fazit: Vor allem § 733 II BGB liefert erste wichtige Hinweise. Zum einen kommt in § 733 II 2 BGB zum Ausdruck, dass Einlagen in Geld bestehen können, aber nicht müssen. Mit anderen Worten unterscheidet bereits das BGB Geldeinlagen und Nichtgeldeinlagen. Beide sind zulässig. In § 733 II 3 BGB werden sogleich Beispiele für Nichtgeldeinlagen angefügt, und zwar einerseits die Leistung von Diensten und andererseits die Überlassung der Benutzung eines Gegenstandes. In welchem Verhältnis Beitragsbegriff und

---

19 Zu der vom BGH inzwischen anerkannten Teilrechtsfähigkeit der Außen-GbR vgl. BGH, Urteil vom 29.01.2001, II ZR 331/00, DStR 2001, 310 m. Anm. Goette, S. 315; Derleder, BB 2001, 2485; Kazele, INF 2001, 335; K. Schmidt, NJW 2001, 993; Ulmer, ZIP 2001, 585.

Einlagebegriff zueinander stehen, bleibt in den Vorschriften zur GbR unklar. Interessant ist ferner, dass § 733 II 2 BGB für Einlagen von der Zeit der Einbringung spricht. In der Terminologie des BGB kann man also zutreffend formulieren, eine Einlage werde eingebracht. Der Begriff der Einbringung beschreibt stärker als der Begriff der Einlage die Tätigkeit, d.h. den Vorgang des „Hineinbringens". Der Einbringungsbegriff passt also besser zur Einlagehandlung als zum Einlageobjekt. Im Gegensatz dazu wird der Begriff der Einlage auch als Synonym für den Einlagegegenstand selbst verstanden. Man kann nicht eine Einbringung einlegen, wohl aber kann man eine Einlage einbringen. Vorzugswürdig ist, abweichend von der in § 733 II 2 BGB gebrauchten Formulierung eher von der Leistung oder von der Erbringung einer Einlage zu sprechen.

Angefügt sei schließlich noch eine Beobachtung am Rande: Die Anerkennung der Teilrechtsfähigkeit der Außen-GbR durch den BGH mag ein dogmatischer Meilenstein gewesen sein, und gute Gründe mögen für diese Auffassung sprechen.[20] Gleichwohl ist die analoge Anwendung des § 128 HGB auf die GbR normsystematisch anhand des Gesetzes nicht nachvollziehbar.[21] Die Gesetzeslage ist eher noch intransparenter geworden. Gerade wenn der Gesetzgeber die neue Auffassung gutheißt, wäre ein klarstellender Ausdruck dessen im Gesetz mehr als nur wünschenswert.[22]

2.2.2 Personenhandelsgesellschaften

2.2.2.1 Offene Handelsgesellschaft

Über die Verweisungsnorm des § 105 III HGB finden auch für die Offene Handelsgesellschaft (OHG) – vorbehaltlich expliziter Sonderregelungen – die Vorschriften des BGB über die Gesellschaft entsprechende Anwendung. Das sind die soeben dargestellten §§ 705 ff. BGB.[23] Besondere Regelungen für Einlagen sind in den §§ 106 ff. HGB zu finden. § 111 I HGB normiert eine Pflicht des Gesellschafters zur Verzinsung seiner nicht zur rechten Zeit einbezahlten Geldeinlage. Gemäß § 120 II 1 HGB wird der Gewinnanteil eines OHG-Gesellschafters dessen Kapitalanteil zugeschrieben, der Verlustanteil

---

20 Vgl. dazu bereits die vorangegangene Fn 19 (S. 15).

21 Vgl. auch K. Schmidt, NJW 2001, 993, 1003, wonach der II. Zivilsenat des BGH das Verhältnis seines Urteils zum Wortlaut des BGB und der ZPO in unnötiger Weise beschönigt habe.

22 Vgl. auch Kazele, INF 2001, 335, 341, wonach die Entscheidung zwar einen enormen Fortschritt darstelle, die Fassung des BGB aber wenig geglückt und gesetzgeberisches Handeln gefordert sei. Vgl. auch K. Schmidt, NJW 2001, 993, 1003: „Das Gesetzesrecht der GbR ist rückständig und bedarf auf längere Sicht einer Überarbeitung."

23 Etwas systemwidrig verweist § 736 II BGB für die Nachhaftungsbegrenzung in entgegengesetzter Richtung auf die §§ 159, 160 HGB.

sowie während des Geschäftsjahres erfolgte Kapitalentnahmen werden in Abzug gebracht. Nach § 121 I HGB erhält jeder Gesellschafter zunächst eine Verzinsung seines jeweiligen Kapitalanteils in Höhe von 4 %, soweit dies nach dem Jahresergebnis möglich ist. Im Übrigen bestimmt sich die im Gesetz vorgesehene Gewinn- bzw. Verlustbeteiligung gemäß § 121 III HGB nach Köpfen. Inwieweit ein Gesellschafter seinen Kapitalanteil vermindern kann, regelt § 122 HGB, dessen Gesetzestext indessen weder den Begriff der Einlage noch denjenigen der Entnahme erwähnt.[24] Diesbezüglich verdient § 121 II HGB besonderes Interesse, da darin sowohl der Begriff der Einlage (S. 1) als auch der Begriff der Entnahme (S. 2) ausdrückliche Erwähnung finden. Nicht ausdrücklich, wohl aber aus dem Kontext wird klar, dass das HGB unter einer Einlage eine Mehrung des Kapitalanteils versteht und – spiegelbildlich dazu – unter einer Entnahme eine Verminderung des Kapitalanteils. Die Einlage erhöht also den Kapitalanteil, die Entnahme vermindert den Kapitalanteil eines OHG-Gesellschafters.

2.2.2.2 Kommanditgesellschaft

Für die Kommanditgesellschaft (KG) gelten über die §§ 161 II, 105 III HGB die Bestimmungen für OHG und GbR subsidiär. Besondere Regelungen werden darüber hinaus in den §§ 161 ff. HGB getroffen. Zunächst wird in § 161 I HGB bestimmt, dass die Haftung eines Kommanditisten auf den Betrag einer bestimmten Vermögenseinlage beschränkt ist. Auch in den §§ 162, 167 ff. HGB werden Einlagen in Bezug genommen. Die Handelsregisteranmeldung muss nach § 162 I HGB die Einlage eines jeden Kommanditisten enthalten, für Einlageerhöhung bzw. Einlageherabsetzung besteht nach § 175 S. 1 HGB ebenfalls eine Anmeldepflicht. Gemäß § 167 II HGB wird der einem Kommanditisten zukommende Gewinn dessen Kapitalanteil nur so lange zugeschrieben, bis der Kapitalanteil den Betrag der bedungenen Einlage erreicht. Nach § 167 III HGB beschränkt sich die Verlustbeteiligung des Kommanditisten auf den Betrag seines Kapitalanteils und – gegebenenfalls – seiner noch rückständigen Einlage. Gemäß § 169 I HGB besteht ein Gewinnauszahlungsanspruch eines Kommanditisten nur unter der Voraussetzung, dass ein Kapitalanteil in Höhe der bedungenen Einlage besteht und bestehen bleibt (vgl. § 172 IV 2 HGB). Nach § 171 I HGB haftet der Kommanditist den Gläubigern der KG nur bis zur Höhe seiner Einlage unmittelbar, auch diese Haftung ist ausgeschlossen, soweit die Einlage geleistet ist. Gemäß § 172 I HGB wird im Außenverhältnis nach der Eintragung in das Handelsregister die Einlage eines Kommanditisten durch den in der Eintragung angegebenen Betrag bestimmt (vgl. auch §§ 172 II, III, IV, 174 HGB). Aus § 172 VI HGB folgt, dass im praxistypischen Fall einer GmbH & Co KG die Einlage in

---

24 Die Überschrift „Entnahmen" gehört nicht zum amtlichen Text.

Gestalt von Anteilen an der Komplementär-GmbH nicht wirksam erbracht werden kann. Die Anteile an der Komplementär-GmbH sind also in dieser KG nicht einlagefähig.
Bei der KG ist der Einlagebegriff laut HGB insofern mehrdeutig, als drei unterschiedliche Bedeutungen in Betracht kommen, die das Gesetz begrifflich nicht sehr klar unterscheidet. Zu unterscheiden sind:

1. die für das Außenverhältnis maßgebliche Haftsumme[25],
2. die bedungene Einlage, d.h. die im Innenverhältnis maßgebliche und laut Gesellschaftsvertrag zu erbringende Pflichteinlage[26] und schließlich
3. die tatsächlich erbrachte Einlage.[27]

Fazit: Das Recht der Personenhandelsgesellschaften bringt eine erste begriffliche Klärung. Unter einer Einlage ist danach die Mehrung des Kapitalanteils der einlegenden Person an der Personenhandelsgesellschaft zu verstehen. Auffällig viele Normen behandeln die Einlage des Kommanditisten, da hiervon dessen beschränkte Haftung gegenüber den Gläubigern der Gesellschaft betroffen ist. Das Privileg der Haftungsbeschränkung bedingt den Gläubigerschutz. So ist der Erlass bzw. die Stundung einer Einlage (hier gemeint: einer Einlageverpflichtung) des Kommanditisten den Gläubigern gegenüber unwirksam (§ 172 III HGB), ihnen gegenüber gilt eine Einlage als nicht geleistet, soweit sie zurückbezahlt wird (§ 172 IV 1 HGB).[28]

2.2.3 Stille Gesellschaft

Bei der stillen Gesellschaft im Sinne der §§ 230 ff. HGB handelt es sich um eine reine Innengesellschaft. Kennzeichnend für sie ist die Vermögensbeteiligung des stillen Gesellschafters an einem von einer anderen Person betriebenen Handelsgewerbe.[29] Das Gesetz verwendet in § 230 HGB ebenso wie in § 161 I HGB den Begriff der Vermögenseinlage. Diese ist so zu leisten, dass sie in das Vermögen des Inhabers des Handelsgeschäfts übergeht. Die Gewinn- und Verlustbeteiligung des stillen Gesellschafters, für welche dem Einlagebetrag eine zentrale Bedeutung zukommt, ist in § 232 HGB geregelt. Unternehmensträger und stiller Gesellschafter bilden kein Gesellschaftsvermögen. Die Einlage des stillen Gesellschafters unterliegt keiner gesamt-

---

25 Vgl. §§ 161 I, 162, 171 I, 172 I, II, III, VI, 174, 175 HGB.
26 Vgl. §§ 167 II, III, 169 I 2 HGB.
27 Vgl. nur von Gerkan, in Röhricht/Graf von Westphalen (Hrsg.), HGB, § 171 Rn 6; Zenthöfer/Schulze zur Wiesche, S. 541.
28 Vgl. zu Fragen der Einlagenrückgewähr Cebulla, DStR 2000, 1917.
29 Vgl. zur Frage der „einlagelosen stillen Gesellschaft" als ein durch terminologische Unklarheit hervorgerufenes Scheinproblem" K. Schmidt, § 62 III 1 d (S. 1844).

händerischen Bindung.[30] Anders als ein „normaler" Gesellschafter hält der stille Gesellschafter keinen Kapitalanteil an dem Handelsgewerbe, an dessen Vermögen er sich beteiligt. Dennoch liegt eine Einlage begrifflich vor. Schon deshalb kann für die angestrebte allgemeine zivilrechtliche Definition nicht auf die Mehrung eines Kapitalanteils abgestellt werden.

2.2.4 Einzelunternehmen

Für Einzelkaufleute bzw. Einzelunternehmer fehlt es an gesetzlichen Vorgaben, die Einlagen betreffen. Die umgangssprachliche Formulierung, ein Einzelunternehmer bringe einen Gegenstand in seinen Betrieb ein, lässt sich daher zumindest auf keine zivilrechtliche Gesetzesgrundlage zurückführen. Einleuchtend ist zunächst nur, dass Einzelunternehmer keine Einlagen im Sinne des Gesellschaftsrechts erbringen können, da sie keinen Gesellschaftsvertrag für ihr Unternehmen haben und eines solchen auch nicht bedürfen. Ebenso wenig haben Einzelunternehmer ein von ihrem sonstigen Vermögen in zivilrechtlich relevanter Weise getrenntes Betriebsvermögen. Der Begriff des Betriebsvermögens ist ein rein steuerrechtlicher, allenfalls handelsbilanzrechtlich in Bezug genommener Begriff, für den das wirtschaftliche Eigentum ausschlaggebend ist.[31] Das Zivilrecht dagegen kennt den Begriff des Betriebsvermögens nicht, es knüpft an ihn keine Rechtsfolgen. Das steuerliche Privatvermögen und das steuerliche Betriebsvermögen sind nicht sachenrechtlich voneinander getrennt. Legt ein Einzelunternehmer einen Gegenstand in sein steuerliches Betriebsvermögen ein, so ändert sich an der Haftungsmasse für Ansprüche gegen den Einzelunternehmer nichts. Der Einzelunternehmer haftet zivilrechtlich ohne jede Beschränkung mit seinem gesamten zivilrechtlichen Vermögen, unabhängig davon, ob dieses bilanziert ist, werden muss oder nicht bilanziert werden darf. Ob bei einem Einzelunternehmer gleichwohl von einer Einlage im Sinne des Zivilrechts gesprochen werden kann, bedarf noch näherer Überprüfung.[32]

2.3 Gesetzliche Vorgaben für Körperschaften

2.3.1 Verein

Der rechtsfähige Verein ist der Grundtyp der Körperschaften. Die Vorschriften des BGB für den Verein (§§ 21 ff. BGB) beinhalten keine Regelung für

---

30 BFH, Urteil vom 10.07.2001, VIII R 45/98, DStR 2001, 1598, 1599.

31 Vgl. den Begriff des Privatvermögens in § 5 IV PublG, wo das Privatvermögen als „das sonstige Vermögen des Einzelkaufmanns" beschrieben wird. Vgl. auch § 264c III HGB und Förschle/Hoffmann, in Beck Bilanz (KapCoRiLiG), HGB, § 264c Rn 70.

32 Näher hierzu 4.5 (S. 41).

Einlagen. Erwähnung findet dagegen der Begriff des Beitrags. Ob und welche Beiträge von den Mitgliedern zu leisten sind, soll nach § 58 Nr. 2 BGB in der Vereinssatzung näher bestimmt werden. Die Erwähnung des mit praktischem Vereinsleben untrennbar verbundenen Mitgliedsbeitrags ist jedoch nur am Rande zu notieren. Im Zentrum des Interesses steht für die Zwecke der vorliegenden Untersuchung, dass der Begriff der Einlage keine Erwähnung findet. Die Vermutung liegt nahe, dass der Gesetzgeber des BGB den Idealverein des § 21 BGB vor Augen hatte. Das Vereinsvermögen als Haftungsmasse für Vereinsgläubiger mag dem Gesetzgeber als in weitaus geringerem Maße regelungsbedürftig erschienen sein als das Gesellschaftsvermögen einer Kapitalgesellschaft.[33] Hinzu kommt, dass die Vereinsmitglieder nach der Vorstellung des Gesetzgebers durch ihre Mitgliedsbeiträge weder vermögenswerte Beteiligungsrechte noch eine Haftungsbefreiung erlangen.[34]
Grob gesprochen kann in diesem Zusammenhang also festgehalten werden, dass der Begriff der Einlage primär im Wirtschaftsverkehr relevant ist. Die normative Relevanz liegt hierbei weniger im körperschaftlichen Innenverhältnis als im Außenverhältnis zu schutzbedürftigen Gläubigern. Da eine Körperschaft nämlich per definitionem juristische Person ist, haftet sie grundsätzlich nur mit ihrem Körperschaftsvermögen.[35] Eine darüber hinausgehende Haftung irgendeiner natürlichen Person mit ihrem Privatvermögen bedarf besonderer gesetzlicher Bestimmungen. Präzisiert kann man im Ergebnis daher zunächst schlagwortartig die These der Gläubigerschutzrelevanz des zivilrechtlichen Einlagebegriffs festhalten. Insgesamt ist das Vereinsrecht für den Begriff der Einlage im Sinne des Zivilrechts indessen wenig erhellend. Weiterführend ist im Bereich der Körperschaften nun das Recht der Kapitalgesellschaften zu beleuchten, und zwar hier insbesondere das Recht der Gesellschaft mit beschränkter Haftung (GmbH) und der Aktiengesellschaft (AG).
Der Vollständigkeit halber sei zuvor noch knapp auf § 54 S. 1 BGB eingegangen. Lediglich für nichtrechtsfähige Vereine werden darin die Normen der GbR (§§ 705 ff. BGB) für entsprechend anwendbar erklärt. Das vom Gesetzeswortlaut stark abweichende allgemein anerkannte Normverständnis des § 54 BGB ist indessen ein weiteres Beispiel dafür, dass Untätigkeit des Gesetzgebers zu unzureichender Transparenz der Rechtslage im Gesetz führen kann. Über die obigen Erläuterungen zum Verein und zur GbR hinaus ergeben sich hingegen auch aus dem Recht der nichtrechtsfähigen Vereine keine Erkenntnisse für den Einlagebegriff.

---

33 Vgl. zur Vereinshaftung insbesondere die Haftungszuweisungsnorm des § 31 BGB.
34 K. Schmidt, § 20 II 1 b bb (S. 568).
35 Zur Insolvenzfähigkeit vgl. nur § 11 InsO.

2.3.2 Gesellschaft mit beschränkter Haftung

Die GmbH ist nach § 13 I GmbHG eine juristische Person, d.h. mit eigener Rechtspersönlichkeit versehen. Für die Verbindlichkeiten der Gesellschaft haftet nach § 13 II GmbHG im Grundsatz nur das Gesellschaftsvermögen. Der Begriff der Einlage ist bereits im ersten Abschnitt über die Errichtung der Gesellschaft ein wichtiges Tatbestandsmerkmal. Als Wortzusammensetzungen mit dem Einlagebegriff verwendet das GmbH-Gesetz die Begriffe der Stammeinlage, der Kapitaleinlage, der Sacheinlage und der Geldeinlage.
Eine Legaldefinition des Begriffs Einlage existiert für sich genommen nicht. Legal definiert ist hingegen in § 3 I Nr. 4 GmbHG der Begriff der Stammeinlage. Das Gesetz versteht hierunter die von jedem Gesellschafter auf das Stammkapital zu leistende Einlage. Der Betrag der Stammeinlage, die somit einen Unterfall des Oberbegriffs der Einlage darstellt, ist nach § 3 I GmbHG Pflichtinhalt jedes GmbH-Gesellschaftsvertrages. Bilanziell ist das Stammkapital als gezeichnetes Kapital auszuweisen (§ 40 GmbHG). Es ist somit gemäß § 283 HGB zum Nennbetrag anzusetzen. Nach § 272 I 1 HGB ist das gezeichnete Kapital das Eigenkapital, auf das die Haftung der Gesellschafter für die Verbindlichkeiten der Kapitalgesellschaft gegenüber den Gläubigern beschränkt ist,[36] mit anderen Worten das Haftungsfondskapital.[37] § 3 II GmbHG bestimmt darüber hinaus, dass im Gesellschaftsvertrag eine Regelung getroffen werden muss, falls den Gesellschaftern außer der Leistung von Kapitaleinlagen noch andere Verpflichtungen auferlegt werden sollen.
In § 5 IV normiert das GmbH-Gesetz eine erste zusätzliche Anforderung für Sacheinlagen. Sacheinlagen sind zulässig, setzen aber einen Sachgründungsbericht voraus. Ein Verstoß gegen § 5 IV GmbHG führt – anders als im Aktienrecht der Verstoß gegen § 27 I 1 AktG – nur zur Unwirksamkeit des schuldrechtlichen Rechtsgeschäfts.[38] Ferner bedürfen Sacheinlagen der ausdrücklichen Festsetzung im Gesellschaftsvertrag, und zwar sowohl der Gegenstand der Sacheinlage als auch der Betrag der Stammeinlage, auf die sich die Sacheinlage bezieht. Nicht zuletzt kommt in § 5 IV GmbHG zum Ausdruck, dass im Wege einer Sacheinlage auch der Übergang eines Unternehmens erfolgen kann. Unternehmen sind also einlagefähige Gegenstände. Die gemäß § 5 IV GmbHG getroffenen Festsetzungen sind nach § 10 III GmbHG in die Veröffentlichung aufzunehmen, durch welche die Handelsregistereintragung bekanntgemacht wird (vgl. § 10 HGB).

---

36 Kritisch Maurer, BB 2001, 2537 (Fn 5) m.w.N. und Schulze-Osterloh, in Baumbach/Hueck, GmbHG, § 42 Rn 165 zur unpräzisen Legaldefinition des gezeichneten Kapitals in § 272 I 1 HGB. Vgl. auch Adler/Düring/Schmaltz, HGB, § 272 Rn 10.

37 Baumbach/Hopt, HGB, § 272 Rn 1.

38 Henze, DB 2001, 1469, 1472 m.N. BGH, DB 1998, 976.

Die Anmeldung der GmbH zur Handelsregistereintragung bedarf gemäß § 8 GmbHG insbesondere der Beifügung des Gesellschaftsvertrages sowie einer Gesellschafterliste mit Angabe der jeweiligen Stammeinlage.[39] Im Fall von Sacheinlagen bedarf es ferner des Sachgründungsberichts sowie der Unterlagen darüber, dass der Wert der Sacheinlagen den Betrag der dafür übernommenen Stammeinlagen erreicht. Nach § 7 II 1 GmbHG ist vor der Handelsregisteranmeldung mindestens ein Viertel jeder (Geld-) Stammeinlage einzuzahlen. Insgesamt müssen der Gesamtbetrag der eingezahlten Geldeinlagen zuzüglich des Gesamtbetrags der Stammeinlagen, für die Sacheinlagen zu leisten sind, die Hälfte des Mindeststammkapitals von 25.000 EUR erreichen (§ 7 II 2 GmbHG). Sacheinlagen sind gemäß § 7 III GmbHG vor der Handelsregisteranmeldung so an die Gesellschaft zu bewirken, dass sie endgültig zur freien Verfügung der Geschäftsführer stehen. Bei einer Einpersonen-GmbH bedarf es für noch nicht einbezahlte Geldeinlagen zudem der Bestellung einer Sicherung (§ 7 II 3 GmbHG).
Die Erfüllung der in § 7 II, III GmbHG genannten Anforderungen ist nach § 8 II GmbHG bei der Handelsregisteranmeldung zu versichern. Ferner ist zu versichern, dass die genannten Einlagegegenstände sich endgültig in der freien Verfügung der Geschäftsführer befinden. Diese in § 8 II 1 GmbHG wiederkehrende Formulierung des endgültigen Befindens in der freien Verfügbarkeit der Geschäftsführer ist von zentraler Bedeutung für den sogenannten Grundsatz der Kapitalaufbringung. Eine wirksame Einlageleistung erfordert also zum einen, dass der Einlagegenstand zur freien Verfügbarkeit der GmbH bzw. ihres Geschäftsführers steht, zum anderen muss die Leistung endgültig – und zwar in das Gesellschaftsvermögen hinein – vollzogen sein. Dies impliziert, dass auch und gerade die Herauslösung des Einlagegegenstands – aus der Vermögenssphäre der einlegenden Person heraus – endgültig sein muss.
Gemäß § 9 GmbHG besteht eine Geldeinlageverpflichtung, soweit eine vereinbarte Sacheinlage zur Zeit der Handelsregisteranmeldung nicht werthaltig ist, d.h. soweit ihr Wert nicht den Betrag der dafür übernommenen Stammeinlage erreicht. Den gegebenenfalls bestehenden Differenz- bzw. Fehlbetrag hat der betreffende Gesellschafter durch eine Geldeinlage auszugleichen. Man kann die Geldeinlageverpflichtung nach § 9 GmbHG als subsidiär, sekundär, ergänzend oder latent bezeichnen. Im Falle überbewerteter Sacheinlagen hat das Registergericht die Eintragung der Gesellschaft nach § 9c GmbHG abzulehnen. Nach §§ 9a, 9b GmbHG besteht ein Schadensersatzanspruch der GmbH gegen Gesellschafter, die die GmbH durch Einlagen vorsätzlich oder grob fahrlässig schädigen (vgl. § 9a II GmbHG).

---

39 Vgl. auch §§ 40 I 1, 54 I GmbHG für spätere Veränderungen.

In einem engen sachlichen Zusammenhang mit § 9 GmbHG steht die Norm des § 24 GmbHG. Soweit eine Stammeinlage weder von den Zahlungspflichtigen eingezogen noch durch Verkauf des Geschäftsanteils gedeckt werden kann, haben die übrigen Gesellschafter den Fehlbetrag nach dem Verhältnis ihrer Geschäftsanteile aufzubringen (§ 24 S. 1 GmbHG). Der Geschäftsanteil bestimmt sich nach dem Betrag der übernommenen Stammeinlage (§ 14 GmbHG).[40] Gemäß § 24 S. 2 GmbHG werden von einzelnen Gesellschaftern nicht zu erlangende Beiträge entsprechend S. 1 auf die übrigen verteilt werden.

Große Bedeutung kommt schließlich § 19 GmbHG zu, der Fragen im Zusammenhang mit Einzahlungen und Leistungen auf die Stammeinlagen regelt. § 19 GmbHG steht ebenfalls im Dienste der Aufbringung der Stammeinlagen in das Gesellschaftsvermögen. Insbesondere die Problematik der sogenannten verdeckten Sacheinlage verdient hierbei Beachtung.[41] § 20 GmbHG regelt die Verzinsungspflicht für den Fall der nicht rechtzeitigen Einzahlung des auf die Stammeinlage eingeforderten Betrages. Weitere Rechtsfolgen, insbesondere die Kaduzierung, sind in §§ 21 ff. GmbHG geregelt.

Der Grundsatz der Kapitalaufbringung wird ergänzt durch den Grundsatz der Kapitalerhaltung. Das aufgebrachte, im Gesellschaftsvermögen befindliche Stammkapital soll der GmbH dauerhaft erhalten bleiben. In diesem Sinne bestimmt § 30 I GmbHG, dass das zur Erhaltung des Stammkapitals erforderliche Vermögen der Gesellschaft nicht an die Gesellschafter ausgezahlt werden darf. § 30 GmbHG zuwider geleistete Zahlungen müssen der Gesellschaft nach § 31 I, II GmbHG jedenfalls insoweit erstattet werden, als dies zur Befriedigung der Gesellschaftsgläubiger erforderlich ist. Subsidiär haften gemäß § 31 III, VI GmbHG die übrigen Gesellschafter und schuldhaft handelnde Geschäftsführer.

Im Falle der Erhöhung des Stammkapitals gelten die besonderen Regelungen der §§ 55 ff. GmbHG. Im Kern wird auf die bei der Gründung der Gesellschaft anzuwendenden Vorschriften verwiesen.

Fazit: Kapitalaufbringungs- und Kapitalerhaltungsgrundsatz stehen im Mittelpunkt der Einlagebestimmungen des GmbH-Gesetzes. Sie stehen im Dienste des Gläubigerschutzes. Das Privileg der Haftungsbeschränkung und die Gebote der Kapitalaufbringung und Kapitalerhaltung bedingen einander.[42] Entscheidende Formulierung ist, dass die Einlagen endgültig in die freie Verfügung der Geschäftsführung gelangen müssen.[43]

---

40 Nach dem Verhältnis der Geschäftsanteile erfolgt – vorbehaltlich einer anderen Regelung im Gesellschaftsvertrag – auch die Gewinnverteilung (§ 29 III GmbHG).

41 S. unten 4.8.2 (S. 45).

42 Reuter, BB 2000, 2298, 2299.

43 Vgl. BGH, Urteil vom 17.09.2001, II ZR 275/99, DB 2001, 2437.

2.3.3 Aktiengesellschaft

Nach § 1 I AktG hat die Aktiengesellschaft eigene Rechtspersönlichkeit, für Gesellschaftsverbindlichkeiten haftet den Gläubigern nur ihr Gesellschaftsvermögen. Das Grundkapital der Aktiengesellschaft ist gemäß § 1 II AktG in Aktien zerlegt. Bereits in § 2 AktG findet der Einlagebegriff erstmalige Erwähnung. Die an der Feststellung der Satzung beteiligten Gesellschaftsgründer (vgl. § 28 AktG) übernehmen die Aktien danach gegen Einlagen. Die Höhe des Grundkapitals im Mindestnennbetrag von 50.000 EUR ist in der Satzung zu bestimmen (§§ 7, 23 III Nr. 3 AktG). Bilanziell ist das Grundkapital der Aktiengesellschaft ebenso wie das Stammkapital der GmbH (§ 40 GmbHG) als gezeichnetes Kapital auszuweisen (§ 152 I 1 AktG). Gemäß § 272 I 1 HGB ist hierunter wie bei der GmbH das Kapital zu verstehen, auf das die Haftung der Gesellschafter für die Verbindlichkeiten der Kapitalgesellschaft gegenüber den Gläubigern beschränkt ist. Nach § 283 HGB ist auch das Grundkapital der AG zum Nennwert anzusetzen.

Die Einlagen dienen folglich der Aufbringung des Kapitals. Wie bei der GmbH spricht man auch bei der Aktiengesellschaft von den Grundsätzen der Kapitalaufbringung und der Kapitalerhaltung. Besondere Regelungen bestehen wiederum für Sacheinlagen. Nach der Klammerdefinition in § 27 I 1 AktG sind Sacheinlagen solche Einlagen, die nicht durch Einzahlung des Ausgabebetrags der Aktien zu leisten sind. Unter Sachübernahmen versteht das Aktiengesetz demgegenüber die Übernahme vorhandener oder herzustellender Anlagen oder anderer Vermögensgegenstände durch die Gesellschaft. Gemäß § 27 I 2 AktG gilt als Sacheinlage, wenn die Gesellschaft einen Vermögensgegenstand übernehmen soll, für den eine Vergütung gewährt wird, die auf die Einlage eines Aktionärs angerechnet wird.

In der Satzung müssen der Gegenstand jeder Sacheinlage, die Person, von der die AG den Gegenstand erwirbt, sowie der Nennbetrag bzw. bei Stückaktien die Zahl der bei der Sacheinlage zu gewährenden Aktien festgesetzt werden. Eine Vorschrift ohne Entsprechung im GmbH-Gesetz ist § 27 II AktG. Sacheinlagen können danach nur Vermögensgegenstände mit einem feststellbaren wirtschaftlichen Wert sein. Dienstleistungsverpflichtungen werden als Gegenstand einer Sacheinlage ausdrücklich ausgeschlossen. Wie im GmbH-Recht führt die Unwirksamkeit einer Sacheinlagevereinbarung zu einer Verpflichtung des betreffenden Aktionärs, den Ausgabebetrag der Aktie einzuzahlen. Auch hier besteht also eine subsidiäre Geldeinlageverpflichtung (§ 27 III 3 AktG).

In § 31 I 1 AktG wird angesprochen, dass als Gegenstand einer Sacheinlage die Einbringung eines Unternehmens oder eines Teils eines Unternehmens festgesetzt werden kann. Auch im Aktienrecht ist ein Unternehmen somit einlagefähig.

Im sogenannten Gründungsbericht der Gründer (§ 33 AktG) sind insbesondere die wesentlichen Umstände darzulegen, von denen die Angemessenheit der Leistungen für Sacheinlagen abhängt. Im Falle einer Gründung mit Sacheinlagen bedarf es nach § 33 II Nr. 4 AktG stets einer Gründungsprüfung. Der Gründungsprüfer hat gemäß § 34 I Nr. 2 GmbHG zu überprüfen, ob der Wert der Sacheinlagen den geringsten Ausgabebetrag der dafür zu gewährenden Aktien erreicht.
Die Handelsregisteranmeldung der AG erfordert nach § 36 II 1, 36a AktG, dass bei Bareinlagen mindestens ein Viertel des Ausgabebetrags der Aktien (§ 9 AktG) ordnungsgemäß eingezahlt worden ist.[44] Voraussetzung hierfür ist gemäß § 54 III 1 AktG die Einzahlung in gesetzlichen Zahlungsmitteln oder durch Kontogutschrift. Nach § 36 II 1 AktG darf die Handelsregisteranmeldung erst erfolgen, wenn der eingeforderte Betrag einer Bareinlage ordnungsgemäß eingezahlt worden ist und endgültig zur freien Verfügung des Vorstands steht. Sacheinlagen sind gemäß § 36a II 1 AktG vollständig zu leisten. Besteht die Sacheinlage in der Verpflichtung, einen Vermögensgegenstand auf die Gesellschaft zu übertragen, so muss diese Leistung nach § 36a II 2, 3 AktG werthaltig und innerhalb von fünf Jahren nach der Handelsregistereintragung zu bewirken sein.[45]
In der Handelsregisteranmeldung ist gemäß § 37 I 1 AktG die Erfüllung der §§ 36 II, 36a AktG zu erklären, ferner sind Ausgabebetrag und eingezahlter Betrag anzugeben. Nachzuweisen ist, dass der eingezahlte Betrag endgültig zur freien Verfügung des Vorstands steht (§ 37 I 2 AktG). Bei Einzahlung durch Kontogutschrift ist ein Bestätigungsnachweis des kontoführenden Instituts vorzulegen (§ 37 I 3 AktG). Das Registergericht hat bei nicht ordnungsgemäßer Errichtung und Anmeldung die Registereintragung zu versagen (§ 38 I AktG). Es kann die Eintragung auch bei unzureichender Werthaltigkeit der Sacheinlagen ablehnen (§ 38 II 2 AktG).
Die Verpflichtung zur Leistung der Einlagen ist Hauptverpflichtung der Aktionäre, sie wird durch den Ausgabebetrag begrenzt (§ 54 I AktG). Im Falle von Geldeinlagen haben die Aktionäre nach § 54 II AktG den Ausgabebetrag der Aktien unter Beachtung des bereits erwähnten § 54 III AktG einzuzahlen. Nebenleistungsverpflichtungen der Aktionäre sind demgegenüber z.B. beispielsweise wiederkehrende Leistungen im Sinne des § 61 AktG.
Auch für die AG gilt neben dem Grundsatz der Kapitalaufbringung der Grundsatz der Kapitalerhaltung. Den Aktionären dürfen nach § 57 I 1 AktG Einlagen nicht zurückgewährt werden. Zinsen dürfen den Aktionären weder

---

44 Bei einer Einpersonen-Gründung kommt gemäß § 36 II 2 GmbHG die Bestellung einer Sicherheit für den nicht eingeforderten Betrag der Geldeinlage hinzu.
45 Näher zu der als unverständlich bezeichneten Regelung Henze, DB 2001, 1469, 1472 m.w.N.

zugesagt noch ausbezahlt werden (§ 57 II AktG). Vor Auflösung der Gesellschaft darf unter die Aktionäre nur der Bilanzgewinn verteilt werden (§ 57 III AktG). Die gesetzliche Gewinnverteilung orientiert sich gemäß § 60 II AktG an den geleisteten Einlagen. Die Rechtsfolgen im Innenverhältnis bei verspäteter Einzahlung der Einlagen sind in den §§ 63 ff. AktG geregelt.

Gesetzwidrig erhaltene Leistungen haben die Aktionäre nach § 62 I AktG grundsätzlich zurückzugewähren. Auch die Vorstandsmitglieder sind gemäß § 93 III ersatzpflichtig, insbesondere im Falle der gesetzwidrigen Einlagerückgewähr an die Aktionäre (§ 93 III Nr. 1 AktG). Diese Ersatzansprüche können nach §§ 63 II, 93 V AktG auch von den Gesellschaftsgläubigern bzw. im Insolvenzverfahren vom Insolvenzverwalter geltend gemacht werden.

In §§ 152 II, III, 158 I 1 AktG verwendet das Gesetz für die Zuführung des Gewinns zur Kapital- bzw. Gewinnrücklage den Begriff Einstellung, im umgekehrten Fall spricht das Gesetz von Entnahme. Den Begriff der Einlage verwendet das Gesetz an dieser Stelle nicht. Zwar kann die Zuführung von Kapital zur Kapitalrücklage eine Einlage darstellen. Nicht entnommener Gewinn muss aber gar nicht erst (hin)eingelegt werden, da er sich bereits im Gesellschaftsvermögen befindet.[46]

Als Maßnahme der Kapitalbeschaffung ist in den §§ 182 ff. AktG zunächst die Kapitalerhöhung gegen Einlagen genannt. Die Kapitalerhöhung mit Sacheinlagen ist parallel zur Sachgründung geregelt. Gleiches gilt auch für die bedingte Kapitalerhöhung mit Sacheinlagen und für das genehmigte Kapital (vgl. §§ 194 ff., 205 f. AktG).

Bei der Abwicklung nach Auflösung einer Aktiengesellschaft werden die geleisteten Einlagen auf das Grundkapital zurückerstattet, soweit dies überhaupt noch möglich ist (§ 271 III AktG).

Fazit: Einlagen sind im Aktienrecht an vielen Stellen Tatbestandsmerkmal. In den meisten Fällen geht es primär um die normative Ausgestaltung von Sacheinlagen. Insbesondere § 27 AktG ist hierbei zu nennen. Eine allgemeine Definition des Einlagebegriffs besteht auch im AktG nicht. Hervorzuheben ist die zum GmbH-Recht parallele Anordnung, wonach die Einlagen endgültig zur freien Verfügung der Geschäftsführung stehen müssen. Diese Voraussetzung ist ein Begriffsmerkmal für die kapitalgesellschaftsrechtliche Einlage. Inwieweit sie darüber hinaus für die zivilrechtliche und gesellschaftsrechtliche Einlage allgemein gilt, ist noch zu klären.[47]

---

46 Vgl. aber Schulte, in Sudhoff, S. 155 Rn 3, wonach es sich bei der Thesaurierung von Gewinnen um eine „zulässige Einlage durch Stehenlassen von Gewinnen“ handle.

47 S. hierzu unten 4.6 (S. 42).

2.3.4 Sonstige Körperschaften

Die in den §§ 278 ff. AktG geregelte Kommanditgesellschaft auf Aktien (KGaA) kombiniert die Rechtsformen der KG und der AG. § 278 II, III AktG bestimmt, inwieweit KG-Recht und inwieweit AG-Recht Anwendung finden. Die KGaA ist – im Gegensatz zur lediglich teilrechtsfähigen KG – eine juristische Person (§ 278 I AktG). Wie bei der KG gibt es mindestens einen persönlich haftenden Gesellschafter[48] sowie Kommanditisten, die im Recht der KGaA als Kommanditaktionäre bezeichnet werden. Nach § 280 II 2 AktG übernehmen die Kommanditaktionäre Aktien gegen Einlagen, sie sind so an dem in Aktien zerlegten Grundkapital beteiligt (vgl. § 278 I AktG). In § 281 II AktG wird der Begriff der Vermögenseinlage verwendet (vgl. §§ 161 I, 230, 264c II 5 HGB). Vermögenseinlagen der persönlich haftenden Gesellschafter müssen, wenn sie nicht auf das Grundkapital geleistet werden, nach Höhe und Art in der Satzung festgesetzt werden. Gemäß § 286 II 1 AktG sind die Kapitalanteile der persönlich haftenden Gesellschafter in der Jahresbilanz nach dem Posten „Gezeichnetes Kapital" gesondert auszuweisen. Geschäftsjahresverluste werden von den Kapitalanteilen abgeschrieben (§ 286 II 2 AktG). Abhängig vom Bestehen einer Zahlungspflicht hat die KGaA bei den Kapitalanteil übersteigenden Verlusten entweder „Einzahlungsverpflichtungen persönlich haftender Gesellschafter" oder aber „nicht durch Vermögenseinlagen gedeckte Verlustanteile persönlich haftender Gesellschafter" auszuweisen.[49]

Die eingetragene Genossenschaft ist nach § 17 I GenG eine juristische Person. Der Begriff der Einlage wird verwendet in § 7 Nr. 1 GenG. Pflichtinhalt des Statuts ist danach der Betrag, bis zu welchem sich die Genossen mit Einlagen beteiligen können (Geschäftsanteil) sowie die Einzahlungen auf den Geschäftsanteil, zu welchen der Genosse verpflichtet ist.[50] Pflichtinhalt ist gemäß § 6 Nr. 3 GenG ferner eine Bestimmung, ob die Genossen gegebenenfalls Nachschüsse zur Insolvenzmasse unbeschränkt, beschränkt auf eine bestimmte Summe (Haftsumme) oder überhaupt nicht zu leisten haben.[51] Das Genossenschaftsgesetz unterscheidet also deutlich zwischen Einlage, Geschäftsanteil, Einzahlungen auf den Geschäftsanteil und Haftsumme. Besondere Regelungen für die Haftsumme bestehen in den §§ 119 ff. GenG. Nach § 119 GenG darf die im Genossenschaftsstatut festgesetzte Haftsumme nicht niedriger als der Geschäftsanteil sein. Anders ist dies bei der KG, bei der die

48 „Vollhafter" kann auch z.B. eine GmbH sein, vgl. nur § 279 II AktG und BGH, NJW 1997, 1923.

49 Vgl. in diesem Zusammenhang auch den für KapCo-Gesellschaften geltenden § 264c II 4 f. HGB.

50 Vgl. auch § 337 I 1 HGB zum Bilanzausweis.

51 Vgl. § 22a GenG, § 338 I 2 HGB.

Haftsumme eines Kommanditisten geringer als die Pflichteinlage sein kann.[52] Im Gegensatz zur Genossenschaft ist bei der KG allerdings auch ein unbeschränkt haftender Komplementär vorhanden.

2.4 Erkenntnisse aus den gesetzlichen Vorgaben

Das BGB ist für den zivilrechtlichen Einlagebegriff wenig aufschlussreich. Das Vereinsrecht verwendet den Einlagebegriff überhaupt nicht, das GbR-Recht in nur undifferenzierter Weise. Etwas klarere Konturen gewinnt der zivilrechtliche Einlagebegriff in den Gesetzesbestimmungen zu den Personenhandelsgesellschaften und den Kapitalgesellschaften. Auffällig ist, dass die Zahl der Gesetzesbestimmungen nur dann groß ist, wenn der Gläubigerschutz dies aufgrund bestehender Haftungsbeschränkungen zugunsten der Kapitalgesellschaften oder der Kommanditisten erfordert. Schlagworte sind hier der Kapitalaufbringungsgrundsatz und der Kapitalerhaltungsgrundsatz. Für Einzelunternehmen fehlt es schließlich an einer zivilrechtlichen Gesetzesvorschrift zu Einlagen.

3. Verhältnis von Einlagebegriff und Beitragsbegriff

3.1 Auffassungen in der Literatur

3.1.1 Uneinheitlicher Meinungsstand

Schon im Bereich des Zivilrechts ist die Definition des Einlagebegriffs unklar. Eine zivilrechtliche Legaldefinition besteht nicht.[53] Beklagt wird im Gesellschaftsrecht für sich genommen eine unklare Terminologie, die nicht zuletzt auf die nicht eindeutige und unstimmige Begriffsverwendung im Gesetz zurückzuführen sei.[54] Der Befund wird durch die obige Bestandsaufnahme der gesetzlichen Vorgaben bestätigt (vgl. nur §§ 706, 707, 718 I, 733 II BGB). Vor diesem Hintergrund lässt sich das uneinheitliche Meinungsbild verdeutlichen, das im Gesellschaftsrecht besteht. Allgemein anerkannt ist die Notwendigkeit, die Gesetzesbegriffe des Beitrags und der Einlage zu unterscheiden und gegeneinander abzugrenzen.[55] Beide Begriffe sind im Zivilrecht nicht

---

52 Vgl. nur von Gerkan, in Röhricht/Graf von Westphalen, HGB, § 171 Rn 7.

53 MünchHdb.GesR I/von Falkenhausen, § 54 Rn 2.

54 K. Schmidt, § 20 II 1 a (S. 567); ders., in Schlegelberger, HGB, § 105 Rn 153. Bereits Huber, S. 191 m.w.N. hat die Uneinheitlichkeit dargestellt. Vgl. auch Schulte, in Sudhoff, S. 155 Rn 3.

55 Vgl. nur Boujong, in Ebenroth/Boujong/Joost, HGB, § 105 Rn 139.

gesetzlich definiert und unstreitig nicht synonym.[56] Vor der weiteren Konkretisierung des Einlagebegriffs (4.) sei daher zunächst der allgemeine Meinungsstreit im Hinblick auf das Verhältnis von Beitragsbegriff und Einlagebegriff dargestellt.

3.1.2 Minderheitsauffassung

Nach einer Minderheitsauffassung wird im allgemeinen Sprachgebrauch so abgegrenzt, dass eine Einlage ein bereits geleisteter Beitrag sei, und zwar im Unterschied zu den noch ausstehenden Beiträgen.[57] Beiträge sind danach die noch zu bewirkenden Leistungen von Gesellschaftern, Einlagen die bereits bewirkten.[58] Zu diesem Begriffsverständnis, das vor allem im Bereich der GbR anzutreffen ist, sind zwei Aspekte anzumerken.

Einerseits ist die Behauptung des angeblich allgemeinen Sprachverständnisses zweifelhaft. Nach dem „natürlichen" Wortsinn – wenn von einem solchen überhaupt die Rede sein kann – dürfte weder ein „bewirkter Beitrag" noch eine „zu bewirkende Einlage" ein evidenter Widerspruch in sich sein. Die Behauptung eines vermeintlich allgemeinen Sprachgebrauchs ist daher mit einem Fragezeichen zu versehen.

Andererseits ist die beschriebene Abgrenzung danach, ob die Leistung noch nicht bzw. schon erbracht ist, nur bei isolierter Betrachtung der §§ 706, 707 BGB wirklich plausibel. Das Personengesellschaftsrecht lässt in den §§ 705 ff., 733 BGB diese Begriffskonkretisierung aber immerhin zu (vgl. auch § 58 Nr. 2 BGB).[59] Angesichts dieser Normen lässt sich gegen die Minderheitsauffassung nicht einwenden, sie finde keinen Rückhalt im Gesetz.[60]

Richtig ist indessen, dass die Normen zur Gesellschaft bürgerlichen Rechts die unklare Terminologie des Gesetzes dokumentieren. Ein allgemeiner zivilrechtlicher Einlagebegriff kann hieraus nicht abgeleitet werden. Im Ergebnis ist festzustellen, dass die Gesetzesterminologie den Definitionsansatz, die Einlage sei ein bewirkter Beitrag, zulässt, aber nicht zwingend vorschreibt. Das Begriffsverständnis ist zwar – auch und gerade bei Heranziehung der §§ 705 ff. BGB – möglich, führt aber nicht weiter. Die Minderheitsauffassung ist abzulehnen. Sie vermag den zivilrechtlichen Einlagebegriff nicht in allgemeingültiger Weise zu erklären.

---

56 Unpräzise daher z.B. Schulze zur Wiesche, FR 1988, 177.

57 Vgl. die Nachweise bei MünchHdb.GesR I/von Falkenhausen, § 54 Rn 2; Huber, S. 191 f. Nicht ganz eindeutig Förschle/Kofahl, in Beck Bilanz, HGB, § 247 Rn 170.

58 Palandt/Sprau, BGB, § 706 Rn 1.

59 So auch Schulte, in Sudhoff, S. 155 Rn 3, wonach das BGB abweichend vom HGB unter dem Begriff der Einlage in §§ 707, 733, 734, 735 und 739 bereits geleistete Beiträge der Gesellschafter verstehe.

60 So aber MünchHdb.GesR I/von Falkenhausen, § 54 Rn 2.

3.1.3 Überwiegende Auffassung

Vorzugswürdig ist ein anderes, nach dem Gesetz ebenfalls mögliches Begriffsverständnis, wonach der zivilrechtliche Begriff der Einlage auf dem zivilrechtlichen Begriff des Beitrags aufbaut. Beitrag im Sinne des Gesellschaftsrechts kann jedes den Gesellschaftszweck fördernde Tun oder Unterlassen sein.[61] Anders ausgedrückt sind Beiträge alle als Primärpflicht auf der Grundlage des Mitgliedsverhältnisses von dem Gesellschafter zur Förderung des Gesellschaftszwecks erbrachten Leistungen.[62] Einlagen im zivilrechtlichen Sinne sind hingegen nur ganz bestimmte solcher aufgrund der Mitgliedschaft erbrachten Leistungen. Mit anderen Worten sind Einlagen stets Beiträge, umgekehrt sind Beiträge aber nur unter bestimmten weiteren Voraussetzungen auch Einlagen.

Einlagen stellen also eine Teilmenge der Beiträge dar. Sie sind Beiträge im engeren Sinne.[63] Zivilrechtliche Einlagen sind nur solche Beiträge, die zur Mehrung der Haftungsmasse in das Verbandsvermögen – bei der stillen Gesellschaft an den Unternehmensträger – zu leisten sind.[64] Anders formuliert sind Einlagen diejenigen Beiträge, die in das Gesellschaftsvermögen übergehen und die Haftungsmasse mehren.[65] Dieses Begriffsverständnis hat sich im Bereich des Gesellschaftsrechts durchgesetzt und verdient Zustimmung.

3.2 Standpunkt der Rechtsprechung

Für die Rechtsprechung des Bundesgerichtshofs (BGH) besteht in den zu entscheidenden Einzelfällen keine Notwendigkeit, einen allgemeinen zivilrechtlichen Einlagebegriff zu definieren und diesen mit dem zivilrechtlichen Beitragsbegriff und mit der steuerrechtlichen Legaldefinition des § 4 I 5 EStG zu vergleichen.

In einem jüngeren Urteil vom 10.07.2001 ist demgegenüber der BFH mit Blick auf § 15a EStG immerhin nicht nur steuerrechtlich, sondern auch allgemein auf den Begriff der Einlage eingegangen, und zwar konkret auf die Einlage eines stillen Gesellschafters.[66] Der BFH hat festgestellt, der Einlage-

---

61 K. Schmidt, in Schlegelberger, HGB, § 105 Rn 153.

62 Boujong in Ebenroth/Boujong/Joost, HGB, § 105 Rn 139. Vgl. auch K. Schmidt, § 20 II 1 a (S. 567).

63 Boujong in Ebenroth/Boujong/Joost, HGB, § 105 Rn 139.

64 K. Schmidt, § 20 II 3 (S. 572); MünchHdb.GesR I/von Falkenhausen, § 54 Rn 2; Schulte, in Sudhoff, S. 155 Rn 3. Vgl. auch Klose, NWB, Fach 18, 3889, 3895.

65 Vgl. Boujong in Ebenroth/Boujong/Joost, HGB, § 105 Rn 139; Huber, S. 193; MünchHdb. GesR I/von Falkenhausen, § 54 Rn 2. Unpräzise insoweit Schulze zur Wiesche, FR 1999, 519 mit der Formulierung, Beiträge mehrten das Gesellschaftsvermögen, vgl. auch ders., DStZ 2001, 192, 193.

66 BFH, Urteil vom 10.07.2001, VIII R 45/98, DStR 2001, 1598, 1599.

begriff könne – in einem weiten Sinne verstanden – alle möglichen Leistungen umfassen, die Beiträge im Sinne von § 705 BGB sein könnten. Einschränkend könne er aber auch in dem Sinne verstanden werden, dass nur Vermögensgegenstände eingelegt werden können, die den bilanziellen Unternehmenswert mehrten. Für den entscheidungsrelevanten Anwendungsbereich des § 15a EStG hat der BFH die streitige Frage des Einlagebegriffs mit folgender Überlegung offengelassen. § 15a EStG setze unter anderem voraus, dass sich die Einlage im Kapitalkonto des beschränkt haftenden Gesellschafters niederschlage. Eine solche Einlage liege im Fall nicht vor, da allenfalls Dienstleistungen erbracht worden seien, diese aber als solche nicht zur Einlage geeignet seien.

3.3 Stellungnahme

K. Schmidt hat sich mit seinem klaren Begriffsverständnis – wie in vielen anderen Bereichen – auch in der Frage der Einlageterminologie besondere Verdienste erworben. Völlig zu Recht weist er darauf hin, dass eine gute Begriffsbildung allein zwar Fälle nicht lösen könne, dass aber eine schlechte Begriffsbildung die Lösung von Fällen behindern könne.[67] Die überwiegend vertretene, von ihm entwickelte Terminologie überzeugt im Kern. Es verwundert daher nicht, dass auch der BFH in seinem Urteil vom 19.10.1998 zur Einbringung von Einzelwirtschaftsgütern des Privatvermögens in eine Personengesellschaft auf das Maßstäbe setzende Großlehrbuch des Autors zum Gesellschaftsrecht rekurriert. Auf die Art und Weise der Bezugnahme und Argumentation des BFH wird noch detailliert einzugehen sein.[68] Zunächst bleibt festzuhalten, dass der Beitrag als Oberbegriff zu behandeln ist. Die Einlage ist ein Unterfall des Oberbegriffs Beitrag.

4. Konkretisierung des zivilrechtlichen Einlagebegriffs

4.1 Vorbemerkung

Bereits einleitend ist darauf hingewiesen worden, dass der Begriff der Einlage im Zivilrecht – wie auch im Steuerrecht – kontextabhängig unterschiedlich gebraucht wird.[69] Einerseits wird er im Sinne der Einlagehandlung verstanden, d.h. tätigkeitsbezogen. Andererseits wird er aber auch im Sinne des

67 K. Schmidt, § 20 II 1 a (S. 567).
68 Vgl. hierzu die Kapitel VII ff. (S. 123 ff.).
69 Vgl. I. Kapitel unter 1. (S. 5).

Einlagegegenstands verstanden, d.h. objektbezogen. Beide Aspekte, Einlagegegenstand und Einlagehandlung, sind notwendige Komponenten jeder Konkretisierung des Einlagebegriffs.
Die obige Bestandsaufnahme der gesetzlichen Vorgaben hat ergeben, dass die Regelungsdichte immer und nur dann hoch ist, wenn Fragen im Zusammenhang mit den Grundsätzen der Kapitalaufbringung und der Kapitalerhaltung geregelt werden. Diese Feststellung betrifft zwar primär die Kapitalgesellschaften. Sie gilt aber auch bei den Personenhandelsgesellschaften, und zwar hier für den Kommanditisten der KG. Die Grundsätze der Kapitalaufbringung und Kapitalerhaltung sind indessen nicht auf alle Unternehmen anwendbar, in welche Einlagen erfolgen können. Vielmehr resultieren sie aus gesetzlich anerkannten Haftungsbeschränkungen. Aus diesem Grunde sind Verallgemeinerungen aus den betreffenden Gesetzesbestimmungen allenfalls mit Vorsicht möglich, wenn es um die hier angestrebte Konkretisierung des allgemeinen zivilrechtlichen Einlagebegriffs geht. Auch ein solcher allgemein zu definierender zivilrechtlicher Einlagebegriff hat die Komponenten des Einlagegegenstands (4.3) und der Einlagehandlung (4.4) zu beinhalten. Zunächst ist kurz darauf einzugehen, wer einlegende Person sein kann.

4.2 Einlegende Person

Subjekt der Einlage kann nur ein Mitglied des Personenunternehmens oder der Kapitalgesellschaft sein. Auch stille Gesellschafter sind in diesem Sinne Unternehmensmitglieder.[70] Bei Gesellschaften kommt als einlegende Person nur ein Gesellschafter in Betracht. Die einlegende Person wird auch als Inferent bezeichnet. Wörtlich übersetzt ist hierunter der Hineinbringende zu verstehen, d.h. der Einlegende bzw. die einlegende Person.

4.3 Einlagegegenstand

4.3.1 Geldeinlagen und Nichtgeldeinlagen

Vorauszusetzen ist zunächst, dass der betreffende Gegenstand nicht bereits zum Vermögen des Personenunternehmens oder der Kapitalgesellschaft gehört. Allgemein zu unterscheiden sind sodann Geldeinlagen und Nichtgeldeinlagen.[71] Regelmäßig werden Geldeinlagen als Bareinlagen und Nichtgeldeinlagen als Sacheinlagen bezeichnet. Bareinlagen können, müssen aber nicht in Bargeld bestehen, vielmehr sind gesetzliche Zahlungsmittel und

---

70 Vgl. BFH, Urteil vom 10.07.2001, VIII R 45/98, DStR 2001, 1598, 1599, wonach der stille Gesellschafter am Handelsgewerbe des Geschäftsinhabers beteiligt ist.
71 K. Schmidt, in Schlegelberger, HGB, § 105 Rn 155.

Schecks „Bareinlagen".[72] Der Begriff der Geldeinlage ist aus diesem Grunde treffender. Geldeinlagen werden durch bare oder unbare Zahlung erbracht.[73] Sacheinlagen sind Nichtgeldeinlagen (vgl. § 27 I 1 AktG). Da der Begriff der Sacheinlage aber allgemein üblich und überdies gesetzliches Tatbestandsmerkmal ist, soll er auch hier verwendet werden. Auf das Verhältnis von Geldeinlage und Nichtgeldeinlage nach gesellschaftsrechtlichem Verständnis wird noch näher einzugehen sein.[74]

4.3.2 Einlagefähigkeit

4.3.2.1 Voraussetzungen der Einlagefähigkeit

Einlagen können nur solche Gegenstände sein, die einlagefähig sind. Die Einlagefähigkeit ist Voraussetzung für die Tauglichkeit eines Gegenstands als Einlage und somit auch begriffsnotwendig für den Einlagebegriff selbst. Entscheidend ist zunächst, dass der betreffende Einlagegegenstand die Haftungsmasse des Unternehmens mehrt. Hierfür ist erforderlich, dass der Gegenstand einen Vermögenswert hat.[75] Ein noch so geringer Vermögenswert genügt diesem Erfordernis des in allgemeiner Weise zu definierenden zivilrechtlichen Einlagebegriffs.[76] Um die Haftungsmasse mehren zu können, ist jedenfalls grundsätzlich die Übertragbarkeit des betreffenden Gegenstands in diese Haftungsmasse hinein erforderlich.[77] Bei Gesellschaften vollzieht sich die Mehrung der Haftungsmasse durch Mehrung des Gesellschaftsvermögens.

4.3.2.2 Einzelne Zweifelsfragen

Gesetzliche Zahlungsmittel sind unproblematisch stets einlagefähig. Diskussionsbedürftig kann die Frage der Einlagefähigkeit nur bei Nichtgeldeinlagen sein.[78] In der Tat wirft die Einlagefähigkeit von Sacheinlagen nicht selten Zweifelsfragen auf.[79] Beispielhaft sei im Folgenden auf die Frage der

---

72 Förschle/Kofahl, in Beck Bilanz, HGB, § 247 Rn 172. Vgl. auch Förschle/Kropp, in Budde/Förschle, C Rn 91 (S. 98).

73 K. Schmidt, § 20 II 3 a (S. 572). Vgl. auch Förschle/Kofahl, in Beck Bilanz, HGB, § 247 Rn 172.

74 Vgl. VIII. Kapitel unter 4.3 (S. 145).

75 Ulmer, in Hachenburg, GmbHG, § 5 Rn 32, spricht von einem „gegenwärtig fassbaren Vermögenswert".

76 Näher hierzu 4.3.3 (S. 35).

77 MünchKommHGB-Ballwieser, § 247 Rn 61. Krit. zum Merkmal der Übertragbarkeit Schmidt-Leithoff, in Rowedder/Schmidt-Leithoff, GmbHG, § 5 Rn 26 und Ulmer, in Hachenburg, GmbHG, § 5 Rn 34 f., jeweils m.w.N.

78 So zu Recht K. Schmidt, § 20 II 3 a (S. 572).

79 Henze, DB 2001, 1469 zählt die Frage der Sacheinlagefähigkeit zu einem Schwerpunkt der Rechtsprechung im Bereich der Kapitalaufbringungsgrundsätze in GmbH-Recht und Aktienrecht.

Einlagefähigkeit von Dienstleistungen und von Nutzungen eingegangen.[80] Dienstleistungen als solche sind nach zutreffender, ganz überwiegender Auffassung grundsätzlich nicht einlagefähig.[81] Wenn in § 733 II 3 BGB von Einlagen die Rede ist, die in der Leistung von Diensten bestanden haben, so ist diese Formulierung missglückt. Zumindest ist sie nicht verallgemeinerungsfähig für den in allgemeiner Form zu konkretisierenden zivilrechtlichen Einlagebegriff. Anders gewendet ist die Regelung des § 733 II 3 BGB insofern als konstitutiv anzusehen, § 27 II AktG hingegen als deklaratorisch. Ein allgemein zu definierender zivilrechtlicher Einlagebegriff ist nicht allein aus dem GbR-Recht abzuleiten, sondern mit Bezug zu sämtlichen Gesetzesbestimmungen über Personenunternehmen und Kapitalgesellschaften. Dieser so verstandene allgemeine zivilrechtliche Einlagebegriff erfordert das gegenständliche Verbringen in das Unternehmen zu einem bestimmten Zeitpunkt, d.h. die Übertragung eines Gegenstands. Mangels einer so gearteten Gegenständlichkeit sind Dienstleistungen und Verpflichtungen hierzu keine zivilrechtlichen Einlagen im Sinne der allgemeinen Begriffsdefinition.[82] Werden Dienstleistungen gegen Entgelt erbracht und soll das Entgelt im Unternehmen belassen werden, so kommt das Entgelt als Gegenstand einer Geldeinlage[83] oder die Entgeltforderung als Gegenstand einer Sacheinlage in Betracht.

Problematisch ist auch die Einlagefähigkeit von Nutzungen und Nutzungsrechten.[84] Während dingliche Nutzungsrechte wie Nießbrauch und Dienstbarkeit zivilrechtlich einlagefähig sind, sind reine tatsächliche Nutzungsvorteile als solche zivilrechtlich nicht einlagefähig.[85] Obligatorische Nutzungsrechte werden differenziert betrachtet. Im Regelfall dürfte in den betreffenden Fällen eine Mehrung der Haftungsmasse des Unternehmens nicht eintreten, so dass mangels Einlagefähigkeit keine zivilrechtliche Einlage gegeben sein kann.[86]

---

80 Vgl. insoweit Budde/Müller, in Beck Bilanz, HGB, § 272 Rn 203; unpräzise Förschle/Kofahl, in Beck Bilanz, HGB, § 247 Rn 172.

81 BFH, Urteil vom 10.07.2001, VIII R 45/98, DStR 2001, 1598, 1599; Henze, DB 2001, 1469, 1471; K. Schmidt, § 20 II 3 a bb (S. 574); vgl. auch MünchKommHGB-Ballwieser, § 247 Rn 61; von Gerkan, in Röhricht/Graf von Westphalen, HGB, § 230 Rn 32.

82 Näher zum Streit K. Schmidt, § 20 II 3 (S. 574) m.w.N.

83 Vgl. BFH, Urteil vom 10.07.2001, VIII R 45/98, DStR 2001, 1598, 1599.

84 Ellrott/Gutike, in Beck Bilanz, HGB, § 255 Rn 154 m.w.N.; Budde/Müller, in Beck Bilanz, § 272 Rn 203 m.w.N.; näher zur Problematik K. Schmidt, § 20 II 3 a cc (S. 574 f.).

85 A.A. offenbar MünchKommHGB-Ballwieser, § 247 Rn 61. Zur Situation im Steuerrecht vgl. 3.1.4.2 im III. Kapitel (S. 64).

86 Vgl. näher K. Schmidt, § 20 II 3 a cc (S. 575) m.w.N.; vgl. aber auch Henze, DB 2001, 1469, 1471 m.N. BGH, DB 2000, 1392 zur vom BGH anerkannten Einlagefähigkeit obligatorischer Nutzungsrechte, deren Gegenstand die Verwertung von Namen und Logos von Sportvereinen ist.

4.3.3 Bilanzierungsfähigkeit als Definitionsmerkmal?

Ob die Bilanzierungsfähigkeit des Einlagegegenstands begriffsnotwendige Voraussetzung einer zivilrechtlichen Einlage ist, ob sie also eine Untervoraussetzung der Einlagefähigkeit ist, wird uneinheitlich beurteilt.[87] Für eine allgemein zu definierende zivilrechtliche Einlage ist die Frage zu verneinen.[88] Allein entscheidend für die Frage der Einlage im Sinne des Zivilrechts ist die Eignung zur Mehrung der Haftungsmasse. Regelmäßig wird die Mehrung der Haftungsmasse zwar in der Handelsbilanz abgebildet. Gleichwohl ist die Bilanzierungsfähigkeit nicht als Definitionsmerkmal einer zivilrechtlichen Einlage zu nennen. Wäre die Bilanzierungsfähigkeit ein solches Definitionsmerkmal, so setzte dies voraus, dass eine Mehrung der Haftungsmasse nicht anders als durch einen bilanzierungsfähigen Gegenstand, d.h. durch einen Vermögensgegenstand im Sinne des § 246 HGB erfolgen kann.

Das aber ist nicht der Fall, da die Haftungsmasse auch erhöht werden kann, wenn aus der Bilanz nicht ersichtliche stille Reserven das Vermögen tatsächlich vermehren. Anschaulich zeigt sich das etwa bei der Frage, ob bei einer juristischen Person der Insolvenzgrund der Überschuldung (§ 19 InsO) vorliegt. Maßgeblich ist hier nicht eine bilanzielle Überschuldung. Wegen vorhandener stiller Reserven kann trotz bilanzieller Überschuldung eine Überschuldung im Sinne des Insolvenzrechts zu verneinen sein.[89] Der Grund hierfür ist, dass Haftungsmasse vorhanden sein kann, die als solche nicht aus der Bilanz ersichtlich ist.

Zu unterscheiden ist das abzulehnende Merkmal der Bilanzierungsfähigkeit von der in § 27 II AktG genannten Voraussetzung. Danach erfordert die Sacheinlagefähigkeit, dass der wirtschaftliche Wert des betreffenden Vermögensgegenstands feststellbar ist. Bewertbarkeit bzw. Feststellbarkeit eines wirtschaftlichen Werts ist aber begrifflich nicht zwingend gleichbedeutend mit Bilanzierbarkeit. Würde der Gesetzgeber etwa die Aktivierungsfähigkeit bestimmter eingebrachter Vermögensgegenstände auch für den Fall der Einlage ausschließen, so hätte dies keinen Einfluss auf die allgemeine zivilrechtliche Einlagefähigkeit des Vermögensgegenstands. Teilweise wird auch zwischen abstrakter und konkreter Bilanzfähigkeit unterschieden.[90] Die konkrete „Bilanzfähigkeit" ist nur dann gegeben, wenn der Aktivierung kein

---

87 Vgl. Förschle/Kofahl, in Beck Bilanz, HGB, § 247 Rn 172; zahlreiche Nachweise bei Joswig, S. 178 (Fn 50). Offengelassen von BFH, Urteil vom 10.07.2001, VIII R 45/98, DStR 2001, 1598, 1599.

88 Vgl. Ulmer, in Hachenburg, GmbHG, § 5 Rn 32; vgl. auch Schmidt-Leithoff, in Rowedder/Schmidt-Leithoff, GmbHG, § 5 Rn 26 m.w.N.

89 Vgl. Drukarczyk/Schüler, in MünchKommInsO, § 19 Rn 14 ff. zur Definition der Überschuldung. Vgl. auch Uhlenbruck, InsO, § 19 Rn 2 ff. und Kind, in Braun, InsO, § 19 Rn 5 ff.

90 Vgl. Adler/Düring/Schmaltz, HGB, § 246 Rn 22; Joswig, S. 178 m.w.N.

Bilanzierungsverbot entgegensteht.[91] Aus den genannten Gründen ist die Bilanzierbarkeit des Einlagegegenstands – hier verstanden als die konkrete Bilanzierbarkeit – nicht Definitionsmerkmal des zivilrechtlichen Einlagebegriffs. Von der so verstandenen zivilrechtlichen Einlage kann die Einlage im Sinne des Handelsbilanzrechts unterschieden werden.[92] Nur sie erfordert begriffsnotwendig die Bilanzierungsfähigkeit der Einlage bzw. des Einlagegegenstands.

4.4 Einlagehandlung

4.4.1 Begriff der Einbringung

Zum Teil wird der Begriff der Einbringung als ein rein steuerrechtlicher Begriff verstanden.[93] Mit zivilrechtlichen Denkkategorien lasse sich der rein steuerrechtliche Begriff „Einbringung" auch nicht annähernd erfassen.[94] Begrifflich handle es sich um eine irgendwie geartete „Überführung" eines Wirtschaftsguts aus einem steuerlichen Betriebsvermögen in ein anderes. Richtig ist, dass der Begriff der Einbringung im Zivilrecht nicht definiert ist.[95] Anders als beispielsweise im Umwandlungssteuergesetz wird er im Zivilrecht auch vergleichsweise wenig verwendet. Gleichwohl ist der Begriff der Einbringung mitnichten ein „rein" steuerrechtlicher Begriff. Das belegen schon § 733 II 2 BGB und § 31 I 1 AktG. Die steuerliche Besonderheit beginnt nicht bereits auf der begrifflichen Ebene mit einem angeblich exklusiven Begriff der Einbringung, sondern erst mit speziellen Vorschriften auf der Ebene der Bewertung. Der Umstand, dass steuerliche Bewertungsvorschriften den Begriff der Einbringung in ihrer Überschrift bzw. in ihrem Tatbestand enthalten, macht den Begriff nicht zu einem rein steuerrechtlichen Begriff.
Der Begriff der Einbringung ist als ein auch zivilrechtlich verwendbarer Oberbegriff zu verstehen, der nicht nur, aber insbesondere auch die Einlagehandlung beschreiben kann.[96] Charakteristisch für Einbringungen ist das auf mitgliedschaftlicher Grundlage erfolgende Zuführen eines Gegenstands zum Gesellschaftsvermögen. Begriffsnotwendig ist bei Gesellschaften also eine gesellschaftsvertragliche und nicht lediglich schuldvertragliche Grundlage, auf welcher die Mehrung des Gesellschaftsvermögens erfolgt.

---

91 Wie z.B. § 248 II HGB.
92 Vgl. hierzu 5.1 (S. 49).
93 Dehmer, UmwStG, § 24 Anm. 4; Ehmcke, in Blümich, EStG, § 6 Rn 140; Schlößer, in Haritz/Benkert, UmwStG, § 24 Rn 10; vgl. auch J. Schmitt, in Schmitt/Hörtnagl/Stratz, UmwStG, § 24 Rn 42.
94 Dehmer, UmwStG, § 24 Anm. 4 m.w.N.
95 Budde, S. 64 ff. (Rn 1, 8, 35, 43).
96 Vgl. auch bereits oben 2.2.1 zu den Gesetzesvorgaben für die GbR.

Allgemein gesprochen liegt im Gesellschaftsrecht eine Einbringung vor, wenn Vermögen auf einen anderen Rechtsträger übertragen wird und der Übertragende als Gegenleistung dafür wenigstens teilweise neue Gesellschaftsrechte erhält oder bestehende Gesellschaftsrechte aufwertet.[97] Formuliert wird weiter: Der Begriff der Einbringung bezeichne keine besondere Übertragungsform, sondern unterstreiche nur das gesellschaftsrechtliche Element in der einer dinglichen Übertragung zugrundeliegenden causa, die handelsrechtlich Sacheinlage oder Einlage genannt werde.[98] An dieser Begriffsbestimmung ist lediglich die unklare Beschreibung der Einlage im Relativsatz am Ende zu kritisieren. Aufgrund des nicht eindeutigen Bezugs des Relativpronomens wird der Eindruck erweckt, die Einlage sei lediglich ein gesellschaftsrechtlich veranlasstes Kausalgeschäft, welches im Wege der Einbringung vollzogen werde. Richtigerweise beinhaltet der zivilrechtliche Einlagebegriff aber auch bzw. gerade diesen dinglichen Vollzug.[99]

4.4.2 Einbringung quoad dominium, quoad sortem und quoad usum

Für die Umschreibung der Einlagehandlung wird vielfach Bezug genommen auf die Begriffe der Einbringung quoad dominium (zu Eigentum), quoad sortem (dem Werte nach) und quoad usum (zur bloßen Nutzung).[100] Die lateinische Präposition „quoad“ bedeutet „hinsichtlich“. Eine Einbringung quoad dominium erfolgt also hinsichtlich des Eigentums bzw. der Rechtsinhaberschaft. Vollzogen wird sie durch Rechtsübertragung, d.h. durch Übereignung oder Abtretung an die Gesellschaft nach den allgemeinen zivilrechtlichen Vorschriften. Die Einbringung quoad sortem erfolgt hinsichtlich des Wertes.[101] Der Gesellschafter bleibt zivilrechtlicher Rechtsinhaber, es erfolgt also anders als bei der Einbringung quoad dominium keine Veränderung in der zivilrechtlichen Güterzuordnung. Im Innenverhältnis wird der dem Werte nach eingebrachte Gegenstand jedoch als Teil des Gesellschaftsvermögens behandelt. Eine Einbringung quoad usum erfolgt schließlich hinsichtlich des Gebrauchs. Der Einbringungsgegenstand wird hierbei der Gesellschaft in mietähnlicher Weise zur Nutzung überlassen, dies aber nicht auf schuldvertraglicher, sondern jedenfalls originär auf gesellschaftsvertraglicher Grundlage. Die Einbringungen quoad dominium und quoad usum können als „Pole“

---

97 Budde, S. 64.

98 Budde, S. 65.

99 Vgl. insoweit 4.4.5 (S.39) zur Einlage im engeren Sinne und zur Einlage im weiteren Sinne.

100 Vgl. Müller, in Beck Hdb.PersGes, § 4 Rn 51 ff. (S. 314 f.); Ebenroth/Boujong/Joost, HGB, § 105 Rn 142 ff. In einem knappen Aufsatz geht Piltz, DStR 1991, 251 f. darauf ein, was mit diesen „Überbleibseln der lateinischen Rechtssprache“ gemeint ist.

101 Vgl. zur Einbringung quoad sortem BFH, Urteil vom 02.05.2001, VIII R 64/93, BFH/NV 2002, 10, 11 m.w.N. zur BFH-Rechtsprechung.

der drei Einbringungsarten verstanden werden, zwischen denen die Einbringung quoad sortem anzusiedeln ist.[102]

4.4.3 Einlagehandlung als Einbringung quoad dominium

Entscheidend für den zivilrechtlichen Einlagebegriff ist die gegenständliche Mehrung der Haftungsmasse der Unternehmung bzw. der Gesellschaft. Eine Einlage im Sinne des Zivilrechts bzw. des Gesellschaftsrechts erfordert daher begrifflich den Rechtsübergang des Einlagegegenstands auf den Träger des Unternehmens, d.h. eine Einbringung quoad dominium. Einbringungen quoad sortem oder quoad usum genügen dem zivilrechtlichen Einlagebegriff nicht.[103] Sie stellen keine geeignete Einlagehandlung dar. Während Beiträge in allen drei genannten Formen erbracht werden können, ist nur die Einbringung zu Eigentum (quoad dominium) eine die Haftungsmasse mehrende Einlage.[104] Voraussetzung einer gesellschaftsrechtlichen Einlage ist daher ein Wechsel in der dinglichen Güterzuordnung.[105] Nur wenn zuträfe, dass die Einbringung quoad sortem nicht geeignet ist, um den betreffenden Gegenstand aus der Haftung für Gesellschaftsschulden herauszuhalten,[106] wäre die Einbringung quoad sortem eine Einlage. Tatsächlich ist das aber nicht der Fall, vielmehr verpflichtet sich die dem Werte nach einbringende Person lediglich dazu, Gesellschaft und Mitgesellschafter so zu stellen, als gehörte der Sachwert in das Gesellschaftsvermögen.[107] Das Eigentum geht nicht in das Gesellschaftsvermögen über.[108] Der quoad sortem eingebrachte Gegenstand selbst mehrt daher nicht die Haftungsmasse.

---

102 So Piltz, DStR 1991, 251, der indessen nicht zwischen Zivilrecht und Steuerrecht differenziert und unglücklich schon im Titel von „Einlagen“ quoad usum und quoad sortem spricht. Vgl. auch unmittelbar nachfolgend 4.4.3.

103 MünchHdb.GesR I/von Falkenhausen, § 54 Rn 2. Inkonsequent wird a.a.O. unter Rn 15 ff. von „Einlagen“ quoad sortem bzw. quoad usum gesprochen, ebenso bei Piltz, DStR 1991, 251 f.

104 K. Schmidt, § 20 II 2 d (S. 570) m.w.N.; vgl. Huber, S. 192; vgl. für Personengesellschaften auch Ebenroth/Boujong/Joost, HGB, § 105 Rn 141 und Schulte, in Sudhoff, S. 154 Rn 2.

105 Für Einzelunternehmen und den allgemeinen zivilrechtlichen Einlagebegriff vgl. nachfolgend 4.5.

106 So ausdrücklich Piltz, DStR 1991, 251, 252; vgl. auch Gädcke, „Dem Werte nach“ eingebrachte Grundstücke im Gesellschaftsvermögen, S. 107 ff. (zitiert nach K. Schmidt, § 20 II 2 d (S. 570)).

107 Vgl. ausführlich und mit einem Beispiel K. Schmidt, § 20 II 2 d (S. 570 f.).

108 K. Schmidt, a.a.O, m.N. OLG Hamburg, NJW-RR 1996, 803.

4.4.4 Causa der Einlage

Begrifflich getrennt zu betrachten sind Einlage und zugrundeliegende Einlageverpflichtung.[109] Nicht jeder einlagefähige Gegenstand, der einem Unternehmen zugeführt wird, ist ohne weiteres Einlagegegenstand.[110] Ein Gegenstand ist auch nicht schon dann Einlagegegenstand, wenn ein Gesellschafter ihn auf die Gesellschaft übertragt. Vielmehr setzt eine Einlage voraus, dass der einlagefähige Gegenstand auf eine Einlageschuld geleistet wird.[111] Die Einlageverpflichtung ergibt sich aus dem Gesellschaftsvertrag selbst oder aus einem Gesellschafterbeschluss (z.B. Kapitalerhöhungsbeschluss). Gesellschaftsrechtliche Einlagen haben also begriffsnotwendig eine gesellschaftsrechtliche causa, die Erfüllung der Einlageverpflichtung erfolgt causa societatis. Bereits in einer frühen Entscheidung aus dem Jahre 1966 hat der BGH für das GmbH-Recht entschieden, das Sacheinlageversprechen sei kein Kauf, sondern eine körperschaftsrechtliche Regelung.[112] Der Sacheinleger werde durch den Einbringungsvertrag Mitglied der Gesellschaft. Auf die Abrede über die Einbringung einer Sacheinlage als körperschaftsrechtliche Regelung seien die Vorschriften über die Kaufgewähr nur insoweit anwendbar, als sie mit dem Wesen der Einbringung einer Sacheinlage vereinbar seien.

4.4.5 Einlage im engeren Sinne und Einlage im weiteren Sinne

Man kann somit differenzieren zwischen einer Einlage im engeren Sinne, die nur den dinglichen Vollzug der Einlageverpflichtung umfasst, und einer Einlage im weiteren Sinne, welche die Begründung der Einlageverpflichtung und den Vollzug der Einlage beinhaltet.[113]

Die Begründung der Einlagepflicht als solche ist begrifflich hingegen noch keine Einlage.[114] Auch die Verbuchung solcher noch ausstehender Einlagen bedeutet begrifflich noch keine Einlage. Schon die Bezeichnung bringt zum Ausdruck, dass die eigentliche Einlage noch aussteht. Die Einlage liegt begrifflich erst dann vor, wenn der Einlagegegenstand in das Gesellschaftsvermögen geleistet wird. Einlage im engeren Sinne und Einlage im weiteren Sinne erfordern übereinstimmend den Vollzug durch Erbringung der

---

109 Vgl. Förschle/Kropp, in Budde/Förschle, C Rn 93 (S. 99); vgl. auch Büchele, DB 1997, 2337.

110 So zu Recht K. Schmidt, § 20 II 3 b (S. 576).

111 K. Schmidt, a.a.O.

112 BGH, Urteil vom 02.05.1966, II ZR 219/63, BGHZ 45, 338, 345.

113 Vgl. hierzu Wichmann, Stbg 2000, 314, 315, der nur die Einlage i.w.S. als Einlage anerkennt. Der gesamte einheitliche Vorgang von der Entstehung der Einlageschuld bis zur Leistung des einlagefähigen Gegenstands sei die Sacheinlage.

114 Büchele, DB 1997, 2337, 2339 spricht demgegenüber terminologisch etwas unglücklich von der „Einlage als Verfügungsgeschäft und der Einlage als Verpflichtungsgeschäft". Vgl. in diesem Zusammenhang auch Reiß, in Kirchhof, EStG, § 15 Rn 371, näher hierzu im VII. Kapitel unter 5.1 (S. 130 ff.).

Einlageleistung. Nur die Einlage im weiteren Sinne beinhaltet darüber hinaus zusätzlich die Einlageverpflichtung. Die Einlageschuld für sich genommen ist noch keine Einlage, sondern beinhaltet lediglich den Anspruch auf die Einlage im engeren Sinne.[115]

Abbildung 1: Gesellschaftsrechtliche Einlage im engeren Sinne und im weiteren Sinne

gesellschaftsrechtliche Einlage im weiteren Sinne	
causa (Gesellschaftsvertrag oder Kapitalerhöhungsbeschluss)	dinglicher Vollzug (Verfügungsgeschäft)
gesellschaftsrechtliche Einlageverpflichtung	**gesellschaftsrechtliche Einlage im engeren Sinne**

4.4.6 Subjektiver Tatbestand: Einlagewille

Zum bisher beschriebenen objektiven Tatbestand der Einlagehandlung muss ein subjektives Element hinzukommen. Erforderlich ist, dass die objektive Einbringung des einlagefähigen Gegenstands vom Mitglied des Unternehmens willentlich erbracht wird. Bei den bislang diskutierten gesellschaftsrechtlichen Einlagen, d.h. solchen in Körperschaften oder Personengesellschaften, ist die Willentlichkeit bereits eine Konsequenz der Tatsache, dass die Einbringung quoad dominium stets eine rechtsgeschäftliche Eigentumsübertragung von der einbringenden Person auf die Gesellschaft bedeutet. Das zweiseitige sachenrechtliche Rechtsgeschäft der Übereignung nach § 929 BGB oder nach §§ 873, 925 BGB erfordert stets übereinstimmende

115 Zum Begriff der Einlageschuld, auf den sich der BFH im Urteil vom 19.10.1998 bezieht, vgl. auch Wichmann, Stbg 2000, 314, 315 mit der anschaulichen Frage, ob hierunter eine „Schuld auf Einlage" oder eine „Schuld aus Einlage" zu verstehen sei. Richtigerweise ist die Einlageschuld selbst noch keine Einlage, sondern als „Schuld auf Einlage" lediglich Teil der Einlage i.w.S. und causa der Einlage i.e.S. Näher zum Urteil des BFH im Besonderen Teil (3. Teil, Kapitel VI ff. (S. 115 ff.)).

Willenserklärungen der Beteiligten.[116] Die Wirksamkeit einer Einlage und die Einlagehandlung haben daher einen Einlagewillen zur Voraussetzung. Dieser schließt den Übertragungswillen ein.

4.5 Zivilrechtliche Einlage auch bei Einzelunternehmen?

Bei Einzelunternehmen scheidet eine gesellschaftsrechtliche Einlage mangels Gesellschaftsvertrages und mangels Gesellschaftsvermögens schon begrifflich aus. Einerseits ist das konsequent, da die Haftungsmasse eines Einzelunternehmens im gesamten betrieblichen und privaten Vermögen des Unternehmers besteht. Die Haftungsmasse als solche ändert sich daher durch eine Einlage des Einzelunternehmers nicht.[117] Andererseits kann man auch bei einem Einzelunternehmen zivilrechtlich wie auch handelsbilanzrechtlich durchaus von der Einlage eines Gegenstands in das Unternehmen sprechen, wenn auch naturgemäß nicht von einer solchen im Sinne des Gesellschaftsrechts. Denkbar erscheint es daher, über den Begriff der gesellschaftsrechtlichen Einlage hinaus einen zivilrechtlichen Einlagebegriff zu definieren, der den gesellschaftsrechtlichen Einlagebegriff einschließt, darüber hinaus aber auch Einlagen in Einzelunternehmen erfasst. Im Interesse einer knappen und prägnanten Definition ist daran zu denken, das „Unternehmensvermögen" als Zielobjekt einer zivilrechtlichen Einlage zu nennen. Nicht dagegen, sondern eher dafür spricht nicht zuletzt, dass der Begriff des Unternehmers seit 30.06.2000 ein an exponierter Stelle stehender zivilrechtlicher Gesetzesbegriff ist. Nach der Legaldefinition des § 14 I BGB ist ein Unternehmer eine natürliche oder juristische Person oder eine rechtsfähige Personengesellschaft, die bei Abschluss eines Rechtsgeschäfts in Ausübung ihrer gewerblichen oder selbständigen beruflichen Tätigkeit handelt.

Da der Einlagevorgang nur ein und denselben Rechtsträger betrifft, kann die Einlage beim Einzelunternehmen nicht rechtsgeschäftlicher Natur sein. Vielmehr stellt sie einen Realakt ohne zugrundeliegende Einlageverpflichtung dar. Die allgemeine zivilrechtliche Einlage ist daher nicht zwingend ein Rechtsgeschäft. Das Erfordernis eines Rechtsgeschäfts ist nicht begriffsnotwendiges Definitionsmerkmal. In diesem Zusammenhang ist darauf hinzuweisen, dass der Begriff der Einbringung quoad dominium die Situation bei Einzelunternehmen nicht wirklich gut beschreibt. Eine Einbringung zu Eigentum liegt zumindest nicht im Sinne eines Wechsels der dinglichen Güterzuordnung vor. Man könnte daher darüber nachdenken, hier lediglich eine Einbringung quoad usum für gegeben zu erachten. Dennoch ist eine Einbringung quoad dominium auch beim Einzelunternehmen zu bejahen. Der Begriff der

116 Gleiches gilt für die Forderungsabtretung nach § 398 BGB.
117 Vgl. insoweit zutreffend Wichmann, Stbg 2000, 314.

Einbringung quoad dominium ist nämlich insofern zutreffender, als nicht nur der Besitz zum Zwecke des Gebrauchs, sondern die vollständige Rechtsinhaberschaft des einbringenden Einzelunternehmers für das Unternehmen nutzbar gemacht wird. Da Einbringung quoad dominium nicht Einbringung des Eigentums im Sinne einer Eigentumsübertragung bedeutet, sondern Einbringung „hinsichtlich" des Eigentums, erfolgt eine Einbringung auch bei einem Einzelunternehmen quoad dominium.

4.6 Freie Verfügbarkeit und Endgültigkeit?

Betont wird regelmäßig das Merkmal der „funktionalen Äquivalenz" von Sacheinlagen und Geldeinlagen, so insbesondere auch von K. Schmidt.[118] Sacheinlagen müssten „so gut wie Geld" sein. Voraussetzung sei zum einen ein bewertungsfähiger Vermögensgegenstand. Zum anderen sei vorauszusetzen, dass dieser Vermögensgegenstand an einem bestimmbaren Stichtag zur freien Verfügung, d.h. endgültig, in das Vermögen der Gesellschaft überführt werden könne.[119] Die freie Verfügbarkeit charakterisiere die Endgültigkeit der Mittelzuführung.[120] Entscheidend sei u.a. der Schutz des Wirtschaftsguts gegen Dispositionen des Inferenten.[121]

Zunächst ist anzumerken, dass die Fragestellung nach hier vertretener Auffassung entgegen K. Schmidt nicht die Einlagefähigkeit des Einlagegegenstands, sondern die Einlagehandlung betrifft. Abgesehen von dieser subtilen und sachlich eher unbedeutenden Unterscheidung ist K. Schmidt aber auch in der Sache zu widersprechen.

Das eingangs erklärte Teilziel des Kapitels ist die Konkretisierung eines allgemeinen zivilrechtlichen Einlagebegriffs. Für diesen ist allein die freie Verfügbarkeit als Resultat der Einlageleistung erforderlich, nicht dagegen die Endgültigkeit der Mittelzuführung. § 36 II 1 AktG und § 7 III GmbHG schreiben zwar vor, dass die – jeweils näher beschriebenen – Einlagen „endgültig zur freien Verfügung" des Vorstands bzw. der Geschäftsführer stehen müssen. Das Kriterium der Endgültigkeit ist aber im Gegensatz zum Kriterium der freien Verfügbarkeit für den allgemeinen zivilrechtlichen Einlagebegriff nicht verallgemeinerungsfähig.

Freie Verfügbarkeit und Endgültigkeit sind auch nicht synonym zu verstehen. Endgültigkeit ist vielmehr nur erforderlich bei Gesellschaften, für die der

---

118 K. Schmidt, § 20 II 3 a (S. 572 f.); vgl. Ulmer, in Hachenburg, GmbHG, § 5 Rn 36.

119 So K. Schmidt, a.a.O.

120 Vgl. zur freien Verfügbarkeit von Bareinlagen aus Kapitalerhöhungen im Unterschied zu solchen bei Gründung BGH, Urteile vom 18.03.2002, II ZR 11/01, II ZR 363/00, II ZR 364/00, II ZR 369/00, DStR 2002, 1538 mit redaktioneller Anm. (S. 1541). Vgl. insoweit Hallweger, DStR 2002, 2131; Henze, BB 2002, 955.

121 K. Schmidt, § 20 II 3 a (S. 573).

Grundsatz der Kapitalerhaltung gilt. Dieser gilt aber grundsätzlich nicht für Personenunternehmen, bei denen eingelegte Gegenstände durchaus wieder entnommen werden dürfen.[122] Zulässige Entnahmen machen Einlagen rückgängig, lassen die ursprünglich wirksame Einlage aber unangetastet. K. Schmidt ist also zuzustimmen, wenn er den Begriff der freien Verfügbarkeit als nur scheinbaren Spezialbegriff des Kapitalgesellschaftsrechts erachtet.[123] Die freie Verfügbarkeit ist aber nicht synonym mit der Endgültigkeit der Mittelaufbringung. Der von K. Schmidt vorausgesetzte Schutz des Wirtschaftsguts auch gegen Dispositionen des Einlegers besteht uneingeschränkt nur für den Geltungsbereich des Kapitalerhaltungsgrundsatzes. Als allgemeine Voraussetzung für den zivilrechtlichen Einlagebegriff ist die Endgültigkeit der Mittelzuführung dagegen nicht zu nennen.[124] Hier ist die Voraussetzung der Mehrung der Haftungsmasse hinreichend. Zumindest müsste die Endgültigkeit bei Personenunternehmen von jener bei Kapitalgesellschaften qualitativ unterschieden werden.

4.7 Relevanz einer Gegenleistung bzw. eines Entgelts?

Ob Einbringungen „entgeltlich" oder „unentgeltlich" erfolgen, ist für den Begriff der zivilrechtlichen Einlage nicht entscheidend. Zivilrechtliche – besser: gesellschaftsrechtliche[125] – Einlagen können durch die Frage nach ihrer Entgeltlichkeit nur ungenau näher beschrieben werden. Ebenso wenig treffend wie die Frage nach der Entgeltlichkeit ist auch die allgemeiner formulierte Frage nach einer Gegenleistung des Unternehmens, in welches die Einlage erfolgt. Das Charakteristikum einer zivilrechtlichen bzw. gesellschaftsrechtlichen Einlage besteht vielmehr gerade darin, dass die einbringende Person die gegenständliche Leistung aus einer mitgliedschaftlichen Veranlassung heraus erbringt.

Im Rahmen einer Unternehmensgründung erfolgt diese Einlageleistung auf der Grundlage eines Gesellschaftsvertrages. Im Gründungsfall erlangt die einbringende Person aufgrund dieses Gesellschaftsvertrages zugleich die rechtliche Stellung eines Unternehmensmitglieds. Die einbringende Person erlangt diese Stellung unabhängig von einer echten Entgeltzahlung bzw. einer echten Gegenleistung der Gesellschaft allein durch die Beteiligung am Gründungsvorgang und insbesondere am Gesellschaftsvertrag. Die Erlangung der

---

122 Eine Sonderstellung nimmt lediglich die KG ein, bei der eine Haftungsbeschränkung zugunsten der Kommanditisten besteht, vgl. zur KG oben 2.2.2.2 (S. 17).

123 K. Schmidt, § 20 II 3 a (S. 573).

124 So aber K. Schmidt, a.a.O.

125 Bei Einzelunternehmen stellt sich die Frage insofern anders, als ein Einzelunternehmer stets alle „Mitgliedschaftsrechte" auf sich vereint und zudem Einzelunternehmen und Einzelunternehmer dieselbe Rechtspersönlichkeit aufweisen.

Mitgliedschaftsrechte erfolgt demnach „self-executing", in Anlehnung an die gebräuchlichere Wendung „ipso iure" könnte man auch sagen „ipso contracto". Ein echtes Entgelt – wie für einen Austauschvertrag typisch – ist von der Gesellschaft nicht zu entrichten. Auch die Verbuchung der Einlage stellt keine für einen Austauschvertrag typische Gegenleistung der Gesellschaft für die Einlage des Gesellschafters dar. Nicht die Verbuchung, sondern bereits die Beteiligung am Gründungsvorgang bringt die Mitgliedschaftsrechte zur Entstehung. Die Verbuchung ist die rein deklaratorische Abbildung dessen in der Bilanz. Die durch Einlage erworbenen Mitgliedschaftsrechte entstehen originär beim Inferenten, sie werden diesem nicht von der Gesellschaft übertragen, an welcher die Mitgliedschaft besteht.[126]

Im Rahmen einer Kapitalerhöhung ist die Situation vergleichbar. Soweit Mitgliedschaftsrechte bzw. Gesellschaftsanteile im Zusammenhang mit der Einlage hinzugewonnen werden, liegt zwar eine „entgeltliche" Einlage vor. Von einem echten Entgelt bzw. einer echten Gegenleistung der Gesellschaft kann aber auch hier genau genommen keine Rede sein. Der im Zuge der Kapitalerhöhung zur Entstehung gelangende Gesellschaftsanteil, soweit man so überhaupt formulieren kann, beruht lediglich auf einer gesellschaftsrechtlichen Reflexwirkung.[127]

Im Ergebnis können gesellschaftsrechtliche Einlagen sowohl „entgeltlich" als auch „unentgeltlich" erfolgen, auch wenn diese Begriffe wenig treffend sind. Dass eine „Gegenleistung" in Form der Gewährung von Gesellschaftsrechten bei einer Einlage begrifflich möglich ist, belegen schon §§ 27 I 2, 34 I Nr. 2 AktG. Im Bereich des Zivilrechts bzw. des Gesellschaftsrechts ist die Frage nach einer Gegenleistung bzw. nach einem Entgelt aber ohne rechtlichen Belang für den Begriff der Einlage.

4.8 Offene und verdeckte Einlagen versus verdeckte Sacheinlagen

4.8.1 Offene und verdeckte Einlagen

Gesellschaftsrechtliche Einlagen im hier beschriebenen Sinne können „entgeltlich" oder „unentgeltlich" erfolgen.[128] Anders formuliert können sie sowohl „offen" als auch „verdeckt" erfolgen.[129] Die Begriffe der offenen bzw. verdeckten Einlagen haben zwar keine zivilrechtliche gesetzliche Verankerung.[130] Auch einschlägige Literaturfundstellen sind in aller Regel steuerrecht-

126 Vgl. Ellrott/Gutike, in Beck Bilanz, HGB, § 255 Rn 143 m.w.N.; vgl. auch Joswig, S. 179.

127 Vgl. Hoffmann, GmbH-StB 2002, 59, 60; vgl. auch Wassermeyer, BB 1994, 1, 3.

128 Vgl. 4.7 (S. 43). Zur Definition unten 6.2 (S. 52).

129 Nach überwiegender Auffassung ist die verdeckte Einlage unentgeltlich, wovon auch das Gesetz ausgeht. Vgl. nur Korn/Strahl, in Korn, EStG, § 6 Rn 527, 533.

130 Der Begriff der verdeckten Einlage ist dagegen gesetzliches Tatbestandsmerkmal im Bereich

lichen Ursprungs, während der Begriff der Einlage im Handelsrecht „eher stiefmütterlich" behandelt wird.[131] Gleichwohl ist die Unterscheidung der Offenheit bzw. der Verdecktheit auch im Zivilrecht und vor allem im Bereich des Handelsbilanzrechts verbreitet.[132] Unterschiedlich beurteilt wird hierbei indessen die Frage, ob die verdeckte Einlage ein steuerrechtliches Institut oder aber ein Produkt des geltenden Handelsrechts ist.[133]
Als offen wird eine Einlage dann beschrieben, wenn die Gesellschaftsrechte des einbringenden Unternehmensmitglieds sich erhöhen. Als verdeckt wird eine Einlage hingegen bezeichnet, wenn die Gesellschaftsrechte des einbringenden Unternehmensmitglieds – jedenfalls rechtlich und bilanziell – unverändert bleiben.[134] Verdeckte Einlage im Sinne des Handelsbilanzrechts ist die mitgliedschaftlich bedingte Zuführung von einlagefähigem Vermögen durch den Gesellschafter an die Gesellschaft ohne Gegenleistung.[135] Im Gegensatz zu verdeckten Einlagen sind offene Einlagen also dadurch gekennzeichnet, dass sie zur Erlangung von Beteiligungsrechten führen.
Die Unterscheidung zwischen offenen und verdeckten Einlagen – ebenso wie die Unterscheidung zwischen „entgeltlichen" und „unentgeltlichen" Einlagen ist nur für Gesellschaften sinnvoll, nicht dagegen für Einzelunternehmen. Einzelunternehmer halten die vollen 100 Prozent der Unternehmensrechte, unabhängig von irgendwelchen Einlagen. Vor diesem Hintergrund sollte man lediglich von offenen bzw. verdeckten gesellschaftsrechtlichen Einlagen sprechen. Angesichts des nun darzustellenden Problems der verdeckten Sacheinlagen im Gesellschaftsrecht, wäre es noch klarer, von offenen bzw. verdeckten handelsbilanzrechtlichen Einlagen zu sprechen.

4.8.2 Verdeckte Sacheinlagen im Sinne des Gesellschaftsrechts

Bei dem Begriff der verdeckten Einlagen besteht eine unglückliche begriffliche Disharmonie gegenüber dem Gesellschaftsrecht.[136] Der dortige Begriff

---

des Steuerrechts, auf das im nachfolgenden III. Kapitel (S. 55 ff.) näher eingegangen wird. Der Begriff der verdeckten Einlage ist auch im Steuerrecht entwickelt worden (Budde/Müller, in Beck Bilanz, HGB, § 272 Rn 201, Weber-Grellet, DB 1998, 1532, 1535 f.).

131 Weber-Grellet, DB 1998, 1532, 1536 m.N. Wolter, S. 109 ff.

132 Andersen, KStG, § 8 Rn 455 ff.

133 Nach Auffassung von Groh (DB 1997, 1683, 1686) ist die verdeckte Einlage ein „Produkt des geltenden Handelsrechts". Ausdrücklich widerspricht dem Weber-Grellet (DB 1998, 1532, 1535 f.), der die verdeckte Einlage zu Recht als ein steuerrechtliches Institut sieht, das auf der einfachen Einlage des § 4 I Nr. 5 EStG aufbaue.

134 Vgl. insoweit § 272 II Nr. 4 HGB, dem jedoch nicht jede verdeckte Einlage unterfällt (Budde/Müller, in Beck Bilanz, HGB, § 272 Rn 201; Andersen, KStG, § 8 Rn 472). Vgl. auch FG Hamburg, Beschluss vom 30.08.2001, VII 105/01, DStRE 2002, 193, 194 m.w.N.

135 BFH, Urteil vom 27.07.1988, I R 147/83, BStBl II 1989, 271; vgl. auch Kußmaul/Klein, DStR 2001, 189.

136 Vgl. nur Korn/Strahl, in Korn, EStG, § 6 Rn 527, wo der Begriff der verdeckten Sacheinlage in

der verdeckten Sacheinlage beschreibt einen Vorgang, bei dem im Falle einer gesellschaftsvertraglich begründeten Bareinlageverpflichtung die Bareinlage nicht wirksam erbracht wird.[137] Die sehr weit gehende Rechtsprechung[138] versteht hierunter insbesondere auch Fälle, in denen die vereinbarte Bareinlage zunächst vermeintlich wirksam erbracht wird, in denen aufgrund eines in nahem zeitlichen Zusammenhang vorgenommenen weiteren Vorgangs aber im Rahmen einer zusammenfassenden Würdigung die Bareinlage doch als nicht wirksam beurteilt wird. Anders formuliert liegt eine verdeckte Sacheinlage vor, wenn laut Gründungsvertrag oder Kapitalerhöhungsbeschluss eine Bareinlage zu leisten ist, der Gesellschafter aber statt ihrer im wirtschaftlichen Ergebnis eine Sacheinlage leistet.

Relevant ist diese im Gesellschaftsrecht breit diskutierte und insbesondere im Insolvenzfall hoch brisante Problematik für Gesellschaften, für die der sog. Kapitalaufbringungsgrundsatz gilt. Das sind primär die Kapitalgesellschaften. Die Rechtsfolgen einer verdeckten Sacheinlage[139] werden vielfach als „ganz und gar katastrophal" erachtet.[140] Ohne Rücksicht auf bereits erbrachte Leistungen hat der betreffende Gesellschafter im schlimmsten Falle seine Geldeinlage noch einmal in voller Höhe zu erbringen, während sein Kondiktionsanspruch insolvenzbedingt wertlos sein kann. In Insolvenzfällen kann es also in nicht seltenen Fällen zur Doppelzahlung kommen. Die Rechtsprechung des BGH hat dementsprechend viel Unruhe in die kaufmännische Praxis gebracht.[141]

Eine gesetzliche Regelung wäre hier im Interesse der Rechtssicherheit gewiss wünschenswert. Beispielhaft sei die Frage des engen sachlichen und zeitlichen Zusammenhangs genannt, der nach derzeitigem Stand wohl maximal zwölf Monate betragen dürfte.[142] Eine gewisse Klärung hat sich jüngst durch

---

einem steuerlichen bzw. bilanzrechtlichen Sinne gebraucht wird; vgl. auch Groh, FR 1990, 528, 529.

137 Ausführlich zur Umgehung der Sachgründungsvorschriften durch verdeckte Sacheinlagen Hüffer, AktG, § 27 Rn 9 ff.; K. Schmidt, § 29 II 1 c (S. 886 ff.), § 37 II 4 (S. 1122 ff.); Schmidt-Leithoff, in Rowedder/Schmidt-Leithoff, GmbHG, § 5 Rn 48 ff.; Schöpflin, GmbHR 2003, 57; Winter, in Scholz, GmbHG, § 5 Rn 76 ff. m.w.N.; vgl. ferner Felder, in Rupp/Felder/Geiger/Lang, C I 7, Rn 81 ff.; Wilhelm, StuB 2000, 1228.

138 Ausführlich Henze (Mitglied des für das Gesellschaftsrecht zuständigen II. Zivilsenats des BGH), Die Rechtsprechung des BGH zu den Kapitalaufbringungsgrundsätzen im GmbH- und Aktienrecht, DB 2001, 1469, 1473 f.

139 Henze, DB 2001, 1469, 1474.

140 Lutter, FS für Stiefel, S. 505, 517; vgl. auch Lutter/Gehling, WM 1989, 1445, 1446; Hüffer, AktG, § 27 Rn 9; zur Möglichkeit der Heilung vgl. Henze, DB 2001, 1469, 1474.

141 Sc K. Schmidt, NJW 2000, 2927, 2932. Ders., § 37 II 4 b (S. 1124), sieht „eine Überreaktion des Rechts auf einen formalen Fehler".

142 Henze (Richter im zuständigen II. Zivilsenat des BGH), DB 2001, 1469, 1473 mit kritikloser Wiedergabe „längstens ein Jahr ab Eintragung der Gesellschaft bzw. der Kapitalerhöhung", m.N. Lutter/Hommelhoff, GmbHG, § 5 Rn 41. Vgl. auch Schöpflin, GmbHR 2003, 57, 62 (6 Monate); Raiser, § 26 Rn 80 (S. 430, „regelmäßig spätestens nach einem Jahr seit Eintra-

eine Entscheidung des II. Zivilsenats vom 16.09.2002 ergeben.[143] Der BGH hat darin deutlich zum Ausdruck gebracht, dass er den zeitlichen Zusammenhang in maximal sechs Monaten erkennt. Der Senat habe im Jahre 1996 den zeitlichen Zusammenhang zwischen Kapitalerhöhungsbeschluss und (Quasi-)Verrechnung im Falle eines Zeitabstands von mehr als drei Jahren jedenfalls verneint, ohne sich auf eine Zeitgrenze festzulegen.[144] Ob für den zeitlichen Zusammenhang ein Zeitabstand von bis zu sechs Monaten noch ausreiche, wie unter Bezugnahme auf eine weitere Entscheidung[145] diskutiert, könne dahinstehen. Der zeitliche Zusammenhang sei im Falle eines Zeitabstandes von mehr als acht Monaten jedenfalls überschritten. – Zu bedenken ist trotz der aktuell nicht in diese Richtung zielenden Rechtsprechung allerdings, dass es im Falle einer nachweislichen Umgehung aufgrund einer entsprechenden Abrede wohl keinen Unterschied machen kann, ob der auf den ersten Blick gut beratene Gesellschafter den Ablauf der sechs, zwölf oder gar 24 Monate abwartet.[146] Hier besteht vorbehaltlich einer eindeutigen richterlichen oder besser gesetzgeberischen Klarstellung wohl noch immer ein Restrisiko.[147] Ob die zur verdeckten Sacheinlage in der Rechtsprechung entwickelten Voraussetzungen[148] generell überzeugen oder aber zu weit reichen, ist eine ganz andere Frage.[149]

Die mangelnde begriffliche Abstimmung besteht nun darin, dass beispielsweise gesellschaftsrechtlich völlig normale und ohne jeden Zweifel wirksame Bareinlagen handelsbilanzrechtlich und steuerrechtlich verdeckte Einlagen sein können. Die Eigenschaft der Verdecktheit beschreibt also gesellschaftsrechtlich einen anderen Umstand, als dies steuerrechtlich der Fall ist.

Besonders im steuerrechtlichen Schrifttum wird die verdeckte Sacheinlage im Sinne des Gesellschaftsrechts nicht selten als „verschleierte" Sacheinlage bezeichnet.[150] Hierin kommt bereits das Bemühen zum Ausdruck, die unbefriedigende Begriffsüberschneidung zu vermeiden. Eine Möglichkeit bestünde in der Tat darin, im Bereich des Gesellschaftsrechts nur noch den Begriff der

---

gung"); Heil, NZG 2001, 913, 914 (Fn 29: streitig, ob 6, 12 oder 24 Monate).

143 BGH, Urteil vom 16.09.2002, II ZR 1/00, DStR 2002, 2088.

144 BGH, Beschluss vom 04.03.1996, II ZB 8/95, BGHZ 132, 141, 146.

145 BGH, Urteil vom 04.03.1996, II ZR 89/95, BGHZ 132, 133, 138 f.

146 Vgl. Custodis, DNotZ 1997, 437, 446. Vgl. auch K. Schmidt, § 29 II 1 c aa (S. 888) und § 37 II 4 a (S. 1123).

147 Vgl. auch Heil, NZG 2001, 913, 914.

148 Näher hierzu Henze, DB 2001, 1469, 1473 f. Vgl. auch BGH, Urteil vom 16.09.2002, II R 1/00, DStR 2002, 2088 m.w.N.

149 Zu früher geäußerten europarechtlichen Bedenken vgl. Meilicke, DB 1990, 1173. Vgl. auch Lutter/ Gehling, WM 1989, 1445 und Lutter/Hommelhoff, GmbHG § 5 Rn 39.

150 Vgl. Loos, AG 1989, 381, 381 f. (Fn 3 m.w.N.). Vgl. ferner Felder, in Rupp/Felder/Geiger/ Lang, C I 7, Rn 81 ff. Unklar und irreführend diesbezüglich allerdings Büchele, DB 1997, 2337, 2342 f., DStR 1998, 741, 742; vgl. dagegen ders., DB 1999, 2336, 2337 (unter IV.) mit der üblichen Terminologie.

verschleierten Sacheinlage zu gebrauchen. Das wäre aber insoweit unpräzise, als Verschleierung stark nach bewusster Umgehung klingt, wohingegen eine Umgehungsabsicht gerade nicht erforderlich ist.[151] Hinzu kommt, dass der Begriff der verdeckten Sacheinlage im Gesellschaftsrecht fest etabliert ist. Einzig der letztgenannte Umstand spricht auch gegen eine vorstellbare Terminologie, die verdeckte Sacheinlage im Sinne des Gesellschaftsrechts als „Quasi-Sacheinlage" zu bezeichnen. Zwar wäre der Begriff der Quasi-Sacheinlage durch Steuerrecht und Handelsbilanzrecht nicht abweichend vorbelegt bzw. mitbelegt. Indessen besteht aufgrund der Etabliertheit des Begriffs der verdeckten Sacheinlage wenig Aussicht, im Gesellschaftsrecht statt seiner den Begriff der Quasi-Sacheinlage zu etablieren. Wollte man die unbefriedigende begriffliche Überschneidung vermeiden, so wäre aber jedenfalls im Gesellschaftsrecht anzusetzen, da die verdeckte Einlage im Steuerrecht nicht nur ebenso etabliert, sondern hier sogar gesetzliches Tatbestandsmerkmal ist.[152]

4.9 Eigenkapital versus Fremdkapital

Klar ist zunächst, dass die Zuführung von Eigenkapital in ein Unternehmen auf mitgliedschaftlicher Grundlage erfolgt und deshalb eine Einlage darstellt. Die Zuführung von Fremdkapital kann dagegen keine Einlage darstellen. Bei Einzelunternehmen scheitert eine Fremdkapitalleistung des Unternehmers an sich selbst zivilrechtlich bereits daran, dass der Unternehmer nicht mit sich selbst Verträge schließen kann. Anders ist das bei Personen- und Kapitalgesellschaften. Hier können die Gesellschafter trotz ihrer Stellung als Mitglieder gleichwohl wie fremde Dritte mit dem Unternehmen Verträge schließen. Eine Leistung, die einer solchen eines fremden Dritten nach Art und Umfang voll entspricht und demzufolge fremdüblich ist, ist aber nicht als mitgliedschaftlich veranlasst denkbar. Eine Fremdkapitalzuführung, für die nachweislich eine mitgliedschaftliche Veranlassung besteht, ist allenfalls ein Beitrag. Eine gesellschaftsrechtliche Einlage erfordert demgegenüber ebenso wie eine zivilrechtliche Einlage stets die Zuführung von Eigenkapital. Der Begriff des Eigenkapitals wird hierbei nicht bilanzrechtlich, sondern im Sinne der unternehmenseigenen Haftungsmasse verstanden.

---

151 Vgl. nur Henze, DB 2001, 1469, 1473; Meilicke, DB 1990, 1173 (Fn 2) m.N.

152 Vgl. nur §§ 6 VI 2, 17 I 2 und 23 I 5 Nr. 2 EStG und § 8b II 3 KStG. Vgl. auch Meilicke, DB 1990, 1173 (Fn 2) m.N. Loos, AG 1989, 381, 381 f. (Fn 3), wonach der Begriff der „verdeckten" Einlage schon durch das Steuerrecht besetzt sei.

5. Einlagebegriff und Einlagebewertung nach Handelsbilanzrecht

5.1 Handelsbilanzrechtlicher Einlagebegriff

Ist das zugeführte Eigenkapital zugleich Eigenkapital im Sinne des Handelsbilanzrechts, liegt neben der zivilrechtlichen Einlage zugleich eine Einlage im Sinne des Handelsbilanzrechts vor. Handelsbilanzrechtliche Einlagen sind also solche Einlagen, die zu Eigenkapital im Sinne des Handelsbilanzrechts (vgl. § 272 HGB) führen. Anders als für den zivilrechtlichen Einlagebegriff ist für den handelsbilanzrechtlichen Einlagebegriff daher die handelsrechtliche Bilanzierungsfähigkeit begriffsnotwendig.[153] Voraussetzung einer handelsbilanzrechtlichen Einlage ist der Ansatz oder die Erhöhung eines Aktivpostens oder aber der teilweise oder völlige Wegfall eines Passivpostens in der Handelsbilanz. Regelmäßig sind zivilrechtliche Einlagen auch solche im Sinne des Handelsbilanzrechts.[154]

Anzumerken ist nur, dass im Handelsbilanzrecht – wie im Steuerrecht nach § 39 II Nr. 1 S. 1 AO – eine wirtschaftliche Vermögenszugehörigkeit bzw. wertende Zuordnung maßgebend ist.[155] Die vom Kaufmann nach §§ 240, 242 HGB auszuweisenden Vermögensgegenstände müssen nicht zwingend in dessen zivilrechtlichen Eigentum stehen.[156] Hinreichend ist vielmehr eine wirtschaftliche Vermögenszugehörigkeit, die sich in den tatsächlichen Verhältnissen und in der Ausgestaltung der Rechtsbeziehungen zum zivilrechtlichen Rechtsinhaber manifestiert. Handelsbilanzrechtliche Einlagen können daher beispielsweise auch quoad sortem erfolgen.[157]

Auf weitere Einzelheiten zur Einlage im Sinne des Handelsbilanzrechts soll hier nicht näher eingegangen werden.[158] Verwiesen sei nur noch einmal auf die oben begründete Feststellung, dass die Bilanzierungsfähigkeit bei zivilrechtlichen Einlagen zwar regelmäßig gegeben ist, dass sie aber nicht Definitionsmerkmal des allgemein zu definierenden zivilrechtlichen Einlagebegriffs ist.

---

153 Vgl. oben 4.3.3 (S. 35).

154 Büchele, DStR 1998, 741, 744 sieht den entscheidenden Unterschied darin, dass ein Unternehmen Gegenstand einer gesellschaftsrechtlichen Sacheinlage sein kann, während in der Bilanz das Unternehmensvermögen in einzelne Vermögensgegenstände zerlegt werden muss. – Der zutreffende Aspekt ist in seiner begrifflichen Bedeutung jedoch übergewichtet, da die Einlagegegenstände dieselben sind und nur ihre Bezeichnung und ihre Darstellung voneinander abweichen.

155 Vgl. hierzu und zum Folgenden BFH, Urteil vom 14.05.2002, VIII R 30/98, DStR 2002, 1569, 1570 f.; vgl. auch Adler/Düring/Schmaltz, HGB, § 246 Rn 432.

156 Vgl. z.B. § 246 I 2 HGB.

157 Vgl. Adler/Düring/Schmaltz, HGB, § 246 Rn 439 ff. (Personenhandelsgesellschaft), Rn 446 (Kapitalgesellschaft); vgl. auch Förschle/Kropp, in Budde/Förschle, C Rn 113.

158 Vgl. ausführlich hierzu Andersen, KStG, § 8 Rn 455 ff.; Hopt, § 272 Rn 1 ff.

Um ungewollte begriffliche Überschneidungen zu vermeiden, könnte man im Übrigen daran denken, die im Steuerrecht gesetzlich verankerte Unterscheidung zwischen verdeckten und offenen Einlagen nur für die handelsbilanzrechtliche, nicht dagegen für die gesellschaftsrechtliche Einlage zu verwenden. Begrifflich wäre dann immerhin eine etwas deutlichere Abgrenzung der bilanzrechtlichen verdeckten Einlage von der gesellschaftsrechtlichen verdeckten Sacheinlage erreicht. Eine befriedigende Lösung wäre dies aber gewiss nicht. Vorzugswürdig wäre, wie oben vorgeschlagen, die gesellschaftsrechtliche verdeckte Sacheinlage als Quasi-Sacheinlage zu bezeichnen.[159]

5.2 Handelsbilanzrechtliche Einlagebewertung

Sieht man von den allgemeinen, nicht ausdrücklich Einlagen betreffenden Vorschriften ab, enthält das Handelsbilanzrecht keine Normen, welche die bilanzielle Bewertung von zivilrechtlichen Einlagen regeln.[160] Das Dritte Buch des HGB enthält keine besonderen Bestimmungen, obwohl Einlagen und Entnahmen auch für die Handelsbilanz relevant sind. In der 10. Legislaturperiode des Deutschen Bundestages war zwar der Vorschlag aufgekommen, die Bewertung von Einlagen handelsbilanzrechtlich zu normieren. Der Gesetzgeber ist damals aber dem Rechtsausschuss gefolgt, der hierfür „keine Notwendigkeit" sah.[161] Den Drucksachen des Deutschen Bundestages ist lediglich die Erklärung zu entnehmen, aus der Sicht des Unternehmens entspreche den Anschaffungskosten der Wert, der den Gegenständen im Zeitpunkt der Einlage zukomme.[162] Nach anerkannter Auffassung besteht ein handelsbilanzrechtliches Bewertungswahlrecht für Sacheinlagen. Als Herstellungskosten bzw. Anschaffungskosten sind wahlweise der Buchwert oder der Zeitwert des Einlagegegenstands anzusetzen.[163]

5.3 Anschaffung versus Herstellung

Unterschiedliche Auffassungen bestehen in der Frage, ob eine offene Einlage, d.h. eine solche gegen Gewährung von Gesellschaftsrechten, aus der Sicht des Inferenten als Anschaffungsvorgang oder als Herstellungsvorgang zu

---

159 Vgl. dazu vorstehend 4.8.2 (S. 45).

160 Vgl. insbesondere die allgemeinen Bewertungsgrundsätze des § 252 HGB; zur Frage der handelsrechtlichen Einlagebewertung vgl. Budde/Müller, in Beck Bilanz, § 272 Rn 206.

161 BT-Drs. 10/4268, 86, 101; Brönner/Bareis, Rn 226.

162 BT-Drs. 10/4268, 86, 101; zum Ansatz des Verkehrswertes im Rahmen des Anschaffungskostenprinzips sowie zur Frage der Unterbewertung bei Personengesellschaften vgl. auch Budde, S. 9 f.

163 Ellrott/Gutike, in Beck Bilanz, HGB, § 255 Rn 146 m.w.N.; Schmidt/Glanegger, § 6 Rn 124; vgl. auch Knobbe-Keuk, § 5 IV 6, S. 184 m.w.N.

qualifizieren ist.[164] Hintergrund des Meinungsstreits ist die Tatsache, dass durch Einlage erworbene Anteile bzw. Beteiligungsrechte originär beim Gesellschafter entstehen.[165] Der BFH geht in ständiger Rechtsprechung von einem Anschaffungsvorgang bzw. tauschähnlichen Vorgang aus.[166]

5.4 Anmerkung

Etwas missverständlich ist die Formulierung, wonach sich die Einlage im Laufe des Geschäftslebens der Gesellschaft durch Gewinne, Verluste, Einnahmen usw. verändere, so dass ihr Wert nicht feststehe.[167] Gleiches gilt für die Formulierungen, der Kapitalanteil gebe den gegenwärtigen Stand der Kapitaleinlage wieder[168] bzw. er sei eine Rechenziffer, die sich aus der Einlage und ihren Veränderungen entwickle.[169] Wie bereits festgestellt, wird der Begriff der Einlage nicht selten im Sinne des Einlagegegenstands verwendet. Präziser formuliert ändert sich aber der Wert des bereits eingelegten Gegenstands, nicht die Einlage als solche. Anders ausgedrückt ändert sich begrifflich nicht die Einlage, sondern der Wert der unternehmenseigenen Haftungsmasse, zu welcher die Einlage beigetragen hat. Es ändert sich auch der Kapitalanteil, welcher ursprünglich durch den Wert der Einlage determiniert wird.[170] Der Kapitalanteil ist der Saldo der Einlagen und Gewinnanteil einerseits und der Entnahmen und Verlustanteile andererseits.[171] Als begriffliche Einlage wird ein Vorgang indessen nur einmal im jeweiligen Einbringungszeitpunkt bewertet.[172]

---

164 Für Anschaffungsvorgang Groh, DB 1997, 1683, 1684; für Herstellungsvorgang Ellrott/Gutike, in Beck Bilanz, HGB, § 255 Rn 143 m.w.N.; Wichmann, Stbg 2000, 314, 315 ff; gegen Anschaffung auch Knobbe-Keuk, § 5 IV 6 (S. 184).

165 Vgl. nur Ellrott/Gutike, in Beck Bilanz, HGB, § 255 Rn 143 (zur Situation bei der verdeckten Einlage s. auch Rn 162); vgl. in diesem Zusammenhang auch oben 4.7 (S. 43).

166 Vgl. Ellrott/Gutike, in Beck Bilanz, HGB, § 255 Rn 143; Groh, DB 1997, 1683, 1684 f. Näher zur Fragestellung im III. Kapitel unter 4.3 (S. 81).

167 So MünchHdb.GesR I/von Falkenhausen, § 54 Rn 3; vgl. auch § 707 BGB.

168 Ritzrow, StBP 2001, 45; vgl. auch BFH, Urteil vom 18.12.1997, HFR 1998, 570, wonach der Kapitalanteil der in der Bilanz fortgeschriebenen Einlage entspricht.

169 MünchHdb.GesR I/von Falkenhausen, § 54 Rn 4.

170 Der Wert einer Einlage ist außerhalb des eigentlichen Handelsbilanzrechts (3. Buch des HGB) lediglich Regelungsgegenstand im Bereich der Gesetzesbestimmungen zur Kapitalaufbringung. Ebenso wie die Einlagefähigkeit kann auch die Einlagebewertung lediglich bei Sacheinlagen problematisch sein. Negativdifferenzen zwischen nominalem Sacheinlagewert und wahrem Verkehrswert führen bei einer GmbH zur Differenzhaftung nach § 9 GmbHG. Bei der AG wird einer solchen Negativabweichung durch eine Gründungsprüfung vorgebeugt (vgl. §§ 33 II Nr. 4, 34 I Nr. 2 EStG). Gemäß § 36 a II 3 AktG muss der wahre Sacheinlagewert dem Nominalwert laut Gesellschaftsvertrag entsprechen, nach § 46 I, II AktG besteht eine Innenhaftung der Gründer gegenüber der AG.

171 MünchKommHGB-Ballwieser, § 247 Rn 59.

172 Vgl. zum Ganzen aber auch Huber, S. 199 f., der zwischen ursprünglicher und gegenwärtiger Einlage unterscheidet.

6. Ergebnis

6.1 Einlage im Sinne des Zivilrechts

Die erstrebte allgemeine Definition für die Einlage im Sinne des Zivilrechts lautet: Einlage im Sinne des Zivilrechts ist jede gegenständliche, mitgliedschaftliche Leistung eines Unternehmensmitglieds in das Unternehmensvermögen, die den Unternehmenszweck fördert und die unternehmenseigene, frei verfügbare Haftungsmasse mehrt. Der Einzelunternehmer ist Unternehmensmitglied im Sinne der Definition. Die Definitionsmerkmale des zivilrechtlichen Einlagebegriffs sind die folgenden:

1.	Einlagegegenstand:	→ einlagefähiger Gegenstand
2.	Inferent:	→ Unternehmensmitglied
3.	Einlagehandlung:	→ Leistung in das Unternehmensvermögen
		→ aufgrund mitgliedschaftlicher Veranlassung
		→ Förderung des Unternehmenszwecks
		→ Mehrung der unternehmenseigenen Haftungsmasse
		→ freie Verfügbarkeit
		→ Einlagewille

6.2 Einlage im Sinne des Gesellschaftsrechts

Die allgemeine Definition für den gesellschaftsrechtlichen Einlagebegriff lautet: Einlage im Sinne des Gesellschaftsrechts ist jede gegenständliche, mitgliedschaftliche Leistung eines Gesellschafters in das Gesellschaftsvermögen, die den Gesellschaftszweck fördert und die gesellschaftseigene, frei verfügbare Haftungsmasse mehrt. Definitionsmerkmale sind:

1.	Einlagegegenstand:	→ einlagefähiger Gegenstand
2.	Inferent:	→ Gesellschafter
3.	Einlagehandlung:	→ Leistung in das Gesellschaftsvermögen
		→ aufgrund mitgliedschaftlicher Veranlassung
		→ Förderung des Gesellschaftszwecks
		→ Mehrung der gesellschaftseigenen Haftungsmasse
		→ freie Verfügbarkeit
		→ Einlagewille

Eine Einlage im Sinne des Gesellschaftsrechts erfordert über den zivilrechtlichen Einlagebegriff hinaus das Bestehen eines Gesellschaftsvermögens. So ist

die Einlage eines Einzelunternehmers in sein Unternehmen mangels Leistung in das Gesellschaftsvermögen keine gesellschaftsrechtliche, wohl aber eine zivilrechtliche Einlage. Aus dem gleichen Grund ist die Einlage eines stillen Gesellschafters nur eine zivilrechtliche Einlage. Unternehmensvermögen im hier verstandenen Sinne ist bei einer stillen Gesellschaft das Vermögen des Unternehmensträgers. Die zivilrechtliche Einlage ist damit der Oberbegriff, unter den auch die gesellschaftsrechtliche Einlage fällt. Zivilrechtliche Einlagen sind fast immer auch gesellschaftsrechtliche Einlagen. Einlagen im nur zivilrechtlichen Sinne bestehen bei Einzelunternehmen und bei stillen Gesellschaften.
Hinzuweisen ist darauf, dass der Begriff der gesellschaftsrechtlichen Einlage im steuerrechtlichen Schrifttum nicht selten nur im Sinne der offenen Einlage bzw. als Synonym für sie verwendet wird.[173] Ein solcher Begriffsgebrauch ist aber nicht gesetzlich begründet. Da auch eine verdeckte Einlage gesellschaftsrechtlich veranlasst ist und dies definitionsgemäß sogar sein muss,[174] schließt der Begriff der Einlage im Sinne des Gesellschaftsrechts auch verdeckte Einlagen in Gesellschaften ein und ist deshalb besser nicht als Synonym für die offene Einlage zu verwenden.[175] Gesellschaftsrechtliche Einlage im Sinne der hier entwickelten Terminologie ist daher nicht nur die offene, sondern auch die verdeckte Einlage in eine Gesellschaft. Dass der Inferent Gesellschaftsrechte erhält, ist nicht begriffsbestimmend für den gesellschaftsrechtlichen Einlagebegriff. Auch das Steuerrecht sollte daher als Gegenbegriff zur verdeckten Einlage nur den der offenen Einlage verwenden, nicht dagegen den der gesellschaftsrechtlichen Einlage.[176] Gesellschaftsrechtliche Einlagen können offen oder verdeckt erfolgen, der Begriff der gesellschaftsrechtlichen Einlage ist also ein Oberbegriff für offene und verdeckte Einlagen.

6.3 Einlage im Sinne des Handelsbilanzrechts

Handelsbilanzrechtliche Einlagen sind schließlich solche mitgliedschaftlich veranlassten Vorgänge, die zu Eigenkapital im Sinne des Handelsbilanzrechts führen.[177] Sie erfordern daher die handelsrechtliche Bilanzierungsfähigkeit. Voraussetzung einer handelsbilanzrechtlichen Einlage ist der Ansatz oder die Erhöhung eines Aktivpostens oder der teilweise oder völlige Wegfall eines

---

173 Vgl. nur MünchHdb.GesR I/von Falkenhausen, § 54 Rn 110; Schiffers, GmbH-StB 2000, 213, 214; Schmidt/Glanegger, § 6 Rn 440 („Gesellschaftsrechtliche Einlagen (offene Einlagen)"); J. Thiel, DStR 1992, 1.

174 Vgl. nur Wochinger, in Dötsch/Eversberg/Jost/Witt, § 8 III KStG, Rn 54.

175 Vgl. auch III. Kapitel unter 3.5 (S. 76).

176 Vgl. auch Reiß, BB 2000, 1965.

177 Vgl. den für Kapitalgesellschaften und KapCo-Gesellschaften im Sinne des § 264a I HGB geltenden § 272 HGB.

Passivpostens in der Handelsbilanz. Regelmäßig sind zivilrechtliche Einlagen auch solche im Sinne des Handelsbilanzrechts. Die Definitionsmerkmale entsprechen einander grundsätzlich. Eine Besonderheit besteht darin, dass für den handelsbilanzrechtlichen Einlagebegriff die handelsrechtliche Bilanzierungsfähigkeit begriffsnotwendig ist und eine wirtschaftliche Betrachtungsweise zugrunde zu legen ist. Da die Mehrung der unternehmenseigenen, frei verfügbaren Haftungsmasse aber regelmäßig durch den Ausweis als Eigenkapital in der Handelsbilanz abgebildet wird, ist die Abgrenzung einer handelsbilanzrechtlichen Einlage von eher theoretischem Interesse.

Abbildung 2: Einlagebegriffe im Zivilrecht, im Gesellschaftsrecht und im Handelsbilanzrecht

Einlage im Sinne des Zivilrechts
Einlage im Sinne des Zivilrechts ist jede gegenständliche, mitgliedschaftliche Leistung eines Unternehmensmitglieds in das Unternehmensvermögen, die den Unternehmenszweck fördert und die unternehmenseigene, frei verfügbare Haftungsmasse mehrt.

Einlage im Sinne des Gesellschaftsrechts
Einlage im Sinne des Gesellschaftsrechts ist jede gegenständliche, mitgliedschaftliche Leistung eines Gesellschafters in das Gesellschaftsvermögen, die den Gesellschaftszweck fördert und die gesellschaftseigene, frei verfügbare Haftungsmasse mehrt.

Einlage im Sinne des Handelsbilanzrechts
Einlagen im Sinne des Handelsbilanzrechts sind solche mitgliedschaftlich veranlassten Vorgänge, die zu Eigenkapital im Sinne des Handelsbilanzrechts führen. Maßgeblich sind die handelsbilanzrechtliche Bilanzierungsfähigkeit und eine wirtschaftliche Betrachtungsweise.

III. Kapitel: Einlagebegriff im Steuerrecht

1. Überblick

Anders als im Zivilrecht besteht im Steuerrecht eine Legaldefinition der Einlage, und zwar in § 4 I 5 EStG. Trotz dieser einkommensteuerrechtlichen Legaldefinition ist festzustellen, dass der Einlagebegriff für die steuerrechtliche Praxis insgesamt noch problematischer und insbesondere rechtsprechungsrelevanter ist als der gesellschaftsrechtliche Einlagebegriff im Bereich der gesellschaftsrechtlichen Praxis. Wichtige Rechtsfolge einer steuerrechtlichen Einlage ist nämlich die in § 4 I 1 EStG normierte Neutralisierung bei der steuerlichen Gewinnermittlung. Liegt also eine Einlage begrifflich vor, so führt § 4 I 1 EStG im Falle des Ertragsausweises in der handelsrechtlichen Gewinn- und Verlustrechnung zu einem Abzug bei der Ermittlung des zu versteuernden Gewinns. Die konkrete Einzelfallsubsumtion bereitet nicht selten Schwierigkeiten.

Im folgenden Kapitel sollen nun zunächst ausgewählte Gesetzesbestimmungen unter dem Blickwinkel des Einlagebegriffs dargestellt werden (2.). Hierauf aufbauend soll der steuerrechtliche Einlagebegriff in allgemeiner und rechtsformunabhängiger Weise konkretisiert werden (3.). Gesondert zu betrachten ist wiederum die Frage der Bewertung von Einlagen (4.), welche erst und nur dann überhaupt zur Diskussion stehen kann, wenn eine Einlage begrifflich vorliegt.

2. Gesetzliche Vorgaben im Steuerrecht

2.1 Einkommensteuerrecht

Fundamental für den steuerrechtlichen Begriff der Einlage ist die Legaldefinition nach § 4 I 5 EStG.[178] Einlagen sind danach alle Wirtschaftsgüter (Bareinzahlungen und sonstige Wirtschaftsgüter), die der Steuerpflichtige dem Betrieb im Laufe des Wirtschaftsjahrs zugeführt hat. Einlagegegenstand ist ein Wirtschaftsgut, Einlagehandlung die Zuführung zum Betrieb durch den Steuerpflichtigen. In spiegelbildlicher Weise zur Definition der Einlage wird in § 4 I 2 EStG der Begriff der Entnahme legal definiert. Unter einer Entnahme versteht das Einkommensteuergesetz alle Wirtschaftgüter (Barentnahmen,

178 Allgemein zu Einlagen im Sinne des § 4 I 5 EStG Wacker, NWB, Fach 3c, 5039 ff. (E 5 – Einlagen).

Waren, Erzeugnisse, Nutzungen und Leistungen), die der Steuerpflichtige dem Betrieb für sich, für seinen Haushalt oder für andere betriebsfremde Zwecke entnommen hat. Entnahmegegenstand ist ein Wirtschaftsgut, Entnahmehandlung die Entnahme aus dem Betrieb für betriebsfremde Zwecke. Die Entnahmehandlung wird also im Gesetz wenig glücklich durch das Verb „entnehmen" beschrieben. In Anlehnung an die Einlagedefinition lässt sich die Entnahmehandlung als „herausführen" aus dem Betrieb beschreiben.
Der zu versteuernde Gewinn ist gemäß § 4 I 1 EStG als Unterschiedsbetrag zwischen dem Betriebsvermögen am Schluss des Wirtschaftsjahrs und dem Betriebsvermögen am Schluss des vorangegangenen Wirtschaftsjahrs zu ermitteln, d.h. durch Betriebsvermögensvergleich. Betriebsvermögensmehrungen können einerseits aus Betriebseinnahmen (vgl. §§ 4 IV, 8 I EStG) und andererseits aus Einlagen (§ 4 I 5 EStG) resultieren. Nur Betriebseinnahmen sind aber durch den Betrieb veranlasst und stellen das Ergebnis der werbenden Tätigkeit des Betriebs dar. Sie allein bilden daher – nach Abzug der abziehbaren Betriebsausgaben (vgl. § 4 IV, V EStG) – den zu versteuernden Gewinn. Einlagen und Entnahmen als privat bzw. nicht betrieblich veranlasste Vermögensbewegungen hingegen sind bei der Ermittlung des steuerlichen Gewinns durch Abrechnung bzw. Hinzurechnung wieder zu neutralisieren.[179]

Abbildung 3: Einlage und Betriebseinnahme im Steuerrecht

Mehrung des Betriebsvermögens	
durch Betriebs(mit)inhaber	durch Betriebs(mit)inhaber oder fremden Dritten
private, nicht betriebliche Veranlassung	betriebliche Veranlassung
Einlage (§ 4 I 5 EStG) [actus contrarius: § 4 I 2 EStG]	Betriebseinnahme (vgl. § 8 I EStG) [actus contrarius: § 4 IV EStG]

179 Schwendy, LSW 1999, Gruppe 4/96, S. 1.

Nach § 5 VI EStG sind die Vorschriften über die Entnahmen und die Einlagen zu befolgen. Es besteht also abweichend vom Grundsatz der Maßgeblichkeit der Handelsbilanz für die Steuerbilanz ein steuerrechtlicher Vorbehalt.[180]

Für die Bewertung von Einlagen sieht § 6 EStG folgende Regelungen vor. Gemäß § 6 I Nr. 5 EStG sind Einlagen mit dem Teilwert für den Zeitpunkt der Zuführung anzusetzen (S. 1 Hs. 1). Einlagen sind jedoch höchstens mit den Anschaffungs- oder Herstellungskosten anzusetzen, wenn das zugeführte Wirtschaftsgut innerhalb der letzten drei Jahre vor dem Zeitpunkt der Zuführung angeschafft oder hergestellt worden ist (S. 1 Hs. 2 Buchst. a) oder ein Anteil an einer Kapitalgesellschaft ist und der Steuerpflichtige an der Gesellschaft im Sinne des § 17 I beteiligt ist (S. 1 Hs. 2 Buchst. b).

Eine interessante Formulierung findet sich in § 6 IV EStG. Wird ein einzelnes Wirtschaftsgut außer in den Fällen der Einlage (§ 4 I 5 EStG) unentgeltlich in das Betriebsvermögen eines anderen Steuerpflichtigen übertragen, gilt danach sein gemeiner Wert für das aufnehmende Betriebsvermögen als Anschaffungskosten. Hieraus kann abgeleitet werden, dass auch bei Einlagen eine unentgeltliche Übertragung eines einzelnen Wirtschaftsguts in das Betriebsvermögen eines anderen Steuerpflichtigen begrifflich möglich sein muss. Nur so erklärt sich die Einschränkung „außer in den Fällen der Einlage (§ 4 I 5)".

Auf die weiteren Bewertungstatbestände der Absätze 3 ff. des § 6 EStG, die allesamt in ihrer ursprünglichen Form erstmals durch das Steuerentlastungsgesetz 1999/2000/2002 in das EStG eingefügt worden sind, wird noch gesondert einzugehen sein.[181] Betrachtet man den Wortlaut der Absätze 3, 5 und 6 Satz 1 für sich genommen, so beinhalten diese Normen jedenfalls auf den ersten Blick keine Aussage zu Einlagen. Zumindest ist der Einlagebegriff selbst dort nicht Merkmal der gesetzlichen Tatbestände.

Im Regelungsbereich der Absetzung für Abnutzung ist § 7 I 4 EStG zu nennen.[182] Bei Wirtschaftsgütern, die nach einer Verwendung zur Erzielung von Überschusseinkünften (§ 2 I Nr. 4 bis 7 EStG) in ein Betriebsvermögen eingelegt worden sind, mindern sich die Anschaffungs- und Herstellungskosten um die bis zur Einlage vorgenommene Absetzung für Abnutzung.[183]

Der Begriff der Einlage setzt die Zuführung zum Betrieb voraus, mit anderen Worten die Schaffung von Betriebsvermögen. Auch aus der systematischen Stellung in § 4 EStG folgt bereits, dass Einlagen nur im Bereich der Gewinneinkunftsarten vorkommen können. Die besonderen Vorschriften für die Einkünfte aus Land- und Forstwirtschaft, die Einkünfte aus Gewerbebetrieb

---

180 Vgl. auch Beck-Bilanz, HGB § 272 Rn 207 m.w.N.

181 Näher zu § 6 EStG und zur Bewertung von Einlagen 4. (S. 78 ff.).

182 Vgl. zum Verhältnis von § 7 I 4 EStG zu § 6 I Nr. 5 EStG Gröpl, DStR 2000, 1285. Vgl. auch Wichmann, DStR 1999, 1221.

183 Betroffen sind von dieser Regelung Einlagen nach dem 31.12.1998 (§ 52 XXI 1 EStG).

und die Einkünfte aus selbständiger Arbeit beinhalten keine von den allgemeinen Einlageregeln der §§ 4 I 5, 6 I Nr. 5 EStG abweichenden Sonderregeln. Einlagebegriff und Einlagebewertung sind insofern unabhängig von der betreffenden Einkunftsart. Unter dem Aspekt der Einlage gleichwohl von Interesse sind die folgenden Vorschriften.
In § 15a EStG schränkt das Einkommensteuerrecht die Möglichkeit des Verlustausgleichs und des Verlustabzugs für Kommanditisten ein. § 15a I 2 EStG verdient hierbei mit Blick auf den Einlagebegriff besonderes Interesse. Das Einkommensteuerrecht nimmt an dieser Stelle die aus dem Zivilrecht bekannte Unterscheidung zwischen Haftsumme und geleisteter Einlage in Bezug. Die Haftsumme kennzeichnet § 15a I 2 EStG hierbei als die im Handelsregister eingetragene Einlage. Aus der Bezugnahme auf das (negative) Kapitalkonto wird noch einmal deutlich, dass Einlagen bilanziell dem Kapitalkonto gutgeschrieben werden. Einlagen führen dementsprechend zu einer Erhöhung des Kapitalkontos. Ebenso führen thesaurierte Gewinnanteile zu einer solchen Kapitalkontoerhöhung, ohne dass in diesem Falle eine Einlage vorläge. Umgekehrt verringern Verlustanteile sowie Entnahmen die Kapitalkonten der betroffenen Gesellschafter.[184]
Nach § 17 I 2 EStG steht die verdeckte Einlage von Anteilen an einer Kapitalgesellschaft in eine Kapitalgesellschaft der Veräußerung der Anteile gleich. § 17 EStG erfasst hierbei lediglich im Privatvermögen gehaltene Beteiligungen von mehr als einem Prozent, so dass jedenfalls hinsichtlich des Herkunftsorts (Privatvermögen) Einlage und Veräußerung begrifflich gleichzeitig vorliegen könnten. Der gesetzlichen Gleichstellung der konkret beschriebenen verdeckten Einlage mit einer Veräußerung bedarf es aber, weil eine verdeckte Einlage nach der auch dem Gesetz zugrundeliegenden Betrachtung mangels Entgeltlichkeit nicht per se eine Veräußerung darstellt, selbst wenn ein Rechtsträgerwechsel gegeben ist. Entgeltlichkeit ist aber Definitionsmerkmal des steuerlichen Veräußerungsbegriffs.[185] Das gesetzgeberische Regelungsbedürfnis besteht also nicht etwa, weil steuerlicher Einlagebegriff und steuerlicher Veräußerungsbegriff überschneidungsfrei wären. Vielmehr besteht es aufgrund der zumindest ganz überwiegend vertretenen Entgeltlosigkeit bzw. Unentgeltlichkeit der verdeckten Einlage. Im Gegensatz zur verdeckten Einlage besteht bei offenen Einlagen ein derartiges „Entgelt", so dass bei offenen Einlagen eine Veräußerung unmittelbar gegeben ist.
Obgleich keiner Gewinneinkunftsart zuzurechnen, beinhalten auch die Vorschriften über die sonstigen Einkünfte Regelungen für Einlagen. Hierin

184 Vgl. den Begriff der Einlageminderung in § 15a III 1 EStG.
185 Näher zum Veräußerungsbegriff im IV. Kapitel unter 2.2 (S. 87).

besteht kein Widerspruch, da Einlagen im Sinne der Legaldefinition des § 4 I 5 EStG nicht betrieblich veranlasst sind, also ohne weiteres aus dem Privatvermögen stammen können.[186] Folglich besteht hier auch eine systemkonforme Regelungsmöglichkeit oder gar Regelungsnotwendigkeit für Einlagen. Nach § 23 I 5 EStG gilt als Veräußerung im Sinne des § 23 I 1 Nr. 1 EStG auch die verdeckte Einlage in eine Kapitalgesellschaft (Nr. 2) sowie die Einlage eines Wirtschaftsguts in das Betriebsvermögen, wenn die Veräußerung aus dem Betriebsvermögen innerhalb eines Zeitraums von zehn Jahren seit Anschaffung des Wirtschaftsguts erfolgt (Nr. 1). Von der Veräußerungsfiktion des § 23 I 5 Nr. 1 EStG erfasst werden Einlagen eines Grundstücks in das Betriebsvermögen eines Einzelunternehmers sowie bei Personengesellschaften Einlagen in das Sonderbetriebsvermögen und verdeckte Einlagen in das Gesamthandsvermögen.[187] Offene Einlagen in das Gesamthandsvermögen einer Personengesellschaft und in eine Kapitalgesellschaft stellen nicht zuletzt vor dem Hintergrund der im Besonderen Teil der Arbeit noch zu diskutierenden BFH-Rechtsprechung eine Veräußerung dar, ohne dass es für sie auf die Veräußerungsfiktion ankommt. Für die offenen Einlagen ist daher aus systematisch-teleologischen Gründen § 23 I 1 Nr. 1 EStG lex specialis gegenüber dem seinem Wortlaut nach ebenfalls erfüllten § 23 I 5 Nr. 1 EStG.

Fazit: Ausgangspunkt jeder näheren Bestimmung des steuerrechtlichen Einlagebegriffs ist die Legaldefinition des § 4 I 5 EStG. Das Steuerrecht unterscheidet ausdrücklich offene und verdeckte Einlagen, wobei nur letztere im Gesetz auch ausdrücklich so bezeichnet werden. Einlagen, die wie Betriebseinnahmen zu einer Betriebsvermögensmehrung führen, sind anders als die Betriebseinnahmen nicht zu versteuern.

2.2 Körperschaftsteuerrecht

Das KStG enthält keine eigenständige Definition des Begriffs der Einlage. Was als Einkommen gilt und wie das Einkommen zu ermitteln ist, bestimmt sich nach den Vorschriften des EStG und des KStG (§ 8 I 1 KStG). Gemäß § 8 V KStG bleiben für die Ermittlung des Einkommens Beiträge außer Ansatz, die auf Grund der Satzung von den Mitgliedern lediglich in ihrer Eigenschaft als Mitglieder erhoben werden. Nach § 8b II 3 KStG ist auch die verdeckte Einlage eine Veräußerung im Sinne der vorstehenden Sätze des § 8b II KStG. In § 8a II KStG kommt zum Ausdruck, dass Eigenkapital durch Einlagen zur

---

186 Die Herkunft aus dem Privatvermögen ist sogar der Regelfall. Vgl. hier auch den Meinungsstreit zwischen weitem und engem Betriebsbegriff, näher dazu unter 3.3.2 (S. 73).

187 So zu Recht BMF, Schreiben vom 05.10.2000, IV C 3 – S 2256 – 263/00, DStR 2000, 1867, Tz. 2; näher dazu mit Blick auf das Urteil des BFH vom 19.10.1998 im VII. Kapitel unter 2.1.3 (S. 126).

Entstehung gelangen kann. Erwähnenswert ist ferner vor allem § 27 KStG, der mit „nicht in das Nennkapital geleistete Einlagen" überschrieben ist. Gemäß § 27 I 1 KStG sind die nicht in das Nennkapital geleisteten Einlagen einer unbeschränkt steuerpflichtigen Kapitalgesellschaft auf einem steuerlichen Einlagekonto zu erfassen, dessen Bestand nach § 27 II 1 KStG gesondert festgestellt wird. Anfangsbestand des steuerlichen Einlagekontos war der Endbestand des EK 04 zum Übergangsstichtag vom Anrechnungsverfahren zum Halbeinkünfteverfahren. Einkommensteuerrechtlich sind Einnahmen nach § 20 I Nr. 1 S. 3 EStG nicht steuerbar, wenn sie aus Ausschüttungen stammen, für die Beträge aus dem steuerlichen Einlagekonto als verwendet gelten. Als Fazit bleibt festzuhalten, dass das Körperschaftsteuergesetz für Einlagebegriff und Einlagebewertung wenig aufschlussreich ist.

2.3 Umwandlungssteuerrecht

Ein zentraler Begriff im Umwandlungssteuergesetz ist der Begriff der Einbringung.[188] Der Achte Teil des Gesetzes (§§ 20 bis 23 UmwStG) ist überschrieben mit „Einbringung eines Betriebs, Teilbetriebs oder Mitunternehmeranteils in eine Kapitalgesellschaft gegen Gewährung von Gesellschaftsrechten", der Neunte Teil (§ 24 UmwStG) mit „Einbringung eines Betriebs, Teilbetriebs oder Mitunternehmeranteils in eine Personengesellschaft". § 20 I 1 UmwStG beschreibt mit einer Klammerdefinition als Sacheinlage den Vorgang, dass ein Betrieb, Teilbetrieb oder Mitunternehmeranteil in eine unbeschränkt körperschaftsteuerpflichtige Kapitalgesellschaft im Sinne des § 1 I Nr. 1 KStG eingebracht wird und der Einbringende dafür neue Anteile an der Gesellschaft erhält.

2.4 Rechtsvergleichende Betrachtung der österreichischen Gesetzeslage

Die Gegenüberstellung der österreichischen Gesetzeslage im Wege der rechtsvergleichenden Betrachtung ist möglicherweise aufschlussreich. Naheliegend ist der Vergleich nicht nur aufgrund der gemeinsamen deutschen Sprache, sondern auch deshalb, weil das österreichische Einkommen- und Körperschaftsteuerrecht dem deutschen grundsätzlich ähnelt.
Nach § 4 I 4 Ö-EStG 1988 sind Einlagen alle Zuführungen von Wirtschaftsgütern aus dem außerbetrieblichen Bereich.[189] Gemäß § 6 Ziff. 5 Ö-EStG 1988 gilt für die Bewertung einzelner eingelegter Wirtschaftsgüter des Betriebs-

188 Vgl. hierzu bereits im II. Kapitel unter 4.4.1 (S. 36).

189 Entnahmen sind nach § 4 I 3 Ö-EStG 1988 alle nicht betrieblich veranlassten Abgänge von Werten (z.B. Bargeld, Waren, Erzeugnissen und anderen Wirtschaftsgütern des Umlaufvermögens, von Leistungen, von Wirtschaftsgütern des Anlagevermögens oder von Nutzungen solcher Wirtschaftsgüter).

vermögens wie im deutschen Recht grundsätzlich der Teilwertansatz. Besonders interessant ist allerdings § 6 Ziff. 14 S. 3 Ö-EStG 1988, wonach die Einlage von Wirtschaftsgütern in eine Körperschaft im Sinne des § 1 Ö-KStG 1988 als Tausch gilt. Schließlich ist noch auf § 8 I Ö-KStG 1988 hinzuweisen. Bei der Ermittlung des Einkommens bleiben danach Einlagen und Beiträge jeder Art insoweit außer Ansatz, als sie von Personen in ihrer Eigenschaft als Gesellschafter, Mitglieder oder in ähnlicher Eigenschaft geleistet werden.

3. Begriffsbestimmung

3.1 Einlagebegriff im Sinne des Steuerrechts und Legaldefinition

3.1.1 Einkommensteuergesetzliche Begriffsbestimmung in § 4 I 5 EStG

Nach einer vereinzelten Auffassung[190] wird durch § 4 I 5 EStG kein eigenständiger Einlagebegriff für das Steuerrecht begründet, vielmehr werde durch § 4 I EStG nur der Abzug jedweder Einlagen vom zu versteuernden Einkommen der Gesellschaft geregelt. Das vermag nicht zu überzeugen. Deutlicher als mit § 4 I 5 EStG kann ein Gesetzgeber eine Legaldefinition kaum zum Ausdruck bringen. In ihrem originären Anwendungsbereich betrifft die Legaldefinition hierbei Einlagen in Einzelunternehmen. Inferent ist der Steuerpflichtige, d.h. der Einzelunternehmer als Betriebsinhaber.

3.1.2 Einlage bei Personengesellschaften

Die Legaldefinition des § 4 I 5 EStG gilt auch für betriebliche Personengesellschaften, d.h. für Mitunternehmerschaften. Die Frage der generellen steuerlichen Beurteilung von Personengesellschaft hat in der Vergangenheit immer wieder zu Meinungsverschiedenheiten geführt. Klarheit besteht insofern, als Personengesellschaften im Gegensatz zu Kapitalgesellschaften keine vollständige Steuersubjektfähigkeit haben. Dennoch ist anerkannt, dass betriebliche Personengesellschaften im Bereich des Einkommensteuerrechts eine begrenzte Steuersubjektfähigkeit aufweisen und als Gewinnermittlungssubjekt bzw. Gewinnerzielungssubjekt anzusehen sind.[191]
Nach der Rechtsprechung des BFH ist die Personengesellschaft als solche zwar nicht Subjekt der Einkommenbesteuerung, sie ist aber insoweit Steuerrechtssubjekt, als sie in der Einheit der Gesellschaft Merkmale eines Besteuerungstatbestandes verwirklicht, welche den Gesellschaftern für deren

190 Dieterlen, in Ernst & Young, vGA/vE, Fach 5, A, Rn 6.
191 Wassermeyer, BB 1994, 1, 3 m.w.N.

Besteuerung zuzurechnen sind.[192] Das gilt insbesondere für die Verwirklichung oder Nichtverwirklichung des Tatbestands einer bestimmten Einkunftsart und das Erzielen von Gewinn oder Überschuss im Rahmen dieser Einkunftsart. Die Gesellschaft ist, soweit sie z.B. ein gewerbliches Unternehmen betreibt, in einem ersten Schritt Subjekt der Gewinnerzielung. In einem zweiten Schritt wird den Gesellschaftern ihr jeweiliger Anteil am Gewinn oder Überschuss zugerechnet. Aufgrund des erstgenannten Schritts kann man die Personengesellschaft als Steuerrechtssubjekt bei der Feststellung der Einkunftsart und der Einkünfteermittlung bezeichnen.[193]
Einlagen sind nach der Legaldefinition des § 4 I 5 EStG alle Wirtschaftsgüter, die der Steuerpflichtige dem Betrieb im Laufe des Wirtschaftsjahrs zugeführt hat. Da das Betriebsvermögen einer Mitunternehmerschaft sich aus dem gesellschaftseigenen Gesamthandsvermögen und dem Sonderbetriebsvermögen der Mitunternehmer zusammensetzt, kommt eine Einlage sowohl in das Gesamthandsvermögen wie auch in das Sonderbetriebsvermögen in Betracht. Inferenten sind die Steuerpflichtigen, d.h. die Mitunternehmer als Mitinhaber des Betriebs.

3.1.3 Einlage bei Kapitalgesellschaften

Noch Mitte der 90er Jahre ist der Fragenkreis der Einlagen in Kapitalgesellschaften als wenig erforschtes Gebiet bezeichnet worden.[194] Das KStG enthält keine eigenständige Definition des Begriffs der Einlage. In § 8 I 1 KStG besteht allerdings für die Einkommensermittlung eine Verweisung auf das EStG. Der Einlagebegriff des Einkommensteuerrechts ist in § 4 EStG umschrieben, in einer Norm, deren amtliche Überschrift „Gewinnbegriff im allgemeinen" lautet. Nach überwiegender Auffassung kommt daher über die Verweisungsnorm des § 8 I 1 KStG die Legaldefinition des Einlagebegriffs in § 4 I 5 EStG zur Anwendung.[195] Die Legaldefinition der Einlage gilt rechtsformunabhängig für alle Unternehmen.[196] Sie gilt für offene und verdeckte Einlagen.[197] Inferenten sind die Anteilseigner.

---

192 Hierzu und zum Folgenden BFH, GrS, Beschluss vom 03.07.1995, GrS 1/93, BStBl II 1995, 617.

193 BFH, GrS, a.a.O.

194 Brenner, DStZ 1995, 97.

195 BFH, GrS, Beschluss vom 26.10.1987, GrS 2/86, BStBl II 1988, 348. Vgl. Andersen, KStG, § 8 Rn 460 ff.; Dieterlen, in Ernst & Young, vGA/vE, Fach 5, A, Rn 6; Felder, in Rupp/Felder/Geiger/Lang, C I 1.1, Rn 4; Wochinger, in Dötsch/Eversberg/Jost/Witt, § 8 III KStG, Rn 53. – A.A. Wichmann, Stbg 2000, 314, der unter Hinweis auf eine historische Betrachtungsweise eine „Beliebigkeit der Auslegung von Steuergesetzen durch den Bundesfinanzhof" kritisiert (a.a.O., Fn 7); ders., BB 1998, 20, 21 (unter 1.2.1); zweifelnd auch Groh, FR 1990, 528, 529 und Hoffmann, Beihefter zu DStR 11/1996, S. 3, 9.

196 Knobbe-Keuk, § 8 I 2, S. 288.

197 Wochinger, in Dötsch/Eversberg/Jost/Witt, § 8 III KStG, Rn 53.

Eine Minderheitsauffassung hält die Anwendung der Einlageregeln der §§ 4 I 5, 6 I Nr. 5 EStG für eine Analogie bzw. eine teleologische Extension des Einlagebegriffs.[198] Der konstruktive und definitorische Unterschied zwischen dem einkommensteuerlichen und körperschaftsteuerlichen Regelungsgehalt werde schlicht übersehen bzw. zu undifferenziert betrachtet.[199]
Entgegen dieser Meinung liegt eine teleologische Extension indessen nicht vor. Sie müsste begrifflich über den noch möglichen Wortsinn hinausgehen.[200] Diese Voraussetzung ist aufgrund der vorhandenen Verweisungsnorm des § 8 I 1 KStG nicht erfüllt. Die hinreichende Auslegung des § 8 I 1 KStG nach Wortlaut sowie Sinn und Zweck verbleibt im Rahmen der Wortsinngrenze, so dass es einer teleologischen Extension gerade nicht bedarf.
Zuzugeben ist allerdings, dass die vergleichend herangezogene Rechtslage in Österreich mit § 8 I Ö-KStG 1988 mehr gesetzliche Klarheit bietet. Danach bleiben bei der Ermittlung des Einkommens Einlagen und Beiträge jeder Art insoweit außer Ansatz, als sie von Personen in ihrer Eigenschaft als Gesellschafter, Mitglieder oder in ähnlicher Eigenschaft geleistet werden.

3.1.4 Einlagebegriff der Rechtsprechung

3.1.4.1 Finaler Einlagebegriff

Die Rechtsprechung ist ähnlich wie bei der Entnahme auch bei der Einlage durch ein finales Begriffsverständnis gekennzeichnet.[201] Zweck der Einlageregelung ist es, das vom Steuerpflichtigen steuerfrei gebildete oder bei ihm bereits besteuerte Vermögen nach der Einbringung in den Betrieb nicht durch eine Erhöhung der Gewinneinkünfte der (nochmaligen) Besteuerung zu unterwerfen.[202] Um die finanzgerichtliche Rechtsprechung zum steuerrechtlichen Einlagebegriff zu verdeutlichen, sei auf die folgenden Entscheidungen des BFH aus der jüngeren Vergangenheit eingegangen. Insbesondere ist zunächst auf zwei Entscheidungen des Großen Senats aus den Jahren 1987 und 1997 einzugehen, welche die Dogmatik der steuerlichen Einlagefähigkeit stark geprägt haben.[203]

---

198 Hoffmann, GmbHR 1999, 452. Vgl. auch bereits ders., Beihefter zu DStR 11/1996, S. 3, 9.
199 Hoffmann, Beihefter zu DStR 11/1996, S. 3, 9.
200 Vgl. Tipke/Lang, 17. Aufl. 2002, § 5 Rn 73 (S. 144 f.).
201 Schmidt/Heinicke, EStG, § 4 Rn 305 ff.
202 Cattelaens, in Littmann, EStG, § 6 Rn 368 m.N. BFH, Urteil vom 16.12.1988, III R 113/85, BStBl II 1989, 763, 765.
203 Vgl. Wochinger, in Dötsch/Eversberg/Jost/Witt, § 8 III KStG, Rn 57.

3.1.4.2 Entscheidung des Großen Senats aus dem Jahre 1987

Der erste hier zu behandelnde Beschluss des Großen Senats datiert vom 26.10.1987 und hatte die unentgeltliche Überlassung von Nutzungsvorteilen zum Gegenstand. Der zweite Beschluss datiert aus dem Jahre 1997 und hatte den Forderungsverzicht eines Gesellschafters zum Gegenstand. Beide Entscheidungen sind zum Recht der Kapitalgesellschaften ergangen. Im Beschluss vom 26.10.1987 hat der Große Senat des BFH die ihm vorgelegten Rechtsfragen entgegen dem Vorlagebeschluss wie folgt beantwortet:[204]

> Leitsatz 1: „Der von einem Gesellschafter einer Kapitalgesellschaft gewährte Vorteil, ein Darlehen zinslos nutzen zu können, ist steuerrechtlich kein einlagefähiges Wirtschaftsgut."
>
> Leitsatz 2: (...)
>
> Leitsatz 3: „Gewährt eine Tochtergesellschaft ihrer Schwestergesellschaft einen Nutzungsvorteil im Sinne der Rechtsfrage 1, fließt der gemeinsamen Muttergesellschaft eine verdeckte Gewinnausschüttung zu, der jedoch ein gleich hoher Aufwand gegenübersteht; zu einer verdeckten Einlage bei der Schwestergesellschaft kommt es nicht."

In der Begründung des Beschlusses geht der BFH auf Einlagevorgänge bei den verschiedenen Rechtsformen ein. Die Vorschrift des § 4 I 1 EStG gelte zunächst für die Verhältnisse eines Steuerpflichtigen mit einem Einzelunternehmen. Im weiteren Verlauf wird in knapper Form auch die Situation bei Personengesellschaften und sodann ausführlich diejenige bei Kapitalgesellschaften diskutiert.

Gegenstand einer Einlage könne grundsätzlich sein, was auch Bestandteil des Vermögensvergleichs nach § 4 I 1 EStG sein könne. Hierzu zählten nur Wirtschaftsgüter, die in eine Bilanz aufgenommen werden könnten. Nur bilanzierungsfähige Wirtschaftsgüter könnten Gegenstand einer Einlage im Sinne von § 4 I EStG sein. Der in den §§ 4 ff. EStG verwendete Begriff des Wirtschaftsguts entspreche dem handelsrechtlichen Begriff des Vermögensgegenstandes. Ungeachtet etwaiger Aktivierungsverbote fänden grundsätzlich nur Wirtschaftsgüter in den Bestandsvergleich des § 4 I 1 EStG Eingang. Zu erwartende Nutzungsvorteile seien weder selbständige Wirtschaftsgüter noch Vermögensgegenstände. Die Realisierung von Nutzungsvorteilen werde nur dann erfasst, wenn es darüber zum Abgang, Zugang oder zu einer werterheblichen Veränderung von Wirtschaftsgütern oder Vermögensgegenständen gekommen sei. Nutzungsrechte seien dagegen als selbständige Wirtschaftsgüter anzusehen und damit grundsätzlich einlagefähig.

Explizit wird ausgeführt: Von dem sich aus den Eigenheiten des Vermögensvergleichs nach § 4 I EStG ergebenden Begriff der Einlage könne

---

204 BFH, GrS, Beschluss vom 26.10.1987, GrS 2/86, BStBl II 1988, 348.

das Steuerrecht aufgrund seiner besonderen Wertungen und der daraus entstandenen Regelungsbedürfnisse abweichen. Das könne zu einer Erweiterung, aber auch zu einer Begrenzung der Einlagemöglichkeiten führen.
Den Zweck der Einlageregelung in § 4 I 1 EStG erkennt der Große Senat darin, dass vom Steuerpflichtigen steuerfrei gebildetes oder bei ihm bereits besteuertes Vermögen nach seiner Einbringung in den Betrieb nicht durch eine Erhöhung der Gewinneinkünfte der Besteuerung unterworfen werde.
Im Hinblick auf Kapitalgesellschaften hat der Große Senat zunächst die Frage ausgeklammert, ob das Nennkapital durch eine Nutzungsüberlassung aufgebracht werden könne und welche steuerlichen Wirkungen sich daraus für Gesellschaft und Gesellschafter ergäben. Der Entscheidungssachverhalt betreffe keinen solchen Fall, sondern den Fall der als zusätzliche Beiträge geleisteten Nutzungsüberlassungen.
Während die Regelungen über verdeckte Gewinnausschüttungen den Bestimmungen des EStG über die Entnahme vorgingen, blieben diejenigen über Einlagen aufrechterhalten. Die Generalverweisung bedeute, dass die Vorschriften über die Einlage unter den besonderen Verhältnissen der Kapitalgesellschaften anwendbar seien. Aus der Anwendung des § 4 I 1 EStG folge, dass auch die im Vermögensvergleich der Kapitalgesellschaft bloße Nutzungsvorteile nach bilanzrechtlichen Grundsätzen nicht als Wirtschaftsgüter aktiviert und demgemäß vom Gesellschafter auch nicht mit gewinnmindernder Wirkung eingelegt werden könnten.

3.1.4.3 Entscheidung des Großen Senats aus dem Jahre 1997

Der zweite Beschluss des Großen Senats, der das Steuerrecht der Einlagen in Kapitalgesellschaften in der jüngeren Vergangenheit entscheidend mitgeprägt hat, datiert vom 09.06.1997.[205] Der BFH hat die ihm vorgelegten Fragen wie folgt beantwortet:

> Leitsatz 1: „Ein auf dem Gesellschaftsverhältnis beruhender Verzicht eines Gesellschafters auf seine nicht mehr vollwertige Forderung gegenüber seiner Kapitalgesellschaft führt bei dieser zu einer Einlage in Höhe des Teilwerts der Forderung.“ (...)
>
> Leitsatz 2: „Der Verzicht des Gesellschafters auf seine Forderung gegenüber seiner Kapitalgesellschaft im Wege der verdeckten Einlage führt bei ihm zum Zufluss des noch werthaltigen Teils der Forderung.“
>
> Leitsatz 3: (...)

---

205 BFH, GrS, Beschluss vom 09.06.1997, GrS 1/94, BStBl II 1998, 307; ablehnend Büchele, DB 1997, 2337, 2344, wonach die Meinung des Großen Senates nicht dem Gesetz entspreche; ebenfalls ablehnend Hoffmann, DB 1998, 1983, GmbH-StB 2001, 241 et passim. Zum Forderungsverzicht zugunsten einer Personengesellschaft vgl. Paus, FR 2001, 113.

In den Gründen hat der Große Senat zunächst noch einmal auf den soeben beschriebenen Beschluss vom 26.10.1987 Bezug genommen und bekräftigt, dass § 4 I 1 EStG anwendbar sei, obgleich Inferent und Kapitalgesellschaft verschiedene Rechtsträger seien. Das gelte im Falle der Kapitalgesellschaft nicht nur für offene Einlagen, sondern auch für verdeckte Einlagen.
Etwas unglücklich formuliert ist die sich anschließende Feststellung, die Gesellschafter könnten eine verdeckte Einlage nicht nur durch Zuführung von Wirtschaftsgütern, sondern auch durch den Verzicht auf Forderungen gegenüber der Gesellschaft bewirken. Diese Formulierung ist deshalb missglückt, da § 4 I 5 EStG die Einlage gerade als die Zuführung von Wirtschaftsgütern definiert. Angesichts dieser Legaldefinition hätte der Große Senat besser formuliert, auch ein Forderungsverzicht könne die Zuführung eines Wirtschaftsguts im Sinne des § 4 I 5 EStG darstellen. Die Formulierung des BFH klingt stattdessen danach, als subsumiere der BFH nicht, sondern als erweitere er den gesetzlichen Einlagebegriff.
Aus der Sicht der Kapitalgesellschaft, die im wirtschaftlichen Ergebnis ihre Verbindlichkeit durch die Einlage ihres Gesellschafters erlassen erhält, war die entscheidende Frage diejenige nach der Bewertung des jedenfalls als Einlage zu qualifizierenden Vorgangs. Der Große Senat hat zunächst darauf hingewiesen, dass die Rechtsprechung für eine in ihrem Wert geminderte Verbindlichkeit bis zum Entscheidungszeitpunkt keine Position bezogen hatte. Er hat Literaturstimmen zitiert sowohl dafür, die Einlage mit dem Nennwert bzw. Buchwert der Verbindlichkeit anzusetzen, als auch dafür, die Einlage mit dem Teilwert der Forderung zu bewerten und im Übrigen einen Gewinn auszuweisen.
Nach Auffassung des Großen Senats hat die Kapitalgesellschaft als Einlagewert nicht den Nennbetrag oder den als Verbindlichkeit passivierten Betrag, sondern den tatsächlichen Forderungswert anzusetzen. Einlagen seien nach § 6 I Nr. 5 EStG bei der Kapitalgesellschaft mit dem Teilwert der zugeführten Wirtschaftsgüter anzusetzen. Das gelte auch, wenn der Gesellschafter eine gegen die Gesellschaft gerichtete Forderung an die Gesellschaft abtrete oder ihr die entsprechende Schuld erlasse. Beide Vorgänge könnten nicht unterschiedlich bewertet werden, weil die abgetretene Forderung durch die Vereinigung mit der Verbindlichkeit untergehe und das Ergebnis damit demjenigen eines Forderungsverzichts entspreche. Die Bewertung von verdeckten Einlagen folge allein steuerrechtlichen Regeln.
Aus der Sicht des Gesellschafters führe der durch eine verdeckte Einlage erbrachte Forderungsverzicht zu einem Zufluss des noch werthaltigen Teils der Forderung. Der Gesellschafter erlange bei einer verdeckten Einlage zwar nicht zusätzliche Gesellschafterrechte. Er erreiche dadurch aber eine Stärkung der Gesellschafterrechte. Der Forderungsverzicht führe zu einer Vermehrung des Gesellschaftsvermögens und der Ertragsfähigkeit der Gesellschaft. Er führe

daher zu einer Erhöhung der Ausschüttungsansprüche des Gesellschafters sowie des auf ihn entfallenden Liquidationserlöses.

3.1.4.4 Entscheidungen des BFH seit dem Jahre 2000

Zu nennen ist zunächst eine Entscheidung des BFH vom 05.06.2002.[206] Im Hinblick auf den Einlagebegriff ist insoweit eine Beobachtung bemerkenswert. Ebenso wie schon die Vorinstanz[207] verwendet der BFH den Begriff der Einlage in unsorgfältiger Weise. Obgleich die Frage in den Gründen erst diskutiert wird, beschreibt der BFH den zu beurteilenden Vorgang bereits im Tatbestand der Entscheidung als Einlage.[208] Die Vorinstanz war sogar zu dem erstaunlichen Leitsatz gelangt, die Einlage eines Wirtschaftsgutes sei dann als steuerpflichtige Veräußerung im Sinne des § 49 I Nr. 2 Buchst. f EStG anzusehen, wenn der Gegenwert in der Bilanz als Forderung des Einlegenden gegen die Gesellschaft erscheine. Obwohl die Entscheidungen das Vorliegen von Fremdkapital thematisieren, wird der auf die Zuführung von Eigenkapital beschränkte Einlagebegriff verwendet.[209] Anders als die im Vordergrund stehenden Ausführungen zum Veräußerungsbegriff fallen die Ausführungen zum Einlagebegriff daher zu undifferenziert aus.[210]

In einem Beschluss vom 16.05.2001 hat der BFH die Rechtsprechung des Großen Senats zur Einlage durch Forderungsverzicht auch für kapitalersetzende Darlehen bekräftigt.[211] Ein im Gesellschaftsverhältnis veranlasster Forderungsverzicht eines Gesellschafters führe zu einer Einlage (nur) in Höhe des Teilwerts der Forderung im Zeitpunkt des Verzichts. Soweit die erlassene Forderung in diesem Zeitpunkt nicht (mehr) werthaltig gewesen sei, bleibe es bei der durch den Wegfall der Verbindlichkeit ausgelösten Gewinnerhöhung. Das sei aufgrund der Entscheidung des Großen Senats vom 09.06.1997 nicht klärungsbedürftig und gelte ohne Einschränkung auch dann, wenn sich der Verzicht des Gesellschafters auf ein Darlehen mit eigenkapitalersetzender Funktion beziehe.

---

206 BFH, Urteil vom 05.06.2002, I R 81/00, DStR 2002, 1480. Krit. Anm. Kempermann, FR 2002, 1058.

207 Hessisches FG, Urteil vom 16.05.2000, 4 K 2965/98, EFG 2000, 1013.

208 „Mit Vertrag vom 14.04.1994 legte die Klägerin die Flurstücke durch Eigentumsübertragung in die KG ein."

209 Vgl. insoweit 4.9 im II. Kapitel (S. 48).

210 Vgl. zum Veräußerungsbegriff unten 2.2 im IV. Kapitel (S. 87) und 2.2 im V. Kapitel (S. 102).

211 BFH, Beschluss vom 16.05.2001, I B 143/00, DStR 2001, 1431 m. Anm. Vogt, DStR 2001, 1881.

In einem Urteil vom 29.08.2000 hat der BFH über die Einlagequalität von Rückzahlungen offener Gewinnausschüttungen an eine GmbH entschieden.[212] Im Falle einer Rückzahlungspflicht nach § 31 I GmbHG stelle die Rückzahlung nicht nur aus der Sicht der GmbH[213], sondern auch aus der Sicht des Gesellschafters eine Einlage dar. Es bestehe eine einheitliche Betrachtung. Die Rückzahlung führe für den Gesellschafter nicht zu negativen Einkünften aus Kapitalvermögen. Abweichend von der älteren Rechtsprechung wird eine Einlage auch dann angenommen, wenn der Gesellschafter rechtlich oder tatsächlich zur Rückzahlung von Gewinnanteilen verpflichtet war. Entscheidend für die Behandlung als Einlage sei allein, dass die Rückzahlung durch das Gesellschaftsverhältnis veranlasst sei. Kennzeichnendes Tatbestandsmerkmal der Einlage in eine Kapitalgesellschaft nach § 4 I 1 EStG sei die durch das Gesellschaftsverhältnis veranlasste Zuführung eines bilanzierungsfähigen Vermögensvorteils durch einen Gesellschafter. Dieses Merkmal unterliege aus der Sicht der Kapitalgesellschaft wie aus der Sicht des Kapitalgesellschafters – dem „Steuerpflichtigen" im Sinne des § 4 I 5 EStG – der gleichen Beurteilung. Der Anspruch aus § 31 I GmbHG sei funktional mit dem Einlageanspruch der Gesellschaft zu vergleichen[214] und finde daher wie die Erfüllung dieses Anspruchs seine Grundlage im Gesellschaftsverhältnis.
Bereits ein gutes Jahr zuvor hatte derselbe Senat des BFH entschieden, dass die Rückgewähr von verdeckten Gewinnausschüttungen unabhängig von einer zugrundeliegenden Rückzahlungsverpflichtung auch beim Gesellschafter als Einlage zu qualifizieren sei.[215] Mit der Entscheidung vom 29.08.2000 hat der VIII. Senat diese Rechtsprechung fortgeführt, nachdem die Entscheidung vom 25.05.1999 ausdrücklich nicht als abschließende Stellungnahme über den Einzelfall hinaus zu verstehen gewesen war. In Übereinstimmung mit den Erwägungen des I. Senats sei die Rückgewähr als actus contrarius ebenso durch das Gesellschaftsverhältnis veranlasst wie die Gewinnausschüttung. Ferner sei nach dem Beschluss des Großen Senats vom 09.06.1997[216] die Vorschrift des § 4 I 1 EStG über den Ansatz von Einlagen auch anzuwenden, wenn – wie im Verhältnis von Gesellschafter und Kapitalgesellschaft – Einlegender und Empfänger der Einlage verschiedene Rechtsträger seien. Das die Einlage kennzeichnende Tatbestandsmerkmal, dass dem Betrieb aus gesellschaftlicher Veranlassung ein Wirtschaftsgut zugeführt werde, unterliege sodann aus der Sicht der Kapitalgesellschaft ebenso wie der des Gesellschaf-

---

212 BFH, Urteil vom 29.08.2000, VIII R 7/99, BStBl II 2001, 173. Vgl. Wichmann, BB 1998, 20 und GmbHR 1997, 991.

213 Das hatte bereits die bis dahin bestehende st. Rspr. vertreten. Nachweise gibt die vorstehend zitierte Entscheidung, a.a.O.

214 Klarer wäre statt „zu vergleichen" wohl „vergleichbar".

215 BFH, Urteil vom 25.05.1999, VIII R 59/97, BFHE 188, 569.

216 Hierzu bereits oben unter 3.1.4.3 (S. 65).

ters – des „Steuerpflichtigen" im Sinne des § 4 I 5 EStG – der nämlichen Beurteilung. Nur diese einheitliche Betrachtung stelle sicher, dass nicht – entgegen dem Zweck der Einlageregelung – infolge des gewinnmindernden Ansatzes der Einlage bei der Kapitalgesellschaft die vom Gesellschafter erzielten Einkünfte bei diesem nicht der Besteuerung unterlägen. Genau dies wäre aber bei im Privatvermögen gehaltenen Beteiligungen im Falle der Qualifizierung als Werbungskosten oder als negative Einkünfte aus Kapitalvermögen zu besorgen.
In einem Urteil vom 25.07.2000 hat der BFH den von der Rechtsprechung vertretenen weiten Betriebsbegriff bekräftigt.[217] Danach liege eine Entnahme im Sinne des § 4 I 2 EStG nur vor, wenn ein Wirtschaftsgut in den privaten Bereich übergehe oder wenn es innerhalb des betrieblichen Bereichs von einem Betrieb oder Betriebsteil in einen anderen überführt werde und dadurch eine Erfassung der stillen Reserven nicht mehr gewährleistet sei.

3.1.5 Begriffsbestimmungen in der Literatur

Angesichts der in § 4 I 5 EStG vorhandenen Legaldefinition erstaunt es, dass in der Literatur nicht selten vermeintliche Definitionspräzisierungen vorgenommen und sodann weiteren Überlegungen zugrundegelegt werden. Beispielhaft soll hier auf eine Fundstelle unmittelbar Bezug genommen werden. Nach Wichmann liegt eine Einlage im Sinne des Steuerrechts vor, wenn bei unveränderter persönlicher Zuordnung die sachliche Beziehung zu einem Betriebsvermögen hergestellt werde, was durch eine entsprechende Widmung geschehe.[218] Diese Definition ist nur für Einlagen in Einzelunternehmen und für Einlagen in das Sonderbetriebsvermögen bei einer Personengesellschaft akzeptabel. Als allgemeine Definition für den steuerrechtlichen Einlagebegriff kann sie dagegen nicht herangezogen werden. Die unveränderte persönliche Zuordnung ist kein Definitionsmerkmal der Einlage nach § 4 I 5 EStG. Der Wechsel des Rechtsträgers bzw. Steuersubjekts infolge Übergangs des wirtschaftlichen Eigentums schließt den steuerlichen Einlagebegriff nicht aus.[219] Statt richtigerweise von der Legaldefinition des § 4 I 5 EStG auszugehen, werden immer wieder eigene steuerrechtliche Einlagebegriffe definiert und sodann weiteren Überlegungen zugrundegelegt. Diese Kritik gilt weniger der Rechtsprechung als einzelnen Vertretern im Schrifttum. Deren Vorgehensweise ist fehleranfällig in dem Sinne, dass allzu schnell der Gesetzeswortlaut, seine Auslegung und die Subsumtion vernachlässigt werden.

---

217 BFH, Urteil vom 25.07.2000, VIII R 46/99, DStR 2000, 1905 m. Anm. HG, S. 1907 f. Näher hierzu unter 3.3.2 (S. 73).
218 Wichmann, Stbg 2000, 314.
219 Vgl. auch 3.3.1 (S. 71).

Vorzugswürdig ist es, stets von § 4 I 5 EStG auszugehen. Die Legaldefinition beinhaltet Einlagegegenstand (dazu 3.2) und Einlagehandlung (dazu 3.3). Einlagegegenstand ist ein Wirtschaftsgut, Einlagehandlung ist die Zuführung zum Betrieb. Inferent ist der Steuerpflichtige, d.h. der Einzelunternehmer oder Mitunternehmer. Bei Kapitalgesellschaften ist der Anteilseigner der Inferent.

3.2 Einlagegegenstand: Wirtschaftsgut

3.2.1 Wirtschaftsgut im Sinne der Legaldefinition

Einlagegegenstand im Sinne des § 4 I 5 EStG sind Bareinzahlungen und sonstige Wirtschaftsgüter. Auch im Steuerrecht findet sich also die aus dem Zivilrecht bekannte Unterscheidung von Geldeinlagen und Nichtgeldeinlagen bzw. Bareinlagen und Sacheinlagen. Steuerrechtlich wird auf der Ebene der Bewertung oft danach differenziert, ob ein in Rede stehender Vorgang sich auf eine Sachgesamtheit Betrieb/Teilbetrieb oder ein einzelnes Wirtschaftsgut bezieht (vgl. § 6 EStG, § 20, 24 UmwStG). Auf der Ebene des Einlagebegriffs ist die Einlagefähigkeit aber jedenfalls gegeben. Einen gewissen Sonderfall stellt hier lediglich der Mitunternehmeranteil dar, da er von der überwiegenden Auffassung als solcher nicht als Wirtschaftsgut erachtet wird, sondern als die Summe der Anteile an den einzelnen betreffenden Wirtschaftsgütern der Mitunternehmerschaft.[220]

3.2.2 Verhältnis der Klammerzusätze in § 4 I 2 und § 4 I 5 EStG

Entnahmen sind nach § 4 I 2 EStG alle Wirtschaftsgüter (Barentnahmen, Waren, Erzeugnisse, Nutzungen und Leistungen), die der Steuerpflichtige dem Betrieb für sich, für seinen Haushalt oder für andere betriebsfremde Zwecke im Laufe des Wirtschaftsjahrs entnommen hat. Gemäß § 4 I 5 EStG sind Einlagen alle Wirtschafsgüter (Bareinzahlungen und sonstige Wirtschaftsgüter), die der Steuerpflichtige dem Betrieb im Laufe des Wirtschaftsjahrs zugeführt hat. Die an „alle Wirtschaftsgüter" angefügten Klammern sind bei den beiden Legaldefinitionen der Entnahme und der Einlage nicht identisch. Während die Begriffe der Barentnahmen und der Bareinzahlungen noch miteinander korrespondieren, spricht die Einlagedefinition anstelle von Waren, Erzeugnissen, Nutzungen und Leistungen lediglich von sonstigen Wirtschaftsgütern.[221]

---

220 Vgl. nur BFH, Urteil vom 13.07.1999, VIII R 72/98, DB 1999, 2390.

221 Zur vermeintlich klareren Regelung in Österreich vgl. § 4 I 3 f. Ö-EStG 1988, hierzu bereits oben 2.4 (S. 60); vgl. insoweit aber auch D. Aigner/H.-J. Aigner, SWK 2001, 1372 (S 850).

Zum bereits dargestellten Beschluss des Großen Senats vom 26.10.1987[222] war es aufgrund einer Meinungsverschiedenheit zwischen dem I. Senat und dem VIII. Senat gekommen. Aus der Sicht des vorlegenden I. Senats blieb das Vorlageverfahren ohne den gewünschten Erfolg. Er war der Ansicht, zu den Einlagen seien auch Nutzungen zu zählen, da diese in § 4 I 2 EStG als entnahmefähige Wirtschaftsgüter bezeichnet würden. Die fehlende gesonderte Aktivierbarkeit von Nutzungen nach den handelsbilanzrechtlichen Bilanzierungsvorschriften stehe nicht entgegen. Im Steuerrecht müsse jedenfalls schon jeder mit dem Betrieb übertragbare Vorteil als Wirtschaftsgut angesehen werden. Dem hat der Große Senat widersprochen. Nutzungen haben danach nicht die Eigenschaft von Wirtschaftsgütern. Eine allein am Wortlaut orientierte Auslegung würde sich in einen Gegensatz zu den Ansatzvorschriften in § 5 EStG und den Bewertungsvorschriften in § 6 EStG stellen. Diese seien auf Nutzungen nicht anwendbar.

3.2.3 Einlagefähigkeit

Die Einlagefähigkeit beschreibt die Geeignetheit eines Wirtschaftsguts als Einlagegegenstand. Teilweise wird sie auch als Einlegbarkeit bezeichnet.[223] Bei der Einlagefähigkeit handelt es sich um eine Untervoraussetzung des Einlagegegenstands. Als Einlagegegenstand kommt nur ein einlagefähiges Wirtschaftsgut in Betracht. Einlagefähig sind Bareinzahlungen und sonstige Wirtschaftsgüter. Für die Einlagefähigkeit von Sacheinlagen ist vorauszusetzen, dass sie die Funktion von notwendigem oder gewillkürtem Betriebsvermögen übernehmen können.[224] Wirtschaftsgüter des notwendigen Privatvermögens sind nicht einlagefähig.[225]

3.3 Einlagehandlung: Zuführen zum Betrieb

3.3.1 Begriff des Zuführens

Das Zuführen zum Betrieb stellt die Einlagehandlung dar. Der Einlagegegenstand wird dem Betrieb zugeführt. Zunächst ist zu klären, was eine Zuführung im Sinne der Legaldefinition des § 4 I 5 EStG kennzeichnet. Erforderlich ist als Zielobjekt ein Betrieb bzw. ein Betriebsvermögen, dem der Einlagegegenstand zugeführt werden kann. Gleichzeitig bedarf es einer Herkunft von außerhalb des Betriebes, der Einlagegegenstand darf also nicht bereits dem Ziel-Betriebsvermögen zugehörig sein. Zuführung bedeutet, dass in ein

222 Vgl. oben 3.1.4.2 (S. 64).
223 Hoffmann, Beilage 16 zu BB 40/1996, S. 2; Schuhmann, StBP 1997, 228, 229.
224 Schwendy, LSW 1999, Gruppe 4/96, S. 3.
225 Vgl. nur Tiedtke, S. 271.

Unternehmen (Einzelunternehmen, Mitunternehmerschaft oder Körperschaft) von außerhalb dieses Unternehmens Wirtschaftsgüter des Betriebsvermögens hineingeführt werden.[226] Umwidmungen von Anlagevermögen zu Umlaufvermögen oder umgekehrt innerhalb desselben Unternehmens stellen aus diesem Grunde beispielsweise keine Einlagen dar.[227] Erforderlich ist vielmehr die Entstehung bzw. die Erhöhung eines Aktivpostens oder aber der Wegfall bzw. die Minderung eines Passivpostens.

Die Frage, ob ein Rechtsträgerwechsel vorliegt oder nicht, ist für den Begriff der Zuführung nicht begriffsbestimmend. Die Zuführung kann entweder durch Überführung in den Betrieb in Gestalt eines Realakts oder aber durch Übertragung des wirtschaftlichen Eigentums auf den von der Person des Einlegenden verschiedenen Rechtsträger des Betriebs vollzogen werden. Die begriffliche Unterscheidung zwischen Überführung und Übertragung ist aus § 6 V EStG abzulesen, der aber ebenso wie § 6 I Nr. 5 EStG bezogen auf die Rechtsfolge nur Bewertungsfragen regelt. Ein Hauptaugenmerk ist stets darauf zu richten, die beiden Ebenen des Einlagebegriffs (§ 4 I 5 EStG) und der Einlagebewertung (§ 6 EStG) nicht miteinander zu vermischen, sondern sorgfältig zu unterscheiden. Dies vorausgeschickt, sind die in § 6 EStG genannten Tatbestandsvoraussetzungen für die gesetzesnahe Konkretisierung des steuerrechtlichen Einlagebegriffs und des Tatbestandsmerkmals der Zuführung gleichwohl hilfreich. Dem mittlerweile mehrfach geänderten § 6 V EStG ist im Rahmen einer systematischen Auslegung eine zentrale Bedeutung für das Tatbestandsmerkmal der Zuführung beizumessen. Unter einer Überführung ist die Zuführung zum Betrieb zu verstehen, die durch bloßen Realakt ohne Rechtsträgerwechsel erfolgt. Dagegen ist eine Übertragung die Zuführung zum Betrieb, die durch einen rechtsgeschäftlich erfolgenden Rechtsträgerwechsel im Hinblick auf das wirtschaftliche Eigentum erfolgt.

Wie bereits oben beim zivilrechtlichen Einlagebegriff gesehen, bestehen für Einlagen bei Einzelunternehmen gewisse Besonderheiten.[228] Einzelunternehmen stellen im Steuerrecht indessen den originären Anwendungsbereich der Legaldefinition des § 4 I 5 EStG dar, der die Einlagehandlung als Zuführung zum Betrieb beschreibt. Bei Einzelunternehmen bestehen Einlagen in einer Überführung, d.h. in der Sprache des Zivilrechts in einem Realakt ohne Rechtsträgerwechsel.[229] Für Körperschaftsteuersubjekte besteht lediglich die Generalverweisung in § 8 I KStG. Einlagen bei Kapitalgesellschaften werden

---

226 Vgl. Frotscher, DStR 2002, 10, 11 zum Tatbestandsmerkmal der Zuführung neuen Betriebsvermögens in § 8 IV KStG. Zum Erfordernis der Bilanzierungsfähigkeit vgl. a.a.O., S. 14. Vgl. auch BFH, Beschluss vom 19.12.2001, I R 58/01, DStR 2002, 541.

227 Vgl. Wacker, NWB, Fach 3c, 5039, 5041.

228 Vgl. 4.5 im II. Kapitel (S. 41).

229 Vgl. auch Schüppen/Sanna, BB 2001, 2397, 2405.

durch Übertragung mit Rechtsträgerwechsel vollzogen. Nebenbei sei hier bemerkt, dass bei der Regelung zum Mantelkauf in § 8 IV 3 KStG das Tatbestandsmerkmal der „Zuführung" von Betriebsvermögen wiederkehrt.[230]
Bei Personengesellschaften schließlich muss differenziert werden. Einlagen in das Sonderbetriebsvermögen eines Mitunternehmers – sie sind zivilrechtlich keine Einlagen – stellen einen Realakt ohne Rechtsträgerwechsel dar. Einlagen in das Gesamthandsvermögen hingegen werden durch Übertragung mit Rechtsträgerwechsel vollzogen.
In der oben erläuterten lateinischen Terminologie können Einlagen im Sinne des Steuerrechts daher sowohl quoad dominium (Kapitalgesellschaften und Gesamthandsvermögen der Mitunternehmerschaften) als auch quoad usum (Einzelunternehmen, Sonderbetriebsvermögen der Mitunternehmerschaften) vorkommen. Auch eine Einbringung dem Werte nach (quoad sortem) kann steuerrechtlich zu wirtschaftlichem Eigentum und somit zu einer Einlage führen.[231] Anders als bei der zivilrechtlichen Einlage kommen daher bei der steuerrechtlichen Einlage alle drei Einbringungsformen in Betracht.[232]
Festzuhalten bleibt zusammenfassend, dass bei einer Überführung im Gegensatz zur Übertragung kein Rechtsträgerwechsel hinsichtlich des wirtschaftlichen Eigentums erfolgt. Sowohl Überführung als auch Übertragung können aber eine Zuführung zum Betrieb sein und damit begrifflich eine Einlage bedeuten.

3.3.2 Begriff des Betriebs: Weiter oder enger Betriebsbegriff?

Zielobjekt der Einlage bzw. Ursprungsobjekt der Entnahme ist der Betrieb. Der Einlagegegenstand wird dem Betrieb bei der Einlage zugeführt. Ob der Betriebsbegriff eng im Sinne jedes einzelnen Betriebs oder weit im Sinne aller Betriebe eines Steuersubjekts im Sinne des § 2 II 2 Nr. 1 EStG zu verstehen ist, ist nach wie vor umstritten. Zwischen diesen beiden Extrempositionen bestehen unterschiedlich differenzierende Meinungen. Auch die Rechtsprechung hat sich nicht exakt festgelegt, sondern vertritt einen finalen bzw. funktionalen Betriebsbegriff, mit welchem sie der Funktion der Einlage- und Entnahmevorschriften Rechnung zu tragen versucht.[233] Der von der

---

230 Vgl. oben Fn 226 auf S. 71.

231 Ausführlich Fischer, in Hübschmann/Hepp/Spitaler, AO, § 39 Rn 100 f., insbesondere auch zur uneinheitlich beantworteten Frage des Bilanzausweises. Überwiegend wird wirtschaftliches Eigentum der Gesellschaft am quoad sortem eingebrachten Gegenstand und daher dessen bilanzieller Ausweis bejaht, a.A. Fischer, a.a.O., Rn 101 (Forderungsausweis) m.w.N. zu beiden Positionen.

232 Vgl. Widmann, in Widmann/Mayer, UmwStG, § 24 Rn 6.1 m.N. BFH, Urteil vom 21.06.1994, VIII R 5/92, BStBl II 1994, 856 unter II 2 b.

233 So Weber-Grellet, § 22 Rn 5 (S. 292). Vgl. auch Schmidt/Heinicke, § 4 Rn 326.

Rechtsprechung vertretene Betriebsbegriff ist gleichwohl als weiter Betriebsbegriff zu charakterisieren, insbesondere sieht die Rechtsprechung dies selbst so.[234] Nach diesem weiten Betriebsbegriff liege beispielsweise eine Entnahme im Sinne von § 4 I 2 EStG nur vor, wenn ein Wirtschaftsgut in den privaten Bereich übergeht oder wenn es innerhalb des betrieblichen Bereichs von einem Betrieb oder Betriebsteil in einen anderen überführt wird und dadurch eine spätere Erfassung der stillen Reserven nicht mehr gewährleistet ist.[235] Gleichwohl sprechen auch gute Gründe für ein enges Verständnis des Betriebsbegriffs.[236] Der Meinungsstreit zielt im Kern auf eine Entscheidung zwischen einer am Wortlaut orientierten systematischen (enger Betriebsbegriff) und einer stärker teleologischen bzw. finalen Auslegung (weiter Betriebsbegriff).

Ausgangspunkt des Meinungsstreits ist, dass ein und dieselbe Person ertragsteuerlich im Gegensatz zum Umsatzsteuerrecht mehrere Betriebe innehaben kann.[237] Überführt nun ein Steuerpflichtiger beispielsweise ein Wirtschaftsgut von einem seiner Betriebe in einen anderen seiner Betriebe, so ist zweifelhaft und streitig, ob eine Zuführung zum Betrieb gegeben ist oder nicht. Betrachtet man die einzelnen eigenständigen Betriebe im Sinne des Ertragsteuerrechts konsequenterweise jeweils für sich, so ist beim aufnehmenden Betrieb nach dem Wortlaut eine Zuführung zum Betrieb gegeben. Die Herkunft des Wirtschaftsguts aus einem anderen Betrieb desselben Steuerpflichtigen steht dem Begriff der Einlage im Sinne des § 4 I 5 EStG nicht entgegen. Nach hier vertretener Auffassung liegt also im Falle nicht betrieblicher Veranlassung beim abgebenden Betrieb in der Tat eine Entnahme und beim empfangenden Betrieb eine Einlage vor, auch wenn der Vorgang zwei Betriebe ein und desselben Steuersubjekts betrifft. Systematische, historische oder teleologische Überlegungen stehen dem somit befürworteten engen Betriebsbegriff ebenfalls nicht entgegen. Die Behandlung der betreffenden Vorgänge im Rahmen der Bewertung ist keine Frage des Einlage- bzw. Entnahmebegriffs, sondern eine solche des § 6 EStG, insbesondere des § 6 V EStG.[238]

Der dargestellte Meinungsstreit ist zwar älteren Datums, hat aber vor dem Hintergrund der durch das Steuerentlastungsgesetz 1999/2000/2002 eingefügten Absätze 3 bis 6 des § 6 EStG neue Nahrung erhalten. Zusammenfassend kann man feststellen, dass beide Positionen sich in ihrer bisherigen

---

234 BFH, Urteil vom 25.07.2000, VIII R 46/99, DStR 2000, 1905, 1906. Vgl. Anm. Gschwendtner, a.a.O., S. 1907, 1908.

235 BFH, Urteil vom 25.07.2000, VIII R 46/99, DStR 2000, 1905, 1906.

236 So die überwiegende Auffassung im Schrifttum, vgl. Anm. HG, DStR 2000, 1907, 1908 m.w.N.

237 Vgl. aber § 15 III EStG für Mitunternehmerschaften und § 8 II KStG für Kapitalgesellschaften.

238 Ebenso Crezelius, in Kirchhof, EStG, § 4 Rn 94. Vgl. auch Schmidt/Heinicke, § 4 Rn 328.

Auffassung bestätigt sehen.[239] Für einen nach wie vor weiten Betriebsbegriff wird darauf hingewiesen, dass § 4 I 2 EStG nicht geändert worden sei und dem Gesetzgeber letztlich auch der weite Betriebsbegriff Pate gestanden habe.[240] Aufgrund der Existenz des § 6 V 1 EStG besteht aber bei Überführungen von einem Betrieb in einen anderen Betrieb desselben Steuerpflichtigen kein Bedürfnis für eine Verkürzung des Einlagebegriffs. Eine Überführung im Sinne des § 6 V 1 EStG beinhaltet daher begrifflich eine Entnahme aus dem abgebenden Betrieb und eine Einlage in den aufnehmenden Betrieb. Statt des Teilwertansatzes nach § 6 I Nrn. 4 und 5 EStG ist jedoch nach § 6 V 1 EStG (lex specialis) der Buchwert fortzuführen.

3.3.3 Einlagewille

Als steuerrechtliche Willenserklärung erfordert die Einlage nicht nur ein äußeres Verhalten, sondern daneben auch einen entsprechenden Einlagewillen. Die objektive Einlagehandlung muss den Willen des Unternehmers, den betrieblichen Zusammenhang zu begründen, zum Ausdruck bringen.[241] Der Wille, ein Wirtschaftsgut einem Betriebsvermögen zuzuordnen, kommt regelmäßig in der entsprechenden bilanziellen Behandlung (Einbuchung) zum Ausdruck.[242]

3.4 Entgeltlichkeit versus Unentgeltlichkeit

Ob Einbringungen „entgeltlich" oder „unentgeltlich" erfolgen, ist für den Einlagebegriff im Steuerrecht ebenso wenig begriffsbestimmend wie für den Einlagebegriff im Zivilrecht.[243] Eine Einlage kann begrifflich unabhängig davon vorliegen, ob ein Entgelt bzw. eine Gegenleistung vorliegt oder nicht. Abhängig vom Vorliegen einer Gegenleistung sind Einlagen als offen oder aber verdeckt zu charakterisieren,[244] ungeachtet dessen sind aber begrifflich in beiden Fällen Einlagen gegeben. Beispielhaft seien § 6 IV EStG einerseits sowie § 20 UmwStG andererseits genannt. Die erstgenannte Norm bringt zum Ausdruck, dass Einlagen unentgeltlich sein können, die zweitgenannte Norm bringt zum Ausdruck, dass auch bei einer Gegenleistung in Form der Gewährung von Gesellschaftsrechten eine Einlage vorliegen kann.

---

239 Vgl. nur Reiß, in Kirchhof, EStG, § 15 Rn 366 entgegen Crezelius, a.a.O.

240 Freikamp, BB 2001, 2618, 2620, 2622. Vgl. auch Korn, KÖSDI 2002, 13272, 13273 und 13278.

241 Weber-Grellet, § 22 Rn 6 (S. 293) sowie zum Einlagewillen Rn 7 (S. 295). Vgl. Schmidt/Heinicke, § 4 Rn 316, 318.

242 Schwendy, LSW 1999, Gruppe 4/96, S. 5.

243 Zur Situation beim zivilrechtlichen Einlagebegriff vgl. oben im II. Kapitel unter 4.7 (S. 43).

244 Dazu sogleich 3.5.

Entscheidend ist wie beim zivilrechtlichen Einlagebegriff auch für den steuerlichen Einlagebegriff allein die mitgliedschaftliche Veranlassung. Ist sie zu verneinen und liegt etwa ein fremdüblicher echter Kaufpreis vor, so scheidet eine Einlage bereits auf der begrifflichen Ebene aus.

3.5 Offene und verdeckte Einlagen

Das Steuerrecht unterscheidet ausdrücklich zwischen offener und verdeckter Einlage, das Handelsbilanzrecht dagegen nur unausgesprochen, ohne die Adjektive „offen" und „verdeckt" zu gebrauchen (vgl. § 272 I, II HGB). Beide Begriffe werden gesetzlich nicht definiert, die verdeckte Einlage ist aber im Steuerrecht z.B. in den §§ 6 VI 2, 17 I 2 und 23 I 5 Nr. 2 EStG, 8b II 3 KStG immerhin Tatbestandsmerkmal. Verdeckte Einlagen waren und sind stärker als bei Personengesellschaften im Bereich der Kapitalgesellschaften Gegenstand der Diskussion. Auch die genannten Gesetzesbestimmungen beziehen sich auf verdeckte Einlagen in Kapitalgesellschaften.
Verdeckt ist eine Einlage nach überwiegender Auffassung dann, wenn die einlegende Person für ihre Einlage keine Gegenleistung in Form von Gesellschaftsrechten erhält.[245] Begrifflich ist es demnach möglich, von verdeckten Einlagen in das Gesamthandsvermögen einer Personengesellschaft zu sprechen. Eine verdeckte Einlage ist gegeben, wenn ein Gesellschafter oder eine ihm nahestehende Person der Kapitalgesellschaft außerhalb der „gesellschaftsrechtlichen" Einlagen einen einlagefähigen Vermögensvorteil zuwendet und die Zuwendung ihre Ursache im Gesellschaftsverhältnis hat.[246] Letzteres sei dann der Fall, wenn ein Nichtgesellschafter bei Anwendung der Sorgfalt eines ordentlichen Kaufmanns der Gesellschaft den Vermögensvorteil nicht eingeräumt hätte.
Offene Einlagen erfordern dagegen begriffsnotwendig eine Gegenleistung. Eine Gewährung von Gesellschaftsrechten schlägt sich buchmäßig in einer Gutschrift auf dem „Kapitalkonto" des Gesellschafters nieder.[247] Die Unterscheidung zwischen verdeckten und offenen Einlagen ist immer nur bei Gesellschaften sinnvoll, nicht dagegen bei Einzelunternehmen. Nicht selten werden die offenen Einlagen als gesellschaftsrechtliche Einlagen bezeichnet,

---

245 Vgl. nur BFH, Urteil vom 27.07.1988, I R 147/83, BStBl II 1989, 271; FG Hamburg, Beschluss vom 30.08.2001, VII 105/01, DStRE 2002, 193.

246 FG Hamburg, a.a.O., m.w.N.; Dieterlen, in Ernst & Young, vGA/vE, Fach 5, A, Rn 6 m.w.N.; Wochinger, in Dötsch/Eversberg/Jost/Witt, § 8 III KStG, Rn 54 m.w.N.; vgl. auch Abschn. 36a KStR.

247 Korn, KÖSDI 2002, 13272, 13277 m.w.N. zur Frage, welche Anforderungen an ein solches Kapitalkonto zu stellen sind; vgl. auch BMF, Schreiben vom 30.05.1997 betreffend Umfang des Kapitalkontos im Sinne des § 15a I 1 EStG, IV B 2 – S 2241a – 51/93 II, BStBl I 1997, 627.

so auch in der oben wiedergegebenen Definition der verdeckten Einlage. Wenn dort gesagt wird, die verdeckten Einlagen erfolgten „außerhalb der gesellschaftsrechtlichen Einlagen“, so werden hierdurch die offenen Einlagen in Bezug genommen. Diese im Steuerrecht verbreitete synonyme Begriffsverwendung von offener Einlage und gesellschaftsrechtlicher Einlage ist indessen abzulehnen.[248] Wie aus der obigen Definition der verdeckten Einlage ersichtlich ist, setzen verdeckte Einlagen wie offene Einlagen eine Ursache im Gesellschaftsverhältnis voraus.[249] Anders ausgedrückt bedarf es für offene wie für verdeckte Einlagen einer gesellschaftsrechtlichen Veranlassung bzw. einer mitgliedschaftlichen Leistung. Auch der Große Senat des BFH hat die verdeckte Einlage als gesellschaftsrechtlichen Vorgang klassifiziert.[250]

Das Adjektiv „verdeckt“ ist insofern etwas unglücklich gewählt und irreführend, als die verdeckte Einlage nicht wirklich mit einer Verdeckung einhergeht.[251] Das wird zwar teilweise abweichend beurteilt.[252] Auf der Basis der dargestellten, überwiegend vertretenen Definition der verdeckten Einlage ist eine echte Verdeckung im Sinne der Gegenmeinung aber gerade nicht zwingend vorauszusetzen.

Ungeachtet dieser Meinungsverschiedenheit ist der Begriff der verdeckten Einlage aber jedenfalls etabliert und sogar gesetzlich verankert. An der Terminologie selbst ist daher de lege lata nicht zu rütteln. Disharmonien im Verhältnis zum Gesellschaftsrecht sollten daher besser durch eine veränderte Terminologie im Bereich des Gesellschaftsrechts bereinigt werden.[253]

Besondere Sorgfalt ist ferner anzuwenden, um die im Einzelfall möglicherweise schwierig zu entscheidende Frage zu beantworten, ob bzw. inwieweit ein Einlagevorgang als offen oder aber als verdeckt zu beurteilen ist.[254] Dies gilt insbesondere dann, wenn offene und verdeckte Einlagen auf den Ebenen

248 Vgl. oben im II. Kapitel unter 6.2 (S. 52).

249 Vgl. nur FG Hamburg, Beschluss vom 30.08.2001, VII 105/01, DStRE 2002, 193, 193 f.

250 So Groh, DB 1997, 1683, 1684 m.N. BFH, GrS, Beschluss vom 09.06.1997, GrS 1/94, BStBl II 1998, 307.

251 Zu Recht bemerken Weber-Grellet, DB 1998, 1532, 1537 und wortgleich Felder, in Rupp/Felder/Geiger/Lang, C I 5, Rn 74: „Ist also die vGA in der Regel ein zunächst verschleierter (verdeckter) Sachverhalt, so ist die vE nur eine besondere Form der Einlage, die mit einer Verdeckung nichts zu tun hat.“ Vgl. auch Hoffmann, Beilage 16 zu BB 40/1996, S. 2.

252 Büchele, DB 1997, 2337, 2343 f.; DB 1999, 2336, 2337, wonach eine „verdeckte“ Einlage nur angenommen werden könne, wenn die GuV berührt ist, sie erscheine auf keinen Fall in der Bilanz, weil sie sich in der GuV verberge. Vgl. ferner auch Hoffmann, Beihefter zu DStR 11/1996, S. 3, 8 mit einem eigenen Terminologievorschlag der verdeckten Einlage als einer verschleierten Einlage, die sich hinter einem vorgeschobenen anderslautenden Rechtskleid verberge. Vgl. auch J. Thiel, DStR 1992, 1.

253 Vgl. hierzu den Vorschlag im II. Kapitel unter 4.8.2 (S. 45) und 5.1 (S. 49).

254 Zur Abgrenzung von offener Einlage (tauschähnlicher Vorgang) und verdeckter Einlage (kein tauschähnlicher Vorgang) vgl. Hessisches FG, Urteil vom 16.05.2000, 4 K 2965/98, EFG 2000, 1013. Näher dazu und zum BFH-Revisionsurteil III. Kapitel unter 3.1.4.4 (S. 67), IV. Kapitel unter 2.2 (S. 87) und V. Kapitel unter 2.2 (S. 102) .

der Qualifizierung bzw. Bewertung zu unterschiedlichen Ergebnissen führen.[255] Ob gegenwärtig Unstimmigkeiten in der Behandlung offener Einlagen einerseits und verdeckter Einlagen andererseits bestehen, ist aber keine Frage der hier im Vordergrund stehenden Begriffsklärung. Nicht näher eingegangen werden soll auch auf ein sog. „verdecktes Stammkapital".[256]

4. Einlagebewertung im Steuerrecht

4.1 Gesetzliche Vorgaben zur Einlagebewertung

Die Bewertung von Einlagen ist in § 6 I Nr. 5 EStG geregelt, der nach § 6 I Nr. 6 EStG bei der Eröffnung eines Betriebes entsprechend anzuwenden ist.[257] Grundsätzlich sind Einlagen gemäß § 6 I Nr 5 Hs. 1 EStG mit dem Teilwert für den Zeitpunkt der Zuführung anzusetzen. In zwei näher bezeichneten Ausnahmefällen sind Einlagen hingegen höchstens mit den Anschaffungs- oder Herstellungskosten anzusetzen.[258] Die Anschaffungskosten sind in diesen Ausnahmefällen immer dann anzusetzen, wenn sie niedriger als der Teilwert des betreffenden zugeführten Wirtschaftsguts sind. Ist der Teilwert dagegen niedriger, so bleibt es bei dessen Ansatz. Die erste der beiden Ausnahmen betrifft den Fall, dass der Inferent das zugeführte Wirtschaftsgut innerhalb der letzten drei Jahre vor dem Zeitpunkt der Zuführung angeschafft oder hergestellt hat. Im zweiten Ausnahmefall muss der Einlagegegenstand ein Anteil an einer Kapitalgesellschaft und der Steuerpflichtige im Sinne des § 17 I EStG an dieser beteiligt sein. Entnahmen sind nach der für sie einschlägigen Bewertungsvorschrift ebenfalls mit dem Teilwert anzusetzen (§ 6 I Nr. 4 S. 1 EStG).

Die Absätze 3 ff. des § 6 EStG sind erst durch das Steuerentlastungsgesetz 1999/2000/ 2002 in das Einkommensteuergesetz eingefügt und durch Steuersenkungsgesetz und Unternehmenssteuerfortentwicklungsgesetz bereits wieder reformiert worden. Geregelt wird hier vor allem die Frage, in welchen Fällen die Buchwertfortführung steuerlich zulässig ist. Ob bzw. inwieweit in

---

255 Hierbei stellt sich insbesondere die Frage, ob Wertungswidersprüche bestehen, die sich im Wege der Auslegung nicht vermeiden lassen. Diese Frage ist aber nicht Gegenstand der vorliegenden, primär begrifflichen Untersuchung. Bestünden solche de lege lata nicht vermeidbaren Wertungswidersprüche, könnten diese indessen nur de lege ferenda behoben werden.

256 Näher zu diesem Begriff vgl. Andersen, KStG, § 8 Rn 465, wonach die Behandlung von Zuwendungen als „verdecktes Stammkapital" nicht mit der verdeckten Einlage zu verwechseln sei.

257 Allgemein Schoor, Einlagen und ihre Bewertung, LSW 1999, Gruppe 5, S. 115. Vgl. zu § 6 I Nr. 6 EStG auch Wacker, NWB, Fach 3c, 5039, 5043 („Betriebseröffnung").

258 Bei Abnutzbarkeit gegebenenfalls mit den fortgeführten Anschaffungs- bzw. Herstellungskosten (§ 6 I Nr. 5 S. 2 EStG).

den genannten Absätzen Tatbestände in Bezug genommen, die Einlagen im Sinne des steuerrechtlichen Einlagebegriffs darstellen, soll im Anschluss an die Skizzierung der Normen überprüft werden (4.2).
In § 6 III EStG ist die Bewertung unentgeltlicher Übertragungen von Betrieben, Teilbetrieben und Mitunternehmeranteilen geregelt. § 6 V 1 EStG regelt zunächst die Buchwertfortführung bei Überführungen einzelner Wirtschaftsgüter von einem Betriebsvermögen in ein anderes Betriebsvermögen desselben Steuerpflichtigen. Die Sätze 2 ff. regeln sodann in sehr detaillierter Weise Fälle der Überführung bzw. Übertragung bei Mitunternehmerschaften und deren Sonderbetriebsvermögen bzw. Gesamthandsvermögen. § 6 VI EStG regelt in Satz 1 zunächst die Bewertung des Tauschs einzelner Wirtschaftsgüter als Realisationstatbestand. Die Sätze 2 und 3 betreffen die Übertragung im Wege der verdeckten Einlage in eine Kapitalgesellschaft. Satz 4 stellt schließlich die Spezialität des § 6 V EStG klar, die von einer Minderheitsauffassung in Zweifel gezogen worden war.[259]

4.2 Einlagebegriff und § 6 III, V, VI EStG

Jedenfalls nach dem Wortlaut könnten unter § 6 III EStG auch verdeckte Einlagen in Mitunternehmerschaften und Kapitalgesellschaften fallen. Anders als § 6 IV EStG, der die Bewertung unentgeltlicher Übertragungen einzelner Wirtschaftsgüter regelt, nimmt § 6 III EStG die Fälle der Einlage nach § 4 I 5 EStG nicht ausdrücklich von seinem Anwendungsbereich aus. Im Wege systematischer Auslegung ergibt sich daher ein Umkehrschluss, der die Auslegung nach dem Wortlaut unterstützt. Ein weiteres systematisches Indiz dafür, dass verdeckte Einlagen nach der Konzeption des Gesetzes unentgeltlich erfolgen, ergibt sich aus § 6 V EStG, der ausdrücklich danach unterscheidet, ob die näher beschriebenen Übertragungen einzelner Wirtschaftsgüter aus dem Betriebsvermögen unentgeltlich oder aber gegen Gewährung oder Minderung von Gesellschaftsrechten erfolgen. Offene Einlagen erfolgen gegen Gewährung von Gesellschaftsrechten, verdeckte hingegen nach jedenfalls überwiegender Auffassung und nach der derzeitigen Gesetzeskonzeption nicht entgeltlich bzw. unentgeltlich. Eine Übertragung liegt bei einer verdeckten Einlage in eine Kapitalgesellschaft oder in das Gesamthandsvermögen einer Mitunternehmerschaft vor. Insoweit könnte daher § 6 III EStG die allgemeine Vorschrift des § 6 I Nr. 5 EStG kraft Spezialität verdrängen. Die tatbestandliche Anwendbarkeit des § 6 III EStG auf verdeckte Einlagen wird aber aus historischen Gründen verneint.[260]

---

259 Vgl. hierzu 3. im VII. Kapitel (S. 128).
260 Schmidt/Glanegger, EStG, § 6 Rn 473; Hoffmann, GmbHR 2002, 236. § 6 III EStG entspricht § 7 I EStDV a.F.

In § 6 V EStG ist eine Vielzahl einzelner Fälle enumerativ genannt.[261] Satz 1 und Satz 2 betreffen zunächst Überführungen, d.h. Vorgänge innerhalb ein und desselben Rechtsträgers. Die Überführung einzelner Wirtschaftsgüter von einem Betriebsvermögen in ein anderes Betriebsvermögen desselben Steuerpflichtigen (Satz 1) ist begrifflich eine Einlage, wenn man mit der oben vertretenen Auffassung einen engen Betriebsbegriff vertritt.[262] Gegenüber § 6 I Nr. 5 EStG ist § 6 V 1 EStG sodann wiederum die speziellere Vorschrift (Konkurrenzlösung). Die Gegenmeinung hält § 6 I Nr. 5 EStG mangels Einlage im Sinne des § 4 I 5 EStG schon tatbestandlich für nicht anwendbar (Tatbestandslösung).[263] Für die in § 6 V 2 EStG geregelte Überführung aus einem Betriebsvermögen des Steuerpflichtigen in dessen Sonderbetriebsvermögen bei einer Mitunternehmerschaft und umgekehrt sowie zwischen verschiedenen Sonderbetriebsvermögen desselben Steuerpflichtigen bei verschiedenen Mitunternehmerschaften gelten die Ausführungen zu Satz 1 entsprechend. Vorzugswürdig ist wiederum die Konkurrenzlösung. Für eine teleologische Reduktion des Einlagebegriffs besteht keinerlei Notwendigkeit, da die wortlautgetreue Konkurrenzlösung zum selben Ergebnis führt und dogmatisch vorzuziehen ist.

Während Satz 1 und Satz 2 Überführungen betreffen, regelt § 6 V 3 ff. EStG Übertragungen, d.h. Vorgänge mit Rechtsträgerwechsel. § 6 V 3 Nr. 1 EStG betrifft zunächst die unentgeltlichen oder gegen Gewährung von Gesellschaftsrechten erfolgenden Übertragungen aus einem Betriebsvermögen eines Mitunternehmers in das Gesamthandsvermögen einer Mitunternehmerschaft. Bei Zugrundelegung des hier vertretenen engen Betriebsbegriffs erfasst § 6 V 3 Nr. 1 EStG verdeckte und offene Einlagen. Gleiches gilt für § 6 V 3 Nr. 2 EStG, dies jedoch nur insoweit, als die Übertragung aus dem Sonderbetriebsvermögens eines Mitunternehmers in das Gesamthandsvermögen einer anderen Mitunternehmerschaft oder umgekehrt betroffen ist. Erfolgt die Übertragung zwischen Gesamthandsvermögen und Sonderbetriebsvermögen bei derselben Mitunternehmerschaft, so ist – auch bei einem engen Verständnis des Betriebsbegriffs – ein und derselbe Betrieb betroffen. Das Betriebsvermögen einer Mitunternehmerschaft setzt sich aus Gesamthandsvermögen und Sonderbetriebsvermögen zusammen.[264] Bei Vorgängen, die innerhalb dieses Betriebs bzw. dieses Betriebsvermögens verbleiben, fehlt es an einer Zuführung zum Betrieb im Sinne des § 4 I 5 EStG. Auch der in der Nr. 3 des

261 Vgl. Korn, KÖSDI 2002, 13272, 13275 m.w.N.

262 Näher zum Meinungsstreit unter 3.3.2 (S. 73).

263 Vgl. den bereits etwas älteren Aufsatz von Büchele, DStR 1998, 741, 744 auf der Basis der Rechtslage vor Inkrafttreten des StEntlG 1999/2000/2002.

264 Vgl. Hoffmann, GmbHR 2002, 125, 128: „Das Sonder-BV ist zwar dem Mitunternehmer (natürliche Person) als Einkunftsquelle zuzuordnen, das BV ist jedoch ein solches der Mitunternehmerschaft." Vgl. auch Adler/Düring/Schmaltz, HGB, § 246 Rn 436.

§ 6 V 3 EStG geregelte Fall der Übertragung zwischen verschiedenen Sonderbetriebsvermögen bei derselben Mitunternehmerschaft verbleibt innerhalb desselben Gesamtbetriebsvermögens dieser Mitunternehmerschaft. Auch hier liegt daher begrifflich keine Einlage vor. Liegt begrifflich keine Einlage vor, so greift § 6 I Nr. 5 EStG schon aus diesem Grunde nicht ein. Andernfalls wird er, wie oben gesehen, kraft Spezialität der betreffenden Fallvarianten auf Konkurrenzebene verdrängt.
Die Frage, ob bzw. inwieweit die allgemeine Einlagebewertungsvorschrift verdrängt wird, stellt sich auch für § 6 VI EStG. Für die in § 6 VI 2 EStG geregelte verdeckte Einlage eines Einzelwirtschaftsguts greift die Konkurrenzlösung, da eine Einlage begrifflich vorliegt und sogar Tatbestandsmerkmal ist. Schwieriger gestaltet sich die Rechtslage für § 6 VI 1 EStG. Anders als Satz 2 spricht Satz 1 überhaupt nicht von einer Einlage, sondern von einem Tausch. Hier nun stellt sich die Frage, wie der Tauschbegriff im Sinne des § 6 VI 1 EStG zu verstehen ist. Überwiegend werden offene Einlagen als tauschähnliche Vorgänge betrachtet.[265] Mit dieser Begründung wird die Auffassung vertreten, § 6 VI 1 EStG erfasse auch offene Einlagen. Begründen ließe sich dies dogmatisch mit einem vom Zivilrecht abweichenden weiten Tauschbegriff, der auch tauschähnliche Vorgänge einschließt. Auf die Frage, ob dem zu folgen ist, wird im Besonderen Teil noch ausführlich einzugehen sein.[266] Das im Zentrum des Besonderen Teils stehende Urteil des BFH vom 19.10.1998 ist zwar ergangen, bevor § 6 VI 1 EStG überhaupt in Kraft getreten ist. Die dort behandelten Rechtsfragen sind aber nach geltender Rechtslage auch und gerade anhand von § 6 VI 1 EStG zu beantworten.

4.3 Anschaffung oder Herstellung?

Aus Gründen der Vollständigkeit ist abschließend noch der Meinungsstand zu der streitigen Frage darzustellen, ob offene Einlagen für den Inferenten mit einem Anschaffungsvorgang oder einem Herstellungsvorgang einhergehen.[267] Fraglich ist, ob der Inferent die durch Einlage im Rahmen einer Neugründung oder Kapitalerhöhung erlangten Gesellschaftsrechte durch Anschaffung erwirbt. Die überwiegende Auffassung geht von einem Anschaffungsvorgang aus, während die Gegenmeinung einen Herstellungsvorgang annimmt.[268]

---

265 Vgl. IV. Kapitel unter 4. (S. 93).
266 S. hierzu insbesondere die Ausführungen im IX. Kapitel (S. 151 ff.).
267 Die Frage stellt sich im Handelsbilanzrecht gleichermaßen, vgl. im II. Kapitel 5.3 (S. 50).
268 Für Anschaffung vgl. nur Groh, DB 1997, 1683, 1684. Für Herstellung Ellrott/Gutike, in Beck Bilanz, HGB, § 255 Rn 143 m.w.N.; Wichmann, Stbg 2000, 314, 315 ff. Kritisch auch Büchele, DB 1997, 2337, 2341, wonach es für das Einlagengeschäft als einen außerbetrieblichen Vorgang auf die Frage nach Anschaffungs- oder Herstellungskosten überhaupt nicht ankomme. Vgl. auch Hoffmann, Beilage 16 zu BB 40/1996, S. 5 ff. und Kramer, GmbHR 1994, 93, 94 f.

Unter einer handelsbilanzrechtlichen bzw. steuerrechtlichen Anschaffung ist der entgeltliche, abgeleitete Erwerb eines Vermögensgegenstandes bzw. Wirtschaftsguts zu verstehen. Insbesondere der BFH sieht in ständiger Rechtsprechung in der offenen Einlage eine Anschaffung in Gestalt eines tauschähnlichen Vorgangs.[269]
Wie bereits erläutert, entstehen die Anteile, welche vom Inferenten erlangt werden, originär in seiner Person, ohne dass sie ihm von der Gesellschaft übertragen werden müssten oder auch nur könnten.[270] Aus diesem Grund sprächen gute Argumente gegen die Annahme eines Anschaffungsvorgangs des Inferenten. Zumindest im Bereich des Steuerrechts spricht allerdings insbesondere die seit 1999 anzuwendende Bewertungsvorschrift des § 6 VI 2 EStG selbst bei verdeckten Einlagen von nachträglichen Anschaffungskosten der Beteiligung. Das Handelsbilanzrecht (§ 255 I 2 HGB) muss dem zwar nicht zwingend folgen.[271] Im Ergebnis wird im Folgenden dennoch mit der Rechtsprechung des BFH davon ausgegangen, dass offene Einlagen Anschaffungsvorgänge für beide Beteiligte beinhalten. Bei verdeckten Einlagen besteht, (nur) soweit gesetzlich angeordnet, eine entsprechende Behandlung.

5. Ergebnis

Ausgangspunkt jeder Konkretisierung des steuerlichen Einlagebegriffs kann nur die Legaldefinition des § 4 I 5 EStG sein, die den steuerrechtlichen Einlagebegriff für Einzelunternehmen, Mitunternehmerschaften und Kapitalgesellschaften definiert. Entgegen der wohl überwiegenden Meinung ist nach hier vertretener Auffassung der Betriebsbegriff eng auszulegen. Dementsprechend ist der Einlagebegriff im Sinne der Legaldefinition weit zu verstehen. Sowohl Überführungen als auch Übertragungen von Wirtschaftsgütern können begrifflich Einlagen darstellen. Etwaige Problemfälle sind regelmäßig nicht auf der begrifflichen Ebene des § 4 I 5 EStG zu lösen, sondern auf der Ebene der Bewertung nach § 6 EStG. Mit anderen Worten verdient die auf Ebene des § 6 EStG ansetzende Konkurrenzlösung den Vorzug vor der bereits auf der Ebene des § 4 EStG ansetzenden Tatbestandslösung.

---

269 Zum Begriff des tauschähnlichen Vorgangs s. IV. Kapitel unter 4. (S. 93).

270 S. oben im II. Kapitel unter 4.7 (S. 43).

271 Ellrott/Gutike, in Beck Bilanz, HGB, § 255 Rn 162 m.N. BFH, GrS, Urteil vom 09.06.1997, GrS 1/94, BStBl II 1998, 307.

Abbildung 4: Einlagebegriff im Steuerrecht

Einlage im Sinne des Steuerrechts (§ 4 I 5 EStG)	
Legaldefinition:	**„Einlagen sind alle Wirtschaftsgüter (...), die der Steuerpflichtige dem Betrieb (...) zugeführt hat."**
Einlagegegenstand:	einlagefähiges Wirtschaftsgut („Bareinzahlungen und sonstige Wirtschaftsgüter")
Einlagesubjekt:	Steuerpflichtiger, d.h. der betreffende Betriebs(mit)inhaber
Einlagehandlung:	willentliche Zuführung zum Betrieb, hier vertretene Auffassung: enger Betriebsbegriff (str.)

IV. Kapitel: Begriffe der Veräußerung, des Tausches und des tauschähnlichen Vorgangs

1. Überblick

Im folgenden Kapitel soll zunächst die vergleichsweise unproblematische Bedeutungsverschiedenheit von Veräußerungen im Sinne des Zivilrechts und solchen im Sinne des Steuerrechts dargestellt werden (2.). Darauf aufbauend sollen die Begriffe des Tausches im zivilrechtlichen Sinne sowie im steuerrechtlichen Sinne einander vergleichend gegenübergestellt werden (3.). Schließlich soll der Begriff des tauschähnlichen Vorgangs diskutiert werden, dem eine tragende Rolle zukommt in der Entscheidung des BFH vom 19.10.1998 zur Einbringung von Einzelwirtschaftsgütern des Privatvermögens in eine Personengesellschaft gegen Gewährung von Gesellschaftsrechten (4.).

2. Begriff der Veräußerung

2.1 Zivilrechtlicher Veräußerungsbegriff

Ebenso wie der Begriff des Tausches ist auch der Begriff der Veräußerung ein ursprünglich zivilrechtlicher Begriff. Interessanterweise gebraucht das Zivilrecht und insbesondere das BGB aber an fast keiner Stelle den Begriff der Veräußerung.[272] Es besteht weder eine Legaldefinition für die Veräußerung noch ein einheitlicher Sprachgebrauch.

Nach einem Ansatz bezeichnet der zivilrechtliche Veräußerungsbegriff einen von vier Unterfällen einer Verfügung, d.h. eine unmittelbare rechtsgeschäftliche Einwirkung auf ein bestehendes Recht. Verfügungen sind die Übertragung, die Belastung, die Inhaltsänderung und die Aufhebung eines Rechts. Das abstrakte Verfügungsgeschäft einer Rechtsübertragung wird als Veräußerung bezeichnet.[273]

Unklar sind im Zivilrecht zwei Fragen. Die erste, mangels zivilrechtlicher Notwendigkeit wenig diskutierte Frage ist die, ob das Kausalgeschäft, welches einer zivilrechtlichen Einlage im soeben beschriebenen Sinne zugrunde liegt,

---

272 Eine Ausnahme ist z.B. §§ 135 f. BGB zum gesetzlichen und zum behördlichen Veräußerungsverbot.

273 Creifelds, Stichwort „Verfügung (rechtsgeschäftliche)". Vgl. auch Palandt/Heinrichs, BGB, Rn 16 vor § 104 und ders., a.a.O., § 136 Rn 1.

entgeltlicher bzw. zweiseitig verpflichtender Natur sein muss. Verneint man die Frage,[274] so ist die rechtsgeschäftliche Übertragung eines Rechts eine Veräußerung in diesem Sinne, auch wenn sie beispielsweise in Vollzug einer Schenkung erfolgt. In der Tat sind keine Argumente für ein einschränkendes Erfordernis der Entgeltlichkeit erkennbar. Die causa der Rechtsübertragung ist für den Veräußerungsbegriff daher nicht begriffsbestimmend. Mit anderen Worten kommen sämtliche Kausalgeschäfte wie Kaufvertrag, Tauschvertrag, Schenkungsvertrag und Gesellschaftsvertrag in Betracht. Inhalt des Veräußerungsbegriffs ist dann aber nur das auf dem beliebigen Kausalgeschäft aufbauende abstrakte Verfügungsgeschäft. Vor diesem Hintergrund kann man den zivilrechtlichen Veräußerungsbegriff in einem ersten Begriffsverständnis als zivilrechtliche Veräußerung im engeren Sinne beschreiben.
Die zweite, ebenfalls wenig diskutierte Frage ist die, ob zur Veräußerung auch das Verpflichtungsgeschäft zu rechnen ist bzw. gerechnet werden kann. Nicht selten wird der Begriff der Veräußerung nämlich in der Bedeutung eines umgangssprachlich verstandenen Verkaufs einer Sache verwendet. Gemeint ist in solchen Fällen das schuldrechtliche Rechtsgeschäft eines Kaufvertrages in Verbindung mit den darauf aufbauenden sachenrechtlichen Rechtsgeschäften der Eigentumsübertragung von Kaufsache und Kaufpreis. Man kann hierin einen zweiten zivilrechtlichen Veräußerungsbegriff erkennen, den man als Veräußerung im weiteren Sinne beschreiben kann. Diese Veräußerung im weiteren Sinne ist zwar insofern enger, als sie im Gegensatz zur oben beschriebenen Veräußerung im engeren Sinne nur einen Kaufvertrag als Kausalgeschäft zulässt. Formaljuristisch ist dennoch der Begriff der Veräußerung im weiteren Sinn gerechtfertigt, da nur der zweite beschriebene Veräußerungsbegriff Kausalgeschäft und abstraktes Verfügungsgeschäft beinhaltet, während der erste beschriebene Veräußerungsbegriff nur das abstrakte Verfügungsgeschäft der Rechtsübertragung einschließt.

Fazit: Man kann zivilrechtlich unterscheiden zwischen einer Veräußerung im engeren Sinne und einer Veräußerung im weiteren Sinne. Unter einer Veräußerung im engeren Sinne ist allein das Verfügungsgeschäft in Gestalt der Rechtsübertragung zu verstehen. Unter einer Veräußerung im weiteren Sinne sind schuldrechtlicher Kaufvertrag und dinglicher Erfüllungsvertrag bei einem Verkaufsgeschäft zu verstehen.

Wichtig ist es, sich an dieser Stelle noch einmal Folgendes vor Augen zu führen. Die Eigentumsübertragung aufgrund einer Schenkung, eines Tausches oder einer gesellschaftsvertraglichen Beitrags- oder Einlageverpflichtung erfüllt zivilrechtlich die Voraussetzungen einer Veräußerung im oben beschriebenen engeren Sinne. Nicht erfüllt sind dagegen die Voraussetzungen

---

274 So BFH, Urteil vom 21.10.1976, IV R 210/72, BStBl II 1977, 145.

einer Veräußerung im ebenfalls beschriebenen weiteren Sinne, da sie einen zugrundeliegenden Verkaufsvorgang voraussetzt.

2.2 Steuerrechtlicher Veräußerungsbegriff

Im Steuerrecht ist der Begriff der Veräußerung stärker verbreitet als im Zivilrecht. Er ist im Steuerrecht auch in weitaus stärkerem Maße Gesetzesbegriff (vgl. nur §§ 6b, 16, 17, 23 EStG). Der steuerrechtliche Veräußerungsbegriff ist zwar im Gegensatz zum steuerrechtlichen Einlagebegriff nicht gesetzlich definiert. Über die Definition des Veräußerungsbegriffs besteht aber im Wesentlichen kein Streit. Die Veräußerung im Sinne des Steuerrechts erfordert nach ihrer anerkannten allgemeinen Definition die entgeltliche Übertragung des rechtlichen oder zumindest des wirtschaftlichen Eigentums auf einen anderen Rechtsträger.[275] Das Entgelt kann in Geld oder Sachwerten bestehen. Der erwerbende Rechtsträger macht eine Anschaffung.
In jüngerer Vergangenheit hat der BFH entschieden, dass auch der Begriff der Veräußerung im Sinne des § 49 I Nr. 2 Buchst. f EStG Entgeltlichkeit voraussetzt.[276] Unter einer Veräußerung im Sinne dieser Norm sei – ebenso wie in anderen steuerrechtlichen Zusammenhängen – die Übertragung des rechtlichen oder wirtschaftlichen Eigentums an einem Vermögensgegenstand auf einen anderen Rechtsträger zu verstehen, vorausgesetzt, die Übertragung sei eine entgeltliche.[277] Das Erfordernis der Entgeltlichkeit ergebe sich zwar nicht explizit aus dem Gesetz. Gleichwohl nehme der Senat an, dass der Gesetzgeber insoweit von einem einheitlichen Begriff der Veräußerung ausgegangen sei. Die Veräußerung setze eine Bar- oder Sachvergütung voraus.
Nicht übergangen werden darf allerdings, dass für den Veräußerungsbegriff innerhalb des Einkommensteuergesetzes keine vollständig konsistente Verwendung besteht. So wird der Veräußerungstatbestand des § 23 EStG in Abweichung vom normalen Begriffsverständnis schon durch das obligatorische Rechtsgeschäft verwirklicht.[278] Hierbei handelt es sich aber um einen Sonderfall. Grundsätzlich beinhaltet die steuerrechtliche Veräußerung einen zweigliedrigen Tatbestand, und zwar erstens das entgeltliche Kausalgeschäft und zweitens das Erfüllungsgeschäft.[279] Der allgemeine steuerrechtliche

---

275 BFH, Urteil vom 27.07.1988, I R 147/83, BStBl II 1989, 271; BFH, Urteil vom 21.10.1976, IV R 210/72, BStBl II 1977, 145; Hessisches FG, Urteil vom 16.05.2000, 4 K 2965/98, EFG 2000, 1013. Vgl. auch Kraft/Bräuer, DStR 1999, 1603, 1605.

276 BFH, Urteil vom 05.06.2002, I R 81/00, DStR 2002, 1480.

277 BFH, Urteil vom 05.06.2002, I R 81/00, DStR 2002, 1480, 1481.

278 Schmidt/Heinicke, EStG, § 23 Rn 17, 30; Tipke/Lang, 17. Aufl. 2002, § 9 Rn 595 (S. 405), § 1 Rn 21 (S. 7).

279 Schmidt/Weber-Grellet, EStG, § 17 Rn 96; vgl. auch Schmidt/Glanegger, EStG, § 6b Rn 65; Schmidt/ Wacker, EStG, § 16 Rn 20.

Veräußerungsbegriff ähnelt daher stark dem zivilrechtlichen Veräußerungsbegriff im weiteren Sinne. Der Unterschied besteht darin, dass eine Veräußerung steuerrechtlich auch vorliegen kann, wenn nur das wirtschaftliche, nicht aber das rechtliche Eigentum übertragen wird.

2.3 Bewertung der Veräußerung

Handelsbilanzrechtlich wie steuerrechtlich ist die Veräußerung grundsätzlich als ein sogenannter Realisationstatbestand zu bewerten. Die auf einem entgeltlichen Rechtsgeschäft beruhende Übertragung von Wirtschaftsgütern auf einen anderen Rechtsträger löst grundsätzlich eine Gewinnrealisierung aus.[280] Schon diese Feststellung erklärt die hohe praktische Relevanz des steuerrechtlichen Veräußerungsbegriffs. Veräußerungsgewinne und Veräußerungsverluste können die steuerliche Bemessungsgrundlage im Falle der Veräußerung von Betriebsvermögen stets und ausnahmsweise auch im Falle der Veräußerung von Privatvermögen (z.B. §§ 17, 23 EStG) beeinflussen. Die Frage der Gewinn- bzw. Verlustrealisierung ist indessen eine Bewertungsfrage mit nur geringer Relevanz für die hier interessierende Frage des Veräußerungsbegriffs.

2.4 Gemeinsamkeiten und Unterschiede der Veräußerungsbegriffe

Sowohl im Steuerrecht als auch im Zivilrecht bezeichnet der Begriff der Veräußerung den Vorgang einer Rechtsübertragung. Typischer Fall ist die Übereignung, d.h. die Übertragung des Eigentumsrechts. Das Steuerrecht stellt in § 39 I, II Nr. 1 AO auf das wirtschaftliche Eigentum ab, das Zivilrecht dagegen auf das rechtliche Eigentum. Anders als für den steuerrechtlichen Veräußerungsbegriff ist also für den zivilrechtlichen Veräußerungsbegriff stets eine Rechtsübertragung nach den einschlägigen zivilrechtlichen Vorschriften erforderlich. In beiden Rechtsgebieten erfordert die Veräußerung aber einen Wechsel des Rechtsträgers, lediglich die Art des Eigentums unterscheidet sich. Einen Sonderfall stellt § 23 EStG dar, bei dem – abweichend vom normalen steuerlichen Verständnis – bereits der Abschluss des Verpflichtungsgeschäft als Veräußerung verstanden wird.
Erforderlich ist in beiden Rechtsgebieten jedenfalls ein Rechtsgeschäft. Zivilrechtlich wie steuerrechtlich kann eine Veräußerung nicht durch bloßes tatsächliches Handeln erfolgen. Mit dem zivilrechtlichen Veräußerungsbegriff im engeren Sinne hat der steuerrechtliche Einlagebegriff – von der Ausnahme des § 23 EStG abgesehen – den dinglichen Bezug gemeinsam. Im Gegensatz zum zivilrechtlichen Veräußerungsbegriff im engeren Sinne setzt der steuerrechtliche Veräußerungsbegriff hingegen ein entgeltliches Kausalgeschäft

280 Wassermeyer, BB 1994, 1, 2.

voraus.[281] Insofern besteht eine Gemeinsamkeit mit dem zivilrechtlichen Einlagebegriff im weiteren Sinne.

3. Begriff des Tausches

3.1 Tauschbegriff im Zivilrecht

Beim Tausch handelt es sich um die älteste Form des menschlichen Handelns im rechtsgeschäftlichen Verkehr, das Bürgerliche Recht würdigt den Tausch aber in nur einer Vorschrift.[282] Ausweislich der Motive zum BGB ist unter einem Tausch ein Umsatz eines individuellen Wertes gegen einen anderen individuellen Wert zu verstehen.[283] Der Tauschvertrag ist im Besonderen Schuldrecht in § 480 BGB geregelt, der wortgleich ist mit § 515 BGB in der bis zum 31.12.2001 geltenden Fassung. Inhaltliche Änderungen haben sich für den Tausch – wie auch für die Einlage – durch das Schuldrechtsmodernisierungsgesetz nicht ergeben. Der Tauschvertrag ist ein synallagmatischer Vertrag, d.h. ein schuldrechtlicher Vertrag, bei dem die Rechte und Pflichten der Vertragspartner im Gegenseitigkeitsverhältnis stehen. Gemäß § 480 BGB finden auf den Tausch die Vorschriften über den Kauf (§§ 433 ff. BGB) entsprechende Anwendung. Kennzeichnend für das Tauschgeschäft sind der Austausch zweier gegenständlicher Leistungen und – in Abweichung vom Kauf – das Fehlen eines Kaufpreises in Geld. Jede Vertragspartei ist hinsichtlich des hingegebenen Gegenstands „Verkäufer", hinsichtlich des empfangenen Gegenstands „Käufer".[284] Umgangssprachlich bzw. in einem weiteren Sinne wird der dingliche Vollzug des Tauschvertrags ebenfalls zum Tauschgeschäft gerechnet.[285]

---

281 Vgl. BFH, Urteil vom 21.10.1976, IV R 210/72, BStBl II 1977, 145: „Dabei unterscheidet sich der einkommensteuerrechtliche Begriff der Veräußerung insofern vom zivilrechtlichen Begriff der Veräußerung, als dieser nur die Übertragungen des rechtlichen Eigentums betrifft, aber in gleicher Weise entgeltliche wie unentgeltliche Rechtsübertragungen erfasst, während das Einkommensteuergesetz unter einer Veräußerung grundsätzlich nur eine entgeltliche Übertragung, dabei aber sowohl des rechtlichen als auch des wirtschaftlichen Eigentums versteht."

282 Vgl. Fehrenbacher, ZVglRWiss 101 (2002), 89, 90.

283 Vgl. Fehrenbacher, ZVglRWiss 101 (2002), 89, 97 m.w.N.

284 Palandt/Putzo, BGB, § 480 Rn 8.

285 Ausführlich zum Tausch im nationalen und internationalen Recht sowie zu dessen Rechtsgeschichte Fehrenbacher, ZVglRWiss 101 (2002), 89 ff., der mit „Tausch i.w.S." aber den Austausch Dienstleistung gegen Sache oder zweier Dienstleistungen beschreibt (kein Tausch im Sinne des BGB), vgl. a.a.O., S. 107, 109.

3.2 Tauschbegriff im Steuerrecht

Das Einkommensteuerrecht hat bis zum 31.12.1998 keine ausdrückliche Bestimmung zum Tausch enthalten. Inzwischen ist eine solche mit der Bewertungsvorschrift des § 6 VI 1 EStG normiert. § 6 VI 1 EStG ist mit Wirkung vom 01.01.1999 in Kraft getreten,[286] d.h. gut zwei Monate nach dem im Zentrum des Besonderen Teils der Untersuchung stehenden Urteil des BFH vom 19.10.1998.

Seit langer Zeit war zuvor das sogenannte Tauschgutachten des BFH aus dem Jahre 1958[287] von wesentlicher Bedeutung für das Steuerrecht der Tauschvorgänge. In Ziffer 1 des Tauschgutachtens hatte der BFH zunächst den Grundsatz formuliert, wonach der Tausch von Anteilen an Kapitalgesellschaften zur Verwirklichung der im Buchwert der hingegebenen Anteile enthaltenen stillen Rücklagen führe. Dieser Grundsatz, dass ein Tausch einen Realisationstatbestand darstellt, war schon damals über den Bereich der Anteile an Kapitalgesellschaften hinaus allgemein anerkannt. Entscheidend war allerdings ein Ausnahmetatbestand. Das Tauschgutachten hat über Jahrzehnte hinweg eine Ausnahme für die Fälle zugelassen, in denen bei wirtschaftlicher Betrachtung wegen der Wert-, Art- und Funktionsgleichheit der getauschten Anteile die Nämlichkeit der hingegebenen und der erhaltenen Anteile bejaht werden konnte.

Für den steuerrechtlichen Tauschbegriff selbst sind dem Tauschgutachten jedoch nur wenige Anhaltspunkte zu entnehmen. Immerhin hat der BFH schon im Jahre 1958 angemerkt, dass bei gesellschaftsrechtlichen Vorgängen streng genommen kein Tausch vorliegt.[288] Aus dem Tauschgutachten sind keine zwingenden Anhaltspunkte dafür ersichtlich, dass das Steuerrecht den Begriff des Tausches anders als das Zivilrecht verstanden wissen will.

Nach dem mit Wirkung vom 01.01.1999 in Kraft getretenen § 6 VI 1 EStG gilt Folgendes. Wird ein einzelnes Wirtschaftsgut im Wege des Tausches übertragen, so bemessen sich die Anschaffungskosten nach dem gemeinen Wert des hingegebenen Wirtschaftsguts. Damit besteht nun eine gesetzliche Regelung dafür, dass der Tausch einen Realisationstatbestand darstellt.[289] Zunächst ist festzustellen, dass auch § 6 VI 1 EStG die Bewertung des Tausches regelt,

---

286 Vgl. die Anwendungsvorschrift des § 52 XVI 13 EStG. Danach ist § 6 IV, V und VI 1 EStG erstmals auf den Erwerb auf Grund von Wirtschaftsgütern anzuwenden, bei denen der Erwerb auf Grund eines nach dem 31.12.1998 rechtswirksam abgeschlossenen obligatorischen Vertrags oder gleichstehenden Rechtsakts erfolgt.

287 BFH, 16.12.1958, I D 1/57 S, BStBl III 1959, 30. Vgl. BMF, Schreiben vom 09.02.1998, IV B 2 – S 1909 – 5/98, BStBl I 1998, 163. Krit. Wassermeyer, DB 1990, 855, wonach sich der BFH seinerzeit als Gesetzgeber geriert und die ihm in Art. 20 III GG auferlegte Gesetzesbindung missachtet habe.

288 BFH, 16.12.1958, I D 1/57 S, BStBl I 1959, 30, unter A IV.

289 Lademann, EStG, § 6 Rn 1044.

ohne den Tauschbegriff näher zu bestimmen. Tausch im Sinne der Bewertungsvorschrift ist daher zunächst jeder Tausch im Sinne des Zivilrechts, und zwar verstanden als einheitliches Rechtsgeschäft, das schuldrechtlichen Vertrag und dingliche Erfüllungsgeschäfte einschließt.[290] In der Sprache des Steuerrechts liegt ein Tausch vor, wenn die Aufwendungen für die Anschaffung eines Wirtschaftsguts nicht in einem Kaufpreis, sondern in der Hingabe eines anderen Wirtschaftsguts bestehen.

Im Schrifttum wird der Tauschbegriff im Sinne des Steuerrechts wie folgt umschrieben. Tausch im Sinne des Steuerrechts sei die miteinander verknüpfte Sachleistung gegen Empfang einer anderen Sachleistung auf Grund eines Leistungsaustauschverhältnisses zwischen mehreren Rechtsträgern.[291] Im engen Sinne sei Tausch die Hingabe von Wirtschaftsgütern gegen die Erlangung anderer Wirtschaftsgüter, wobei dem Tausch weitgehend tauschähnliche Geschäfte gleichgestellt würden.[292] Kurz kann man den Tausch als wechselseitige Hingabe von Wirtschaftsgütern umschreiben.[293] Der normale Tausch stellt sich als wechselseitiges Veräußerungs- und Anschaffungsgeschäft dar.[294] Eine entsprechende Formulierung ist auch im österreichischen Einkommensteuergesetz zu finden. Nach § 6 Ziff. 14 S. 1 Ö-EStG 1988 liegt beim Tausch von Wirtschaftsgütern jeweils eine Anschaffung und eine Veräußerung vor. Eine derartige Beschreibung des Tauschbegriffs besteht im deutschen Ertragsteuerrecht nicht.

Ob die Bewertungsvorschrift des § 6 VI 1 EStG unter einem Tausch nur einen solchen im Sinne des Zivilrechts versteht oder aber darüber hinausreicht, ist bislang – jedenfalls im Hinblick auf den Tauschbegriff selbst – nicht ausführlich diskutiert worden. Einen ersten Anhaltspunkt liefert die Gesetzesbegründung. Mit der Einfügung des § 6 VI EStG hat der Gesetzgeber das Ziel verfolgt, die gewohnheitsrechtlich anerkannten Grundsätze des Tauschgutachtens aufzuheben.[295] Entsprechend dem Willen des Gesetzgebers haben also die dort geregelten Ausnahmen nach jedenfalls ganz überwiegender Auffassung ihre Gültigkeit verloren.[296]

---

290 Hog/Tenbrock, S. 87, nehmen ausdrücklich Bezug (nur) auf § 515 BGB a.F. Auch Patt, in H/H/R (StSenkG), EStG, § 6 Anm. R 150 geht zumindest von § 515 BGB a.F. aus.

291 Korn/Strahl, in Korn, EStG, § 6 Rn 514.

292 Korn/Strahl, in Korn, EStG, § 6 Rn 514. Ausführlich zum Begriff des tauschähnlichen Vorgangs siehe 4.

293 Wichmann, Stbg 2000, 314, 315.

294 Vgl. Fehrenbacher, ZVglRWiss 101 (2002), 89, 132. Vgl. auch HwStR, Stichwort „Tausch", S. 1408 f.

295 Vgl. auch den ebenfalls mit Wirkung vom 01.01.1999 aufgehobenen § 21 I 4 UmwStG a.F. Zum Ende des Anwendungszeitraums § 27 V a UmwStG.

296 Booten/Jochimsen/Schnitger, S. 243, 245 f.; Braun, GmbH-StB 2002, 131, 132; Ellrott/Schmidt-Wendt, in Beck Bilanz, HGB, § 255, Rn 133a; Ebling, in Blümich, § 17 Rn 137; Haritz, in Haritz/Benkert, UmwStG, § 1 Rn 11; Herrmann, in Frotscher, EStG, § 6 Rn 526; Hoffmann, GmbHR 1999, 452, 454; Korn/Strahl, in Korn, EStG, § 6 Rn 520; Laudan, S. 123,

Am Rande zu notieren ist schließlich die umsatzsteuerliche Legaldefinition des Tausches in § 3 XII 1 UStG, die im hier interessierenden ertragsteuerrechtlichen Kontext aber zunächst wenig aufschlussreich ist. Nach § 3 XII 1 UStG liegt ein Tausch vor, wenn das Entgelt für eine Lieferung in einer Lieferung besteht. In der Terminologie des Umsatzsteuerrechts sind beide an einem Tauschvorgang beteiligten Parteien gleichzeitig Lieferer eines Tauschgegenstands und Abnehmer des anderen.

3.3 Bewertung des Tausches

Für das Steuerbilanzrecht kann auf die obigen Ausführungen zu § 6 VI 1 EStG verwiesen werden. Der Tausch ist eine Kombination eines gewinnrealisierenden Veräußerungsgeschäfts und eines Anschaffungsgeschäfts. Anschaffung und Veräußerung stellen an sich zwei Geschäftsvorgänge dar, die beim Tausch aber in einem wechselseitigen Verhältnis zueinander stehen.[297]

In der Sprache des Handelsbilanzrechts liegt ein Tausch vor, wenn die Gegenleistung für eine Anschaffung, nicht in einem Kaufpreis, sondern in der Hingabe eines bewertungsfähigen Vermögensgegenstands besteht.[298] Anders als im Steuerrecht fehlt es im Handelsbilanzrecht an einer ausdrücklichen Bewertungsvorschrift für den Tausch. Nach überwiegender Auffassung besteht im Gegensatz zum Steuerrecht ein Ansatzwahlrecht zwischen drei Werten.[299] Möglich sind zunächst Buchwertfortführung einerseits sowie Gewinnrealisierung andererseits. Ferner ist der Ansatz eines Zwischenwertes zum Zwecke einer ergebnisneutralen Behandlung möglich.[300]

3.4 Gemeinsamkeiten und Unterschiede der Tauschbegriffe

Die Tauschbegriffe im Zivilrecht und im Steuerrecht vergleichend, wird formuliert, im Steuerrecht sei eine Anlehnung an die zivilrechtliche Begriffs-

---

130 f.; Ortmann-Babel, in Lademann, EStG, § 6 Rn 1047; Schmidt/Glanegger, EStG, § 6 Rn 540 ff.; Schmidt/Weber-Grellet, EStG, § 5 Rn 634. – A.A. Rohler, NWB, Fach 3, 10855; Thömmes/Scheipers, DStR 1999, 609, 614. Zur Kritik an der Einfügung des § 6 VI 1 EStG vgl. auch Patt, in H/H/R (StSenkG), EStG, § 6 Anm. R 156. Vgl. auch OFD Frankfurt, Vfg. vom 21.05.2001, GmbHR 2001, 684 m. Anm. Schwetlik, GmbH-StB 2001, 224 und den klarstellenden Zusatz vom 20.09.2001, GmbHR 2002, 455 m. Anm. Braun, GmbH-StB 2002, 131.

297 Vgl. Groß, in Horschitz/Groß/Weidner, Teil I, 2.1 (S. 271).

298 Ellrott/Schmidt-Wendt, in Beck Bilanz, HGB, § 255 Rn 130.

299 Adler/Düring/Schmaltz, HGB, § 255 Rn 89 ff.; Knobbe-Keuk, § 5 IV 1 c (S. 166); Tiedtke, S. 384; Wiedmann, HGB, § 255 Rn 20; vgl. auch die ältere Darstellung bei Knop/Küting, in Küting/Weber, HGB, § 255 Rn 109 f.; a.A. aber Göbel, in Hofbauer/Kupsch, BHR, HGB, § 255 Rn 59.

300 Der Zwischenwert errechnet sich aus dem Buchwert zuzüglich der Ertragsteuerbelastung, vgl. Adler/Düring/Schmaltz, HGB, § 255 Rn 92 m.w.N.; Ellrott/Schmidt-Wendt, in Beck Bilanz, HGB, § 255 Rn 131; Wiedmann, HGB, § 255 Rn 20.

bestimmung zu beobachten, Inhaltsgleichheit bestehe jedoch nicht.[301] Klarheit besteht zunächst insofern, als der steuerrechtliche Tauschbegriff den zivilrechtlichen Tauschbegriff jedenfalls vollständig umfasst. Die Einheit der Rechtsordnung spricht dafür, identische Begriffe gleich zu verwenden, wenn sich nicht durch Auslegung ein abweichendes Begriffsverständnis ergibt. Die klarste Möglichkeit, ein und denselben Begriff unterschiedlich zu gebrauchen, sind Legaldefinitionen. An einer solchen fehlt es aber für den Tausch im Sinne des Ertragsteuerrechts. Ob der steuerrechtliche Tauschbegriff gleichwohl über den zivilrechtlichen Tauschbegriff hinausgeht, ist vor allem im Hinblick auf die sogenannten tauschähnlichen Vorgänge zu untersuchen.

4. Begriff des tauschähnlichen Vorgangs

Der Begriff des tauschähnlichen Vorgangs zur Beschreibung gesellschaftsrechtlicher Sachverhalte ist kein zivilrechtlicher, sondern ein originär steuerrechtlicher Begriff.[302] Die ausdrückliche Kennzeichnung des Vorgangs als einem Tausch lediglich ähnlich bringt zum Ausdruck, dass weder zivilrechtlich noch steuerrechtlich ein echter Tausch vorliegt. Anschaulich wird formuliert, das Adjektiv „tauschähnlich" werde bemüht, um die Gesetze der logischen Begrifflichkeit nicht zu durchbrechen, der eigentliche Nichttausch werde durch Gesetzesanalogie so behandelt wie ein Tausch.[303]
Tauschähnliche Vorgänge werden im Steuerrecht bei der Einbringung von Wirtschaftsgütern in eine Kapitalgesellschaft oder in eine Personengesellschaft angenommen, soweit die Einbringung gegen Gewährung von Gesellschaftsrechten erfolgt (vgl. z.B. die Tatbestände der §§ 20, 24 UmwStG).[304]

---

301 Vgl. Fehrenbacher, ZVglRWiss 101 (2002), 89, 138.

302 Allenfalls kann man handelsbilanzrechtlich von einem tauschähnlichen Vorgang sprechen, so Groh, DB 1997, 1683, 1684; Wassermeyer, BB 1994, 1, 3; a.A. wohl Schulze zur Wiesche (Betriebsveräußerung), Rn 10 (S. 4), wonach der Begriff des tauschähnlichen Vorgangs in einem bürgerlichrechtlichen Sinne verstanden werde. Vgl. auch die von Fehrenbacher, ZVglRWiss 101 (2002), 89, 90, genannten tauschähnlichen Verträge im Bereich des Zivilrechts, „die zumindest wirtschaftlich als Tausch bezeichnet werden können".

303 Hoffmann, GmbHR 1999, 452, 455.

304 BFH, Urteil vom 26.01.1994, III R 39/91, BStBl II 1994, 458; BFH, Urteil vom 11.09.1991, XI R 15/90, BStBl II 1992, 404, 405 m.w.N.; BFH, Urteil vom 29.10.1987, IV R 93/85, BStBl II 1988, 374, 376; BFH, Urteil vom 15.07.1976, I R 17/74, BStBl II 1976, 748, 749; Ehmcke, in Blümich, EStG, § 6 Rn 110, 136; Korn/Strahl, in Korn, EStG, § 6 Rn 514; Neumann, S. 575; Patt, in H/H/R (StSenkG), EStG, § 6 Anm. R 150; Schmidt, EStG, § 15 Rn 663 f.; Schlößer, in Haritz/Benkert, UmwStG, § 24 Rn 10; Schmidt/Weber-Grellet, EStG, § 5 Rn 636 ff. Vgl. für die Einbringung in eine Genossenschaft auch BFH, Urteil vom 26.10.1989, BFH/NV 1991, 292 m.w.N. – Vgl. auch Groh, DB 1997, 1683, 1685; ders., BB 1997, 2523 und Dieterlen, in Ernst & Young, vGA/vE, Fach 5, Rn 6, wonach das Steuerrecht „von jeher" bzw. „schon immer" davon ausgehe, dass den offenen Einlagen ein tauschähnliches Geschäft zugrunde liege.

Tauschähnlichkeit sei hierbei unabhängig davon zu bejahen, ob der eingebrachte Gegenstand aus dem Betriebsvermögen oder aus dem Privatvermögen stamme.[305] Erst in jüngerer Vergangenheit hat der BFH noch einmal ausdrücklich im Leitsatz einer zu § 20 UmwStG ergangenen Entscheidung die Rechtsauffassung der Tauschähnlichkeit bestätigt. Die Einbringung von Betriebsvermögen in eine Kapitalgesellschaft gegen Gesellschaftsanteile an der übernehmenden Gesellschaft sei ein tauschähnlicher und damit entgeltlicher Vorgang.[306]

Während die Tauschähnlichkeit aus der Sicht des Inferenten für eher nachvollziehbar gehalten wird, ist dies aus der Sicht der Gesellschaft noch problematischer.[307] Anders als bei einem echten Tausch veräußert die Gesellschaft kein vorhandenes Wirtschaftsgut.[308]

Der Begriff des tauschähnlichen Vorgangs ist indessen bislang an keiner Stelle Tatbestandsmerkmal irgendeiner ertragsteuerrechtlichen Norm. Im Gegensatz hierzu ist auf § 3 XII 2 UStG hinzuweisen. Ein tauschähnlicher Umsatz liegt danach vor, wenn das Entgelt für eine sonstige Leistung in einer Lieferung oder sonstigen Leistung besteht. Die Legaldefinition ist im ertragsteuerlichen Kontext zunächst wiederum irrelevant.

Dennoch ist die Rechtslage im Umsatzsteuerrecht im Blick zu behalten.[309] Der BFH hat mit Beschluss vom 27.09.2001 dem EuGH die Frage vorgelegt, ob eine Personengesellschaft bei der Aufnahme eines Gesellschafters gegen Zahlung einer Bareinlage an den Gesellschafter eine Leistung gegen Entgelt im Sinne der Sechsten Mehrwertsteuer-Richtlinie (77/388/EWG) erbringt.[310] Da die Frage der Entgeltlichkeit auch entscheidend für die Annahme einer Veräußerung im Sinne des Steuerrechts ist, darf man auf die Entscheidung und besonders auf die Argumentation des EuGH gespannt sein. Aufgrund seiner bisherigen Rechtsprechung neigt der BFH ausweislich des Vorlagebeschlusses der Auffassung zu, dass eine Personengesellschaft bei der Gesellschaftsgründung oder der Aufnahme eines Gesellschafters gegen eine Sach-

---

305 Brandenberg, FR 2000, 1182, 1184; Reiß, BB 2000, 1965, 1967; van Lishaut, DB 2000, 1784, 1785.

306 BFH, Urteil vom 05.06.2002, I R 6/01, DStRE 2003, 37.

307 Vgl. Hoffmann, GmbHR 1999, 452, 455. Vgl. auch bereits Groh, FR 1990, 528, 529: „An dieser Stelle müßte man fragen, ob denn auch die Gesellschaft ein Tauschgeschäft tätigt, ob sie etwa Gesellschaftsanteile hergibt und mit ihrem gemeinen Wert die erlangten Wirtschaftsgüter anzusetzen hat. Glücklicherweise stellt sich diese Frage im Steuerrecht nicht."

308 Vgl. Groh, DB 1997, 1683, 1685 zum Handelsbilanzrecht (Vermögensgegenstand).

309 Vgl. Walpert, in Sudhoff, S. 365 (Rn 13).

310 BFH, Beschluss vom 27.09.2001, V R 32/00, DStR 2002, 182; vgl. die Anm. von Hoffmann, GmbH-StB 2002, 60 und Förschle/Kropp, in Budde/Förschle, C Rn 118. Vgl. auch bereits BFH, Urteil vom 08.11.1995, XI R 63/94, BStBl II 1996, 114 und BFH, Urteil vom 18.12.1997, V R 44/95, HFR 1998, 570 = BFH/NV 1998, 628 zum Leistungsaustausch bei Sacheinlage in eine GbR.

oder eine Bareinlage eine umsatzsteuerbare, aber steuerfreie Dienstleistung gegen Entgelt erbringt (vgl. § 4 Nr. 8 f UStG).[311] Die zur Vorlage an den EuGH führenden Zweifel erklärt der BFH damit, dass die Aufnahme eines Gesellschafters nicht aufgrund eines gegenseitigen Vertrages des Gesellschafters mit der Gesellschaft, sondern aufgrund eines Gesellschaftsvertrags der Gesellschafter untereinander erfolgt. Bei einer am Zivilrecht orientierten Betrachtungsweise erhalte der Gesellschafter seinen Gesellschaftsanteil daher möglicherweise nicht von der Gesellschaft, sondern von seinen Mitgesellschaftern.[312] Ob bzw. inwieweit die Entscheidung des EuGH auch auf das Ertragsteuerrecht ausstrahlt, bleibt einstweilen abzuwarten.

Der Gedanke der „tauschähnlich veranlassten Entgeltlichkeit" stammt nach Hoffmann jedenfalls eindeutig aus dem Ertragsteuerrecht.[313] In allgemeiner Weise wird der Begriff des tauschähnlichen Geschäfts dort beispielsweise dahingehend definiert, der eine Tauschpartner stelle ein Wirtschaftgut, während der andere eine sonstige Leistung erbringe.[314] Eine derartige Konkretisierung des tauschähnlichen Geschäfts ist ersichtlich an das Umsatzsteuerrecht angelehnt. Eine andere Begriffsbestimmung lautet wie folgt. Bei tauschähnlichen Vorgängen übertrage keiner oder nur einer der Beteiligten ein Wirtschaftsgut, der andere oder beide Beteiligte erbrächten andere Sachleistungen.[315]

Die wohl ganz überwiegende Meinung erachtet die als tauschähnlich charakterisierten Vorgänge als Tausch im Sinne des Steuerrechts bzw. stellt den tauschähnlichen Vorgang dem Tausch gleich.[316] Im Beschluss des Großen Senats vom 09.06.1997[317] wird beispielsweise lapidar ausgeführt, in einem Forderungsverzicht, um im Rahmen einer Kapitalerhöhung eine Sacheinlage gemäß §§ 5 IV GmbHG, 27 AktG zu erbringen und dadurch zusätzliche Gesellschafterrechte zu erlangen, werde ein Tausch von Wirtschaftsgütern gesehen. Der tauschähnliche Vorgang wird dem Tauschvorgang daher ohne eigentliche Begründung gleichgestellt. Jedenfalls hat dies vor Inkrafttreten des § 6 VI 1 EStG gegolten.

---

311 BFH, Beschluss vom 27.09.2001, V R 32/00, DStR 2002, 182, 184. Vgl. auch Kleine-Rosenstein, BBK, Fach 30, 1281, 1293; ablehnend zur Tauschähnlichkeit bei Sacheinlagen Kramer, GmbHR 1994, 93, 94 f. mit ausführlicher Begründung.

312 BFH, a.a.O.

313 Hoffmann, GmbH-StB 2002, 60.

314 Weber-Grellet, § 17 Rn 10 (S. 222).

315 Korn/Strahl, in Korn, EStG, § 6 Rn 514.

316 Vgl. nur Gail/Düll/Fuhrmann/Grupp, DB-Beilage Nr. 14/1999, S. 19 f.; Korn/Strahl, in Korn, EStG, § 6 Rn 519 m.w.N.; Ortmann/Babel, in Lademann, EStG, § 6 Rn 1046; van Lishaut, DB 2000, 1784, 1785. Vgl. auch BFH, Urteil vom 11.12.2001, VIII R 58/98, DStR 2002, 395, 397.

317 Näher dazu im III. Kapitel unter 3.1.4.3 (S. 65).

Auf die Frage, ob ein tauschähnlicher Vorgang wirklich ein Tausch im Sinne des § 6 VI 1 EStG ist, wird im Besonderen Teil noch vertieft einzugehen sein.[318] In der Tat wird sich diese Frage dort als eine der zentralen Fragen erweisen. Die ausführliche Auseinandersetzung mit der Frage ist aus diesem Grunde noch einmal aufzuschieben. Zuerst sollen nun im abschließenden Kapitel des Allgemeinen Teils die Gemeinsamkeiten und Unterschiede von zivilrechtlichem und steuerrechtlichem Einlagebegriff zusammenfassend dargestellt werden (1.). Ferner soll das begriffliche Verhältnis von Einlage und Veräußerung (2.), von Tausch und Veräußerung (3.) sowie von Einlage und Tausch bzw. tauschähnlichem Vorgang (4.) dargestellt werden. Erst im Anschluss daran wird darauf aufbauend im Besonderen Teil auf das Problem eingegangen, wie die offene Einlage eines Einzelwirtschaftsguts aus dem Privatvermögen in das Gesamthandsvermögen einer Mitunternehmerschaft steuerlich zu behandeln ist.

318 S. hierzu insbesondere das IX. Kapitel (S. 151 ff.).

V. Kapitel: Ergebnisse des Allgemeinen Teils

1. Gemeinsamkeiten und Unterschiede von zivil- und steuerrechtlichem Einlagebegriff

1.1 Hinausgehen des steuerrechtlichen über den zivilrechtlichen Einlagebegriff

Im Jahre 1988 hat Scheel mit seinem Aufsatz „Unterschiedlicher Einlagebegriff im Gesellschafts- und Steuerrecht?" die hier zu klärende Frage formuliert.[319] Auch nach der Entscheidung des Großen Senats vom 26.10.1987[320] sei unklar geblieben, ob der Begriff der Einlage in § 4 EStG inhaltsgleich mit den Begriffen der Einlage im HGB, AktG und im GmbHG sei. Denkbar sei, dass der steuerrechtliche Einlagebegriff sich zwar mit dem Begriff des Wirtschaftsgutes im Sinne des § 4 EStG und damit auch mit dem Begriff des Vermögensgegenstandes im Sinne der Vorschriften über die Handelsbücher des HGB decke,[321] nicht aber mit dem gesellschaftsrechtlichen Einlagebegriff. Ergebnis der Untersuchung war, dass der Begriff der Einlage im Sinne des § 4 I 5 EStG ein anderer sei als der in den gesellschaftsrechtlichen Vorschriften der §§ 161, 171 HGB, § 5 GmbHG und § 27 AktG normierte.[322] Während im Steuerrecht der Einlagebegriff ohne Berücksichtigung von Überlegungen zum Gläubigerschutz definiert werde, könne eine gesellschaftsrechtliche Beitragsleistung nur dann als Einlage qualifiziert werden, wenn sie neben dem Erreichen des Gesellschaftszwecks auch dem Gläubigerschutz diene. Mit diesem Ergebnis hat Scheel den entscheidenden Unterschied zwischen gesellschaftsrechtlichem und steuerrechtlichem Einlagebegriff zutreffend festgehalten. Zu beachten ist hierbei, dass der Gläubigerschutz im Zivil- bzw. Gesellschaftsrecht je nach Rechtsform des Unternehmens bzw. nach Art der Haftungsbeschränkung verschieden ausgestaltet ist.
Richtig ist ferner in verschiedener Hinsicht die Feststellung, dass die Legaldefinition des § 4 I 5 EStG über den zivil- und gesellschaftsrechtlichen Einlagebegriff hinausgeht.[323] Der steuerrechtliche Einlagebegriff ist zunächst insofern weiter, als er auch Einlagen bei Einzelunternehmen und Einlagen in das

319 Scheel, BB 1988, 1211.
320 BFH, GrS, Beschluss vom 26.10.1987, GrS 2/86, BStBl II 1988, 348.
321 Diese Formulierung entstammt dem Originaltext. Sie bringt das Gemeinte zum Ausdruck, ist genau genommen aber unsauber.
322 Scheel, BB 1988, 1211, 1213.
323 Neumann, S. 579; MünchHdb.GesR I/von Falkenhausen, § 54 Rn 110; Stöcker, in Korn, EStG, § 4 Rn 299.

Sonderbetriebsvermögen einschließt. Erkennt man den oben beschriebenen, über den gesellschaftsrechtlichen Einlagebegriff hinausgehenden zivilrechtlichen Einlagebegriff an, so verliert dieser Unterschied zwar an Bedeutung.[324] Einlagen in das Sonderbetriebsvermögen sind aber weder Einlagen im Sinne des Gesellschaftsrechts noch Einlagen im Sinne des Zivilrechts. Das erklärt sich schon daraus, dass das Sonderbetriebsvermögen eine rein steuerliche Kategorie darstellt.

Ob Einlagen durch Realakt oder Rechtsgeschäft vollzogen werden, ist kein entscheidender Unterschied zwischen den Rechtsgebieten des Zivilrechts und des Steuerrechts, sondern lediglich eine Folge der jeweiligen Rechtsform. Bei Einzelunternehmen können zivilrechtliche wie steuerrechtliche Einlagen nur durch Realakt bzw. Überführung erfolgen, da sämtliche Vorgänge – ob privat oder betrieblich – nur ein und denselben Rechtsträger betreffen können. Bei Körperschaften hingegen erfordern Einlagen stets ein Rechtsgeschäft bzw. eine Übertragung, da nur auf diese Weise Gesellschaftsvermögen bzw. Betriebsvermögen der Körperschaft entstehen kann. Eine Zwischenstellung nimmt die Personengesellschaft ein. Einlagen in das Gesamthandsvermögen erfordern ein Rechtsgeschäft bzw. eine Übertragung. Nur solche Einlagen sind gesellschaftsrechtliche Einlagen.

Abbildung 5: Einlagehandlung durch Rechtsgeschäft oder Realakt

Einlage im Sinne des Zivilrechts	
Rechtsgeschäft	Realakt
gesellschaftsrechtliche Einlage	Einlage in Einzelunternehmen

Einlage im Sinne des Steuerrechts			
Rechtsgeschäft (Übertragung)		Realakt (Überführung)	
KapGes	GHV PersGes	SBV PersGes	EU

KapGes = Kapitalgesellschaft, PersGes = Personengesellschaft, GHV = Gesamthandsvermögen, SBV = Sonderbetriebsvermögen, EU = Einzelunternehmen

324 Zuzugeben ist, dass der allgemeine zivilrechtliche Einlagebegriff eher von theoretischem Interesse ist. Praktisch wesentlich bedeutender ist der gesellschaftsrechtliche Einlagebegriff, der eine Teilmenge des zivilrechtlichen Einlagebegriffs beschreibt.

Eine steuerrechtliche Besonderheit stellt, wie bereits festgestellt, das Sonderbetriebsvermögen dar, es kennt kein zivilrechtliches Äquivalent. Einlagen in das Sonderbetriebsvermögen erfolgen regelmäßig durch ein lediglich schuldrechtliches Rechtsgeschäft, z.B. in Gestalt eines Mietvertrages oder eines Darlehensvertrages. Der steuerrechtliche Einlagebegriff ist diesbezüglich also weiter als der zivilrechtliche Einlagebegriff. Im Gegensatz zu zivilrechtlichen Einlagen können steuerrechtliche Einlagen auch quoad usum und quoad sortem erfolgen, da anders als bei der zivilrechtlichen Einlage nicht das zivilrechtliche, sondern das wirtschaftliche Eigentum maßgeblich ist.
Zu Unrecht geht Wichmann davon aus, dass eine handelsrechtliche Einlage niemals eine Einlage im Sinne des Einkommensteuerrechts sein könne.[325] Der hierbei zugrundegelegte steuerrechtliche Einlagebegriff im Sinne einer unveränderten persönlichen Zuordnung ist zu eng und beschreibt nur die Einlage in ein Einzelunternehmen und in das Sonderbetriebsvermögen bei einer Mitunternehmerschaft zutreffend.[326] Auch bei einer Veränderung der persönlichen Zuordnung durch Rechtsträgerwechsel kann aber eine steuerrechtliche Einlage vorliegen, die dann mit einer gesellschaftsrechtlichen Einlage zusammentreffen kann.
Zu lesen ist auch die Formulierung, der steuerrechtliche Einlagebegriff gehe inhaltlich über den handelsrechtlichen Einlagebegriff insoweit hinaus, als auch die verdeckten Einlagen zu erfassen und unter Durchbrechung des Maßgeblichkeitsgrundsatzes vom handelsrechtlichen Jahresüberschuss nach § 4 I 5 EStG abzusetzen seien.[327] Nach dem hier vertretenen Begriffsverständnis sind hingegen verdeckte Einlagen im Sinne des Steuerrechts Einlagen auch im Sinne des Zivilrechts bzw. des Gesellschaftsrechts, soweit sie dies in entsprechender Weise im Falle offener Einlage wären.
Der entscheidende Unterschied zwischen steuerrechtlichem und gesellschaftsrechtlichem Einlagebegriff besteht im Ergebnis in der Tat darin, dass nur der gesellschaftsrechtliche Einlagebegriff durch die gesellschaftsrechtlichen Grundsätze der Kapitalaufbringung und der Kapitalerhaltung beeinflusst bzw. eingeschränkt wird. Diese Grundsätze dienen dem Gläubigerschutz und bringen in den Fällen zivilrechtlich bestehender Haftungsbeschränkungen strenge Anforderungen an den Begriff und die Wirksamkeit einer Einlage mit sich. Der steuerrechtliche Einlagebegriff ist daher vor allen Dingen diesbezüglich weiter.[328]

---

325 Wichmann, Stbg 2000, 314, 315.
326 Vgl. oben III. Kapitel unter 3.1.5 (S. 69).
327 Dieterlen, in Ernst & Young, vGA/vE, Fach 5, A, Rn 6.
328 Vgl. auch Büchele, DB 1997, 2337, 2341 und Groh, BB 1997, 2523, 2526.

1.2 Hinausgehen des zivilrechtlichen über den steuerrechtlichen Einlagebegriff

Auch umgekehrt ist allerdings nicht jede zivilrechtliche Einlage zwingend eine steuerrechtliche Einlage im Sinne des § 4 I 5 EStG. Die Fälle sind indessen weniger zahlreich. Beispielsweise haben vermögensverwaltende Personengesellschaften per definitionem kein Betriebsvermögen, so dass eine Zuführung zum Betrieb im Sinne der Legaldefinition des § 4 I 5 EStG nicht in Betracht kommt. Eine zivilrechtliche Einlage kann gleichwohl vorliegen, da sie unabhängig von einem steuerlichen Betriebsvermögen definiert ist. Eine zivilrechtliche Einlage eines Grundstücks in eine vermögensverwaltende GbR, OHG oder KG (vgl. § 105 III HGB) ist daher keine Einlage im Sinne des § 4 I 5 EStG.[329] Denkbar ist auch, dass ein Kommanditist mangels hinreichenden Mitunternehmerrisikos bzw. hinreichender Mitunternehmerinitiative kein Mitunternehmer, sondern steuerlich wie ein Darlehensgeber oder typisch stiller Gesellschafter zu behandeln ist.[330] Den beiden beschriebenen Fällen, in denen der zivilrechtliche bzw. gesellschaftsrechtliche Einlagebegriff über den steuerrechtlichen Einlagebegriff hinausreicht, ist gemein, dass die betreffende gesellschaftsrechtliche Einlage steuerlich in den Bereich der Überschusseinkunftsarten fällt. Eine Zuführung zum Betrieb im Sinne des § 4 I 5 EStG kann es aber begrifflich nur bei den Gewinneinkunftsarten geben.

Theoretisch denkbar ist auch der Fall, dass steuerlich mangels hinreichender betrieblicher Nutzung Privatvermögen und daher mangels Zuführung zum Betrieb keine steuerliche Einlage vorliegt, dass aber gleichwohl eine zivilrechtliche und handelsbilanzrechtliche Einlage gegeben ist.[331] Steuerrechtlich sind schließlich nur konkret bilanzierungsfähige Wirtschaftsgüter einlagefähig. Aus den bereits bei der handelsbilanzrechtlichen Einlage erläuterten Gründen kann daher theoretisch eine zivilrechtliche bzw. gesellschaftsrechtliche Einlage vorliegen, während mangels bilanzieller Ansatzmöglichkeit eine steuerrechtliche Einlage zu verneinen wäre.[332]

---

329 Vgl. beispielhaft den Sachverhalt des Urteils des Hessischen FG vom 18.09.2001, 1 K 4061/99, DStRE 2002, 734.

330 Vgl. BFH, Urteil vom 28.10.1999, VIII R 66-70/97, DStR 2000, 193.

331 Vgl. Reiß, in Kirchhof, EStG, § 15 Rn 366 zum umgekehrten Fall der rein steuerlichen Entnahme infolge Qualifizierung als notwendiges Privatvermögen.

332 Vgl. oben im II. Kapitel unter 4.3.3 (S. 35) und 5.1 (S. 49).

Abbildung 6: Unterschiede der Einlagebegriffe im Steuerrecht und im Zivilrecht

Steuerrechtlicher Einlagebegriff	Zivilrechtlicher Einlagebegriff
- nicht betrieblich veranlasste Mehrung des steuerlichen Betriebsvermögens	- mitgliedschaftlich veranlasste Mehrung der unternehmenseigenen, zivilrechtlichen Haftungsmasse
- steuerlich tendenziell eher Einlage gegeben mangels Relevanz von Gläubigerschutzerwägungen	- Beeinflussung durch die gesellschaftsrechtlichen Grundsätze der Kapitalaufbringung und der Kapitalerhaltung möglich
- Einbringung quoad dominium, quoad sortem oder quoad usum (wirtschaftliches Eigentum)	- Einbringung nur quoad dominium (rechtliches Eigentum)
- Einlage in das Sonderbetriebsvermögen eines Mitunternehmers	- kein Äquivalent für das Sonderbetriebsvermögen im Zivilrecht
- keine Einlage im Sinne der Legaldefinition des § 4 I 5 EStG bei vermögensverwaltender Personengesellschaft	- zivilrechtliche Einlage auch möglich bei steuerlichem Privatvermögen

2. Begriffliches Verhältnis von Einlage und Veräußerung

2.1 Verhältnis von Einlage und Veräußerung im Zivilrecht

Im Zivilrecht überschneiden sich die Begriffe der Einlage und der Veräußerung im engeren Sinne. Die gesellschaftsrechtliche Einlage beschreibt den dinglichen Vollzug einer gesellschaftsvertraglichen Verpflichtung. Bei Gesellschaften erfolgt dieser dingliche Vollzug durch rechtsgeschäftliche Übertragung auf das Unternehmen bzw. den Unternehmensträger.[333] Die Übertragung eines Gegenstands auf einen anderen Rechtsträger erfüllt aber zugleich die Voraussetzungen einer zivilrechtlichen Veräußerung im engeren Sinne. – Nicht zusammenfallen können dagegen eine zivilrechtliche Veräußerung im weiteren Sinne und eine Einlage. Während die Rechtsübertragung im ersten Fall aufgrund eines Kaufvertrags erfolgt, der Bestandteil des weiten Veräußerungsbegriffs ist, erfolgt sie im zweiten Fall aufgrund eines Gesellschaftsvertrags, der nicht Bestandteil des Einlagebegriffs ist.

333 A.A. zu Unrecht Büchele, DB 1997, 2337, 2344, wonach Einlagen im Sinne des Gesellschaftsrechts hinsichtlich des dinglichen Vollzugs Realakte seien.

Abbildung 7: Veräußerungsbegriff und Einlagebegriff im Zivilrecht

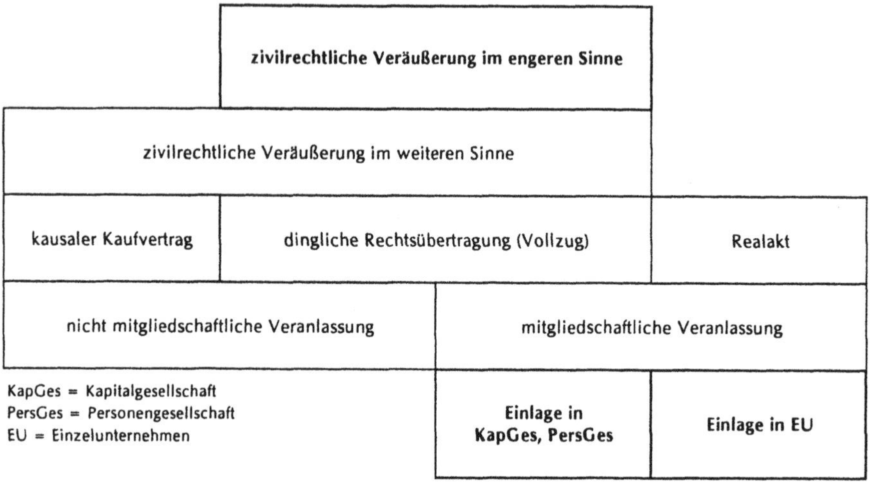

2.2 Verhältnis von Einlage und Veräußerung im Steuerrecht

Im Steuerrecht ist für das Verhältnis von Einlagebegriff und Veräußerungsbegriff zunächst zwischen offenen und verdeckten Einlagen zu unterscheiden. Eine verdeckte Einlage im Sinne des Steuerrechts wird ohne Erhalt einer Gegenleistung hingegeben. Mangels Tauschähnlichkeit[334] wird sie als ein unentgeltlicher Vorgang betrachtet oder zumindest wie ein unentgeltlicher Vorgang behandelt. Verdeckte Einlagen sind daher von gesetzlichen Fiktionen abgesehen de lege lata keine Veräußerung. Auf diesem begrifflichen Verständnis beruhen auch die entsprechenden Gesetzesvorschriften wie beispielsweise §§ 17 I 2, 23 I 5 Nr. 2 EStG und § 8b II 3 KStG.

Dennoch besteht auch im Steuerrecht eine Schnittmenge zwischen Einlage und Veräußerung, und zwar im Falle der offenen Einlage. Die Begriffe der Veräußerung einerseits und der Einlage und Entnahme andererseits können sich überschneiden.[335] Da sowohl der steuerrechtliche Begriff der Veräußerung als auch der steuerrechtliche Begriff der offenen Einlage von einem

334 Etwas überraschend Fehrenbacher, ZVglRWiss 101 (2002), 89, 130; Schmidt/Glanegger, EStG, § 6 Rn 534: „Tausch (Sacheinlage)“, „Tauschähnlichkeit (verdeckte Einlage)“. Vgl. insoweit Groh, DB 1997, 1683, näher hierzu unten 4.2 (S. 109), insbesondere zu Fn 362 (S. 110).

335 Vgl. nur BFH, Urteil vom 23.06.1981, VIII R 41/79, BStBl II 1982, 18 m.w.N., wonach die Entnahmehandlung auch eine Veräußerung im bürgerlich-rechtlichen Sinne sein kann. Vgl. BFH, Urteil vom 12.09.2002, IV R 66/00, DStR 2002, 1983. Vgl. auch Engl, DStR 2002, 119, 120, wonach im Steuerrecht der Begriff der Entnahme nicht unter den Begriff der Veräußerung falle.

Entgelt bzw. einer Gegenleistung abhängig sind, liegt im Falle einer offenen Einlage in eine Mitunternehmerschaft oder eine Körperschaft begrifflich nicht nur eine Einlage, sondern zugleich eine Veräußerung vor. Als Begründung wird regelmäßig und so auch seitens des BFH die Tauschähnlichkeit des Vorgangs postuliert.[336] Genau genommen lässt sich das gleichzeitige Vorliegen von offener Einlage und Veräußerung aber auch mit den allgemeinen Voraussetzungen einer steuerrechtlichen Veräußerung begründen. Sie erfordert eine entgeltliche Übertragung des wirtschaftlichen Eigentums. Bloße Überführungen ohne Rechtsträgerwechsel und unentgeltliche Rechtsübertragungen scheiden aus. Da offene Einlagen in Gesellschaften weder unentgeltlich noch durch bloße Überführung erfolgen, sind sie Veräußerungen, ohne dass es des Arguments des tauschähnlichen Vorgangs bedarf. Anders ausgedrückt handelt sich bei offenen Einlagen um Veräußerungen auf gesellschaftsrechtlicher Grundlage.[337] Umgekehrt steht auch eine Veräußerung durch zivilrechtliche Vollrechtsübertragung dem gleichzeitigen begrifflichen Vorliegen einer steuerrechtlichen Einlage nicht entgegen.[338]

Anzumerken ist an dieser Stelle, dass Fremdüblichkeit kein begriffsimmanentes Merkmal der Veräußerung ist. Zwar vollzieht sich in der Praxis die Mehrzahl der Veräußerungsvorgänge unter fremden Dritten. Die Fremdüblichkeit ist aber nicht im Sinne eines Definitionsmerkmals des Veräußerungsbegriffs zu verallgemeinern.[339] Einlagen können auf der begrifflichen Ebene zugleich Veräußerungen sein, ohne einem Fremdvergleich genügen zu müssen. Relevant ist der Fremdvergleich erst auf der Ebene der Bewertung sowie für die Abgrenzung, inwieweit ein Einlagevorgang als offen und inwieweit er als verdeckt anzusehen ist.[340] Im Falle einer Einlage entscheidet der Vergleich mit einem drittüblichen Entgelt in der Tat darüber, inwieweit zugleich eine Veräußerung vorliegt.[341] Veräußert beispielsweise der Gesellschafter ein

336 Vgl. nur BFH, Urteil vom 15.07.1976, I R 17/74, BStBl II 1976, 748 (sog. Einbringungsurteil) zur Situation bei der Einbringung von Betriebsvermögen.

337 Vgl. zu dieser Formulierung bereits BFH, Urteil vom 28.01.1976, I R 84/74, DStR 1976, 587 m. Anm. Littmann, DStR 1976, 588.

338 Bordewin, DStR 1979, 468, 473. Vgl. auch BGH, Urteil vom 21.10.2002, II R 118/02, DStR 2003, 44 zum Gutglaubenserwerb einer Gesellschaft an einem Gegenstand, der ihr von einem Gesellschafter im Wege der Sacheinlage übertragen wird.

339 Vgl. in diesem Zusammenhang BFH, Urteil vom 21.10.1976, IV R 210/72, BStBl II 1977, 145, in Abgrenzung zum Einbringungsurteil: „Der erkennende IV. Senat pflichtet dem I. Senat des BFH im Ergebnis darin bei, dass die Übertragung eines Wirtschaftsguts, das dem Gesellschafter einer Personengesellschaft gehört, in das Gesamthandsvermögen einer Personengesellschaft jedenfalls dann als Veräußerung (durch den Gesellschafter) und als Anschaffung (durch die Gesellschaft) des ganzen Wirtschaftsguts zu werten ist, wenn sich der Vorgang seinem wirtschaftlichem Gehalt nach wie eine im Geschäftsverkehr zwischen Fremden übliche Veräußerung von einem Rechtssubjekt an ein anderes Rechtssubjekt darbietet."

340 Vgl. FG Münster, Urteil vom 25.04.1997, 4 K 630/94 F, EFG 1998, 206, 208.

341 Vgl. BFH, Urteil vom 11.12.2001, VIII R 58/98, DStR 2002, 395.

Wirtschaftsgut an „seine" Personengesellschaft zu Bedingungen, die auch bei entgeltlichen Veräußerungen zwischen Fremden üblich sind, so stelle dieser Vorgang insgesamt und einheitlich eine entgeltliche Veräußerung dar.[342]
Bei den Personengesellschaften besteht im Steuerrecht aber einmal mehr eine Besonderheit. Während für vermögensverwaltende Personengesellschaften die sog. Bruchteilsbetrachtung gilt, wird für Mitunternehmerschaften die Anwendung des § 39 II Nr. 2 AO verneint. Nach dieser Norm werden Wirtschaftsgüter, die mehreren zur gesamten Hand zustehen, den Beteiligten anteilig zugerechnet, soweit eine getrennte Zurechnung für die Besteuerung erforderlich ist. Dies wird nur für vermögensverwaltende Personengesellschaften bejaht mit der Folge, dass eine anteilige Veräußerung vorliegt, wenn ein Gesellschafter ein Wirtschaftsgut auf die vermögensverwaltende Personengesellschaft überträgt. Im Umfang der eigenen Beteiligung liegt mangels Rechtsträgerwechsels keine Veräußerung vor. Eine Einlage im Sinne des Steuerrechts liegt ebenfalls nicht vor, wenn auch aus anderem Grund. Die steuerrechtliche Einlage scheitert stets bereits am fehlenden Betriebsvermögen der vermögensverwaltenden Personengesellschaften. Mangels Betriebsvermögen sind die Voraussetzungen der Legaldefinition der Einlage nach § 4 I 5 EStG bei vermögensverwaltenden Personengesellschaften gerade nicht erfüllt.[343]
Bereits oben ist die zu § 49 I Nr. 2 Buchst. f EStG ergangene Entscheidung des I. BFH-Senats vom 05.06.2002 angesprochen worden.[344] Sie verdient im Hinblick auf das begriffliche Verhältnis von Einlage und Veräußerung noch einmal näherer Betrachtung. Der BFH hat erläutert, dass unter einer Veräußerung im Sinne des § 49 I Nr. 2 Buchst. f EStG – ebenso wie in anderen steuerrechtlichen Zusammenhängen – die Übertragung des rechtlichen oder wirtschaftlichen Eigentums an einem Vermögensgegenstand auf einen anderen Rechtsträger zu verstehen sei, vorausgesetzt, die Übertragung sei eine entgeltliche. Das Erfordernis der Entgeltlichkeit ergebe sich zwar nicht explizit aus dem Gesetz. Gleichwohl nehme der Senat an, dass der Gesetzgeber insoweit von einem einheitlichen Begriff der Veräußerung ausgegangen sei und dass auch im Zusammenhang mit § 49 I Nr. 2 Buchst. f EStG verdeckte Einlagen nicht erfasst werden sollten.[345] Allgemeiner steuerrechtlicher Veräußerungsbegriff und verdeckte Einlagen haben also keine begriffliche Schnittmenge.
Bis hierher ist die Entscheidung wenig bemerkenswert. Interessant ist sie aufgrund der sich anschließenden Argumentation gleichwohl. Der BFH führt

---

342 BFH, Urteil vom 11.12.2001, VIII R 58/98, DStR 2002, 395, 396 f. m.w.N.

343 Vgl. oben 1.2 (S. 100).

344 BFH, Urteil vom 05.06.2002, I R 81/00, DStR 2002, 1480. Vgl. im IV. Kapitel unter 2.2 (S. 87).

345 BFH, Urteil vom 05.06.2002, I R 81/00, DStR 2002, 1480, 1481 m.w.N., insbesondere auch zur insoweit abweichenden abkommensrechtlichen Lage gemäß Art. 13 OECD-MA, vgl. Wassermeyer, in Debatin/Wassermeyer, DBA, Art. 13 MA, Rn 22.

zunächst aus, die Veräußerung setze eine Bar- oder Sachvergütung voraus, wobei die Gegenleistung in der Gewährung eines Gesellschaftsanteils liegen könne. Die vertraute Begründung der Entgeltlichkeit der offenen Einlage kehrt hier also wieder. Offene Einlagen in eine Kapitalgesellschaft und in das Gesamthandsvermögen einer Personengesellschaft sind begrifflich zugleich Veräußerungen.

Missverständlich formuliert ist aber der sich anschließende Satz, wonach es sich „um eine entgeltliche Übertragung und nicht um eine Einlage auch dann" handle, wenn die Personengesellschaft den Gegenwert für das eingebrachte Wirtschaftsgut auf einem Privatkonto des Gesellschafters gutschreibe und dessen gesellschaftsrechtliche Stellung unverändert bleibe. Ein entgeltlicher, tauschähnlicher Vorgang sei in diesem Fall gegeben, weil hierdurch der einbringende Gesellschafter den vollen Gegenwert des eingebrachten Wirtschaftsgutes erhalte. Anders sei allerdings die Werterhöhung einzuschätzen, welche die Beteiligung infolge einer Einlage erhalten könne. Eine solche Wertsteigerung der Beteiligung sei nur eine Reflexwirkung der Einlage, jedoch keine Gegenleistung im Sinne eines Veräußerungspreises.

Zum vorstehenden Absatz ist Folgendes zu bemerken. Zunächst ist es verfehlt, im ersten Satz die Wendung „auch dann" zu gebrauchen. Wie dargestellt, hat der BFH im Satz, auf den sich „auch dann" bezieht, die Veräußerung beschrieben, die zugleich eine offene Einlage darstellt. Beachtenswert ist, dass der BFH den Begriff der offenen Einlage überhaupt nicht gebraucht. Die sich anschließende Formulierung deutet vielmehr darauf hin, dass der BFH „auch dann" eine entgeltliche Übertragung und keine(!) Einlage für gegeben erachtet, wenn die Gegenleistung innerhalb eines Veräußerungsvorgangs in der Gewährung eines Gesellschaftsanteils liegt. Das ist aber aus den bereits dargestellten Gründen verfehlt. Hinreichender Beleg für die Verfehltheit ist die Behandlung der offenen Einlage als Veräußerung im Sinne der §§ 17 I 1, 23 I 1 Nr. 1 EStG, während der Gesetzgeber nur für verdeckte Einlagen eine gesetzliche Gleichstellung für erforderlich erachtet.[346]

Interessanterweise bezeichnet der BFH darüber hinaus die verdeckte Einlage als Einlage, ohne das Adjektiv „verdeckt" zu verwenden. Die Wertsteigerung einer Beteiligung infolge einer Einlage sei nur eine Reflexwirkung der Einlage, jedoch keine Gegenleistung im Sinne eines Veräußerungspreises. Hiermit ist erkennbar die verdeckte Einlage beschrieben, die der BFH dann aber besser begrifflich als solche kenntlich gemacht hätte. In der Weise, wie der BFH den Einlagebegriff gebraucht, entsteht der Eindruck, dass bei Gesellschaften nur die verdeckte Einlage begrifflich eine Einlage sei, die offene Einlage demgegenüber keine Einlage, sondern eine Veräußerung. Das trifft aber nicht zu.[347]

---

346 Vgl. §§ 17 I 2, 23 I 5 Nr. 2 EStG. Vgl. ferner § 8b II 3 KStG.

347 Zumindest bedarf es einer näheren Überprüfung. Vgl. hierzu 2.2 im IX. Kapitel (S. 152 ff.).

Für ein derartiges Fehlverständnis spricht auch, dass der BFH für den Veräußerungsbegriff die Erbringung von Fremdkapital für erforderlich zu halten scheint. Das aber ist kein generell taugliches Abgrenzungskriterium. So ist die offene Einlage in eine Gesellschaft, die im Normalfall im Kapitalkonto I abgebildet wird, eine Veräußerung, obgleich sie zu Eigenkapital führt. Tauglich ist die Unterscheidung indessen, um – wie im Fall – innerhalb des Kapitalkontos II eine Fremdkapitalleistung im Wege der Veräußerung von einer verdeckten Einlage zu unterscheiden. Zusammenfassend ist festzustellen, dass die Entscheidung des BFH vom 05.06.2002 mangelnde Sorgfalt im Umgang mit dem Einlagebegriff in anschaulicher Weise erkennbar werden lässt.

Abbildung 8: Veräußerungsbegriff und Einlagebegriff im Steuerrecht

<table>
<tr><td colspan="2">Veräußerung im Sinne des Steuerrechts</td><td colspan="4">keine Veräußerung i.S.d. Steuerrechts</td></tr>
<tr><td colspan="2">Rechtsträgerwechsel</td><td colspan="2">ja</td><td colspan="2">nein</td></tr>
<tr><td colspan="2">Entgelt</td><td colspan="2">nein</td><td colspan="2">ja oder nein</td></tr>
<tr><td>mitgliedschaftliche Veranlassung</td><td>nein</td><td>ja</td><td>nein</td><td>ja</td><td>nein</td></tr>
<tr><td>offene Einlage
(in Kapitalgesellschaft)
(in GHV PersGes)</td><td>keine Einlage</td><td>verdeckte Einlage
(in KapGes)
(in GHV PersGes)</td><td>keine Einlage</td><td>schlichte Einlage
(in EU)
(in SBV PersGes)</td><td>keine Einlage</td></tr>
</table>

KapGes = Kapitalgesellschaft, PersGes = Personengesellschaft, GHV = Gesamthandsvermögen, SBV = Sonderbetriebsvermögen, EU = Einzelunternehmen

3. Begriffliches Verhältnis von Tausch und Veräußerung

3.1 Verhältnis von Tausch und Veräußerung im Zivilrecht

Im Zivilrecht haben die Begriffe des Tauschvertrages und der Veräußerung im engeren Sinne keine Gemeinsamkeit, sondern bauen aufeinander auf. Durch die Veräußerungen der beiden Tauschgegenstände an den Tauschpartner erfüllt der jeweilige Vertragspartner seine sich aus dem schuldrechtlichen Tauschvertrag ergebenden Hauptleistungspflichten. Das zivilrechtliche Tauschgeschäft im weiteren Sinne schließt also zwei Veräußerungen im engeren Sinne ein. – Der Begriff der Veräußerung im oben erläuterten weiteren Sinne beschreibt ein Verkaufsgeschäft. Für ein Tauschgeschäft ist er nicht üblich.

3.2 Verhältnis von Tausch und Veräußerung im Steuerrecht

Nach gefestigtem steuerlichem Verständnis sind Tauschgeschäfte und tauschähnliche Geschäfte entgeltliche Veräußerungsgeschäfte.[348] Das Steuerrecht ist hierbei gekennzeichnet durch eine Tendenz, das zivilrechtliche Trennungs- bzw. Abstraktionsprinzip insofern zu übergehen, als schuldrechtliches und dingliches Rechtsgeschäft zusammenfassend gewürdigt werden. Da das Entgelt bei einer Veräußerung auch in Sachwerten bestehen kann, ist ein Tausch steuerrechtlich zugleich eine Veräußerung.[349] Ein Tausch schließt genau genommen zwei steuerrechtliche Veräußerungen zwischen den Tauschpartnern ein, die jeweils mit einer Anschaffung des Erwerbers korrespondieren. Es erfolgt ein Rechtsträgerwechsel im wirtschaftlichen Eigentum an den Tauschgegenständen.

4. Begriffliches Verhältnis von Einlage und Tausch bzw. tauschähnlichem Vorgang

4.1 Verhältnis von Einlage und Tausch im Zivilrecht

Einlage und Tausch haben zivilrechtlich nichts miteinander gemein. Liegt eine Einlage vor, so scheidet ein Tausch begrifflich aus. Umgekehrt scheidet eine Einlage begrifflich aus, wenn ein Tausch vorliegt. Zwischen Tausch und Einlage besteht demzufolge im Bereich des Zivilrechts keine Schnittmenge. Insbesondere wird bei einer Sacheinlage nicht der Einlagegegenstand gegen das Anteilsrecht im zivilrechtlichen Sinne getauscht.[350]
Als Grund wird hier einerseits genannt, dass bei Sacheinlagen in Kapitalgesellschaften anders als bei „normalen" Tauschvorgängen keine Wertunabhängigkeit zwischen dem hingegebenen und dem dafür erhaltenen Wirtschaftsgut

---

348 Korn/Strahl, in Korn, EStG, § 6 Rn 515.
349 Kraft/Bräuer, DStR 1999, 1603, 1605.
350 Vgl. Fehrenbacher, ZVglRWiss 101 (2002), 89, 108.

bestehe.[351] Das ist zwar zutreffend, beschreibt den begrifflichen Gegensatz zwischen Einlage und Tausch im Zivilrecht aber nur unvollkommen. Entscheidend ist vielmehr das Argument, dass es sich bei zivilrechtlichen Tauschverträgen um rein schuldrechtliche Verträge ohne gesellschaftsrechtliches bzw. mitgliedschaftliches Element handelt.[352] Anders ist das bei den per definitionem mitgliedschaftlich veranlassten Einlagen.

Abbildung 9: Tausch und Einlage im Zivilrecht

zivilrechtliches Tauschgeschäft im weiteren Sinne		gesellschaftsrechtliche Einlage im weiteren Sinne	
causa	dinglicher Vollzug		causa
schuldrechtlicher Tauschvertrag (§ 480 BGB)	Übertragung der Tauschgegenstände	Übertragung des Einlagegegenstands	Gesellschaftsvertrag oder Kapitalerhöhungsbeschluss
zivilrechtlicher Tausch im engeren Sinne	zivilrechtliche Veräußerungen im engeren Sinne	**gesellschaftsrechtliche Einlage im engeren Sinne**	gesellschaftsrechtliche Einlageverpflichtung

Der zweite wesentliche Unterschied hängt mit diesem zuerst genannten Unterschied eng zusammen. Anders als bei einem Tausch bleibt bei der gesellschaftsrechtlichen Einlage auch nach deren Vollzug eine mittelbare Beziehung zwischen dem Inferenten und dem Einlagegegenstand bestehen.[353] Vermittelt wird diese Beziehung durch die Mitgliedschaft im betreffenden Unternehmen. Eine gesellschaftsrechtliche bzw. allgemein eine zivilrechtliche Einlage zielt nicht auf eine Trennung, sondern auf eine Umformung der Berechtigung an den zu übertragenden Vermögensgegenständen. Während bei einer offenen Einlage der Einbringende im Umfang seiner Beteiligung

351 Joswig, S. 179.
352 Vgl. auch Ehmcke, in Blümich, EStG, § 6 Rn 110.
353 Budde, S. 64; vgl. auch Brandenberg, FR 2000, 1182, 1184; Wendt, FR 2002, 53, 54.

weiterhin mindestens faktisch (Mit-)Eigentümer des hingegebenen Vermögensgegenstands bleibt, wird bei einem zivilrechtlichen Tausch die Rechtsbeziehung des Tauschpartners zu dem von ihm hingegebenen Tauschobjekt definitiv beendet.

4.2 Verhältnis von Einlage und Tausch im Steuerrecht

Steuerrechtlich erkennt die wohl überwiegende Auffassung trotz dieser zivilrechtlichen Situation eine begriffliche Überschneidung an. Argumentiert wird hierbei regelmäßig mit dem Begriff des tauschähnlichen Vorgangs. Auffällig ist, dass dieser Begriff im Ertragsteuerrecht kein Gesetzesbegriff ist. Verwendet wird er für die offenen Sacheinlagen in Kapitalgesellschaften[354] und spätestens seit dem Urteil vom 19.10.1998 auch für offene Sacheinlagen in das Gesamthandsvermögen von Personengesellschaften.[355] Mit dem Argument der Tauschähnlichkeit werden die offenen Sacheinlagen als Veräußerungen qualifiziert. Offene Sacheinlagen führen demzufolge nach Tauschgrundsätzen zur Gewinnrealisierung.[356]

Argumentiert wird beispielsweise wie folgt.[357] Im Unterschied zum Tausch seien bei der Sacheinlage nicht zwei Tauschpartner beteiligt, die durch einen Leistungsaustausch verbunden seien. Die Hingabe des Wirtschaftsguts habe eine gesellschaftsrechtliche Grundlage. Die das Wirtschaftsgut aufnehmende Gesellschaft übertrage als Gegenleistung kein Wirtschaftsgut aus ihrem Vermögen. Vielmehr entstünden die neuen Beteiligungsrechte erst durch den Gründungs- oder Kapitalerhöhungsvorgang. Wirtschaftlich könne aber von einem Tausch bzw. genauer von einem tauschähnlichen Vorgang gesprochen werden. Wie beim echten Tausch bestehe ein wirtschaftlicher Zusammenhang zwischen der Hingabe eines betrieblichen Wirtschaftsguts und dem Erhalt der eingetauschten Beteiligung an der aufnehmenden Gesellschaft.

Wichmann nimmt ein begriffliches Exklusivitätsverhältnis zwischen steuerrechtlicher Einlage und tauschähnlichem Vorgang an.[358] Dass bei tauschähnlichen Vorgängen dennoch von einer Sacheinlage gesprochen wird, erklärt er hierbei zu Unrecht damit, dass der Begriff der Sacheinlage ein handelsrechtlicher Begriff sei.[359]

---

354 A.A. z.B. Hoffmann, Beilage 16 zu BB 40/1996, S. 2, wonach bei Sacheinlagen in Kapitalgesellschaften weder ein Tausch noch ein tauschähnlicher Vorgang vorliege.

355 Genau genommen sogar schon früher, vgl. 4.1 im VIII. Kapitel (S. 142).

356 Vgl. zum älteren Meinungsstand Hermann/Heuer/Raupach, EStG, § 6 Anm. 824 m.w.N. (Stand der Kommentierung: Dezember 1985).

357 Patt, in H/H/R (StSenkG), EStG, § 6 Anm. R 150 m.w.N.

358 Wichmann, Stbg 2000, 314, 315.

359 Vgl. auch das BMF-Schreiben vom 04.08.1976, IV B 2 – S 2133 – 9/76, BStBl I 1976, 418, in dem die Meinung vertreten worden war, bei der offenen Einlage eines Betriebs, Teilbetriebs

Bereits vor dem Urteil des BFH vom 19.10.1998 hatte es im Schrifttum eine Auseinandersetzung darüber gegeben, ob auch die verdeckte Einlage ein tauschähnlicher Vorgang sei.[360] Groh hatte im Jahre 1990 zunächst dargelegt, es stehe außer Zweifel, dass die Übertragung von Sachgütern im Wege der verdeckten Einlage nicht zur Aufdeckung der stillen Reserven führe.[361] An einen Tausch sei nicht zu denken, es würden keine neuen Gesellschaftsrechte eingeräumt. Bereits 1997 hat derselbe Autor sodann aber einen Aufsatz mit dem Titel „Ist die verdeckte Einlage ein Tauschgeschäft?" publiziert.[362] Dort hat er ausgeführt, nach dem Beschluss des Großen Senats vom 09.06.1997[363] dränge sich die Frage auf, ob die Rechtsprechung nach ihrer zaghaften Annäherung nicht ausdrücklich anerkennen solle, dass es sich bei der verdeckten Einlage um einen Tausch von Sachgütern gegen Gesellschaftsrechte handle.[364] Die Dinge würden einfacher, könnte man auch die verdeckte Einlage als tauschähnliches Rechtsgeschäft ansehen, weil eine der Verstärkung der Gesellschafterrechte dienende Einlage nicht anders behandelt werden könne als eine Einlage zur Begründung eben dieser Rechte.[365] Der Akzeptanz der Tauschvorstellung durch die Rechtsprechung stehe allerdings die Rechtsprechung zu den Nutzungsrechten entgegen.[366] Anzumerken ist in diesem Zusammenhang, dass das BMF im Verfahren, das zum Beschluss des Großen Senats vom 09.06.1997 geführt hat, zu den Folgen einer verdeckten Einlage für den Gesellschafter bzw. Inferenten folgende Auffassung vertreten hat. Es biete sich an, die verdeckte Einlage wie die offene Einlage gegen Gewährung von Gesellschaftsrechten als tauschähnliches Geschäft anzusehen. Damit übereinstimmend sei in § 17 I 2 EStG vorgesehen, dass die verdeckte Einlage von Anteilen an einer Kapitalgesellschaft in eine andere Kapitalgesellschaft der Veräußerung der Anteile gleichstehe.

---

oder Mitunternehmeranteils in eine Kapitalgesellschaft handle es sich „handelsrechtlich um eine Sacheinlage und steuerrechtlich um einen Tauschvorgang".

360 In diesem Sinne Groh, DB 1997, 1683. Vgl. auch Gail/Düll/Fuhrmann/Grupp, DB-Beilage Nr. 14/1999, S. 20 rechte Spalte ganz unten. Dagegen Büchele DB 1997, 2337. Ablehnend auch die überwiegende Auffassung, vgl. Ortmann-Babel, in Lademann, EStG, § 6 Rn 1051; Patt, in H/H/R (StSenkG), EStG, § 6 Anm. R 157.

361 Groh, FR 1990, 528, 530. Groh war laut einer Pressemitteilung des BFH vom 25.03.1998 zunächst Mitglied im IV. Senat und übernahm 1991 den Vorsitz des XI. Senats. 1993 kehrte er in den IV. Senat zurück, dessen Vorsitzender er wurde und bis zum Eintritt in den Ruhestand im Jahre 1998 blieb. Dem Großen Senat gehörte er seit 1984 an.

362 Groh, DB 1997, 1683.

363 BFH, GrS, Beschluss vom 09.06.1997, GrS 1/94, BStBl II 1998, 307.

364 Groh, DB 1997, 1683, 1684. Das BMF hatte dies im Vorlageverfahren der Entscheidung des Großen Senats vom 09.06.1997 ausdrücklich angeregt. Näher zur Position des BMF sogleich. Vgl. auch Groh, BB 1997, 2523 und Friedrich, WiB 1997, 1301, 1302.

365 Groh, DB 1997, 1683, 1687.

366 Groh, DB 1997, 1683, 1688 m.w.N.

Nach weiterhin überwiegender Auffassung ist die verdeckte Einlage jedoch mangels Gegenleistung der Gesellschaft kein tauschähnlicher Vorgang und keine Veräußerung.[367] Auch das Gesetz selbst baut auf diesem Begriffsverständnis auf, wie insbesondere die gesetzlichen Fiktionen der §§ 17 I 2 EStG, 23 I 5 Nr. 2 EStG belegen.[368] Der Gesetzesfiktion bedarf es nur deshalb, weil verdeckte Einlagen de lege lata nicht schon per se Veräußerungen sind. Hieran ist daher jedenfalls de lege lata festzuhalten. Auch die Entscheidung des BFH vom 05.06.2002 beruht darauf, dass die verdeckte Einlage mangels Entgeltlichkeit keine Veräußerung darstellt.[369]

Abbildung 10: Tausch und Einlage im Steuerrecht

Einlage im Sinne des § 4 I 5 EStG					
nicht betrieblich veranlasste Betriebsvermögensmehrung					
EU / SBV Mitunternehmerschaft		GHV Mitunternehmerschaft		Kapitalgesellschaft	
Bareinlage	Sacheinlage	Bareinlage	Sacheinlage	Bareinlage	Sacheinlage
kein Tausch	kein Tausch	kein Tausch	**Tausch?**	kein Tausch	**Tausch?**

EU = Einzelunternehmen, SBV = Sonderbetriebsvermögen, GHV = Gesamthandsvermögen

367 BFH, Urteil vom 27.07.1988, I R 147/83, BStBl II 1989, 271; Weber-Grellet, DB 1998, 1532, 1536; weitere Nachweise bei Groh, DB 1997, 1683 (Fn 8).

368 Vgl. auch § 8b II 3 KStG.

369 Vgl. insoweit oben S. 87.

3. Teil: Besonderer Teil: Einbringung von Einzelwirtschaftsgütern des Privatvermögens gegen Gewährung von Gesellschaftsrechten

VI. Kapitel: Meinungsstand vor dem Urteil des BFH vom 19.10.1998

1. Überblick

Im einem Urteil aus dem Jahre 1976 hat der BFH die Frage ausdrücklich offengelassen, wie die Einbringung von Wirtschaftsgütern des Privatvermögens[370] in das Gesamthandsvermögen einer Personengesellschaft steuerlich zu bewerten ist (2.1). Bei der Einbringung eines aus dem Betriebsvermögen des Gesellschafters stammenden Einzelwirtschaftsguts gegen Gewährung eines Gesellschaftsanteils hat der BFH ein Wertansatzwahlrecht befürwortet.
In der Folgezeit haben bis zum Urteil des BFH vom 19.10.1998 im Wesentlichen drei Meinungen bestanden.[371] Alle drei hat der BFH knapp und ohne eingehende Begründung verworfen. Insbesondere die Finanzverwaltung hatte die gesetzlichen Bestimmungen über Einlagen und ihre Bewertung für anwendbar erachtet (2.2).[372] Eine zweite Auffassung hat die Regelung des § 24 UmwStG analog angewendet und ein Wertansatzwahlrecht befürwortet (2.3). Schließlich hat eine differenzierende Auffassung bestanden, die beim einbringenden Gesellschafter eine Veräußerung und bei der Personengesellschaft eine Einlage angenommen hat (2.4).
Am Ende des Kapitels werden die offenen Einlagen von betrieblichen bzw. privaten Einzelwirtschaftsgütern in Kapitalgesellschaften behandelt (3.).

2. Offene Einlage von Einzelwirtschaftsgütern in Personengesellschaften

2.1 Offenlassen der Frage im Einbringungsurteil des BFH

2.1.1 Entscheidung für Einzelwirtschaftsgut aus dem Betriebsvermögen

Im Einbringungsurteil vom 15.07.1976 hat der BFH ein Wertansatzwahlrecht für den Fall befürwortet, dass ein Gesellschafter ein aus seinem Betriebsvermögen stammendes Einzelwirtschaftsgut gegen Gewährung eines

370 Konkret: einer damals noch „wesentlich" genannten Beteiligung im Sinne des § 17 EStG.

371 Hingewiesen sei noch einmal darauf, dass der Meinungsstreit sich an der Frage der Einbringung einer wesentlichen Beteiligung im Sinne des § 17 EStG entzündet hat. Die Verallgemeinerung für andere Wirtschaftgüter hat sich infolge der verallgemeinerungsfähigen Begründung des BFH in seinem Urteil vom 19.10.1998 ergeben.

372 Vgl. die Einlageregeln der §§ 4 I 5, 6 I Nr. 5 EStG.

Gesellschaftsanteils in eine Personengesellschaft einbringt.[373] Die Beteiligten hätten die Wahl, entweder den Buchwert fortzuführen oder das Einzelwirtschaftsgut bis zur Grenze des Teilwerts neu zu bewerten. Für die Bemessung eines Buchgewinns bei dem Einbringenden sei der Wertansatz bei der Gesellschaft maßgeblich.
Das Wahlrecht trage dem Umstand Rechnung, dass eine Personengesellschaft zivilrechtlich und steuerrechtlich nicht einheitlich zu beurteilen sei. Anders als bei der Einbringung eines Wirtschaftsguts in eine Kapitalgesellschaft gegen Gewährung von Gesellschaftsrechten sei bei einer Personengesellschaft steuerrechtlich die Möglichkeit anzuerkennen, das Wirtschaftsgut unter Fortführung seines bisherigen Buchwertes einzubuchen. Die Vorschrift des § 6 I Nr. 5 EStG über die Bewertung von Einlagen greife nicht ein. Bei der Einbringung gegen Gesellschaftsanteile liege an sich ein Veräußerungsvorgang vor, indessen könne auf eine Gewinnverwirklichung aus Anlass der Einbringung verzichtet werden, sofern die künftige steuerliche Erfassung der stillen Reserven sichergestellt sei. Da die Einbringung eines Wirtschaftsguts in eine Personengesellschaft gegen Gewährung eines Gesellschaftsanteils grundsätzlich eine Veräußerung in Form eines tauschähnlichen Vorgangs darstelle, müsse andererseits das Recht zur erfolgswirksamen Behandlung durch Aufdeckung der stillen Reserven bestehen. Auch die Bildung eines Zwischenwerts könne auf vernünftigen wirtschaftlichen Erwägungen beruhen. Betont wird im Einbringungsurteil der Gedanke, der Gesellschafter setze sein gewerbliches Engagement auch nach der Einbringung des Einzelwirtschaftsguts in die Personengesellschaft in anderer, nunmehr mitunternehmerischer Form fort.[374]

2.1.2 Offengelassen: Einbringung eines Einzelwirtschaftsguts aus dem Privatvermögen

Im Hinblick auf Einbringungen aus dem Privatvermögen hat der I. Senat des BFH sich im Einbringungsurteil hingegen noch nicht positionieren müssen. Ausdrücklich hat der BFH eingangs der Urteilsbegründung klargestellt, da der Streitfall die Einbringung eines aus dem Betriebsvermögen stammenden Wirtschaftsguts betreffe, habe der Senat seine Entscheidung hierauf zu beschränken. Die einkommensteuerliche Behandlung der Einbringung von Wirtschaftsgütern des Privatvermögens bleibe deshalb außer Betracht.

---

373 BFH, Urteil vom 15.07.1976, I R 17/74, BStBl II 1976, 748. Die Begriffe des Einbringungsurteils und des Veräußerungsurteils gehen auf G. Söffing, Besteuerung der Mitunternehmer, 1978, S. 12, 19 zurück (vgl. Rutkowsky, NJW 1978, 1298, 1300 (Fn 25)).

374 Vgl. zu Inhalt und Reichweite des Einbringungsurteils aus neuerer Zeit BFH, Urteil vom 11.12.2001, VIII R 58/98, DStR 2002, 395. Das Urteil betrifft das Streitjahr 1990. Ihm zugrunde liegt die Einbringung einzelner Wirtschaftsgüter des Betriebsvermögens gegen ein ausgewogenes bzw. drittübliches Mischentgelt aus der Gewährung von Gesellschaftsrechten einerseits und sonstigen Ausgleichsleistungen andererseits.

Der IV. Senat des BFH hat die diesbezüglichen Ausführungen des I. Senats aus dem Einbringungsurteil in einem Urteil, das ebenfalls aus dem Jahre 1976 datiert, kritiklos wiedergegeben.[375] Er hat darüber hinaus mit einem weiteren Urteil des I. Senats, dem sog. Veräußerungsurteil,[376] in Folgendem übereingestimmt. Die Übertragung eines im Eigentum eines Mitunternehmers stehenden Wirtschaftsguts in das Gesamthandsvermögen der betreffenden Personengesellschaft sei jedenfalls dann als Veräußerung durch den Gesellschafter und als Anschaffung durch die Gesellschaft zu werten, wenn sich der Vorgang seinem wirtschaftlichen Gehalt nach wie eine im Geschäftsverkehr zwischen Fremden übliche Veräußerung von einem Rechtssubjekt auf ein anderes Rechtssubjekt darbiete. Die Veräußerung sei hierbei auf das ganze Wirtschaftsgut bezogen. Der BFH hat also eine einheitliche Betrachtung zugrundegelegt, nicht eine Bruchteilsbetrachtung. Für die vom BFH selbst so bezeichneten „Veräußerungen auf gesellschaftsrechtlicher Grundlage", insbesondere für solche aus dem Privatvermögen eines Mitunternehmers in das Gesamthandsvermögen der Mitunternehmerschaft gegen Gewährung von Gesellschaftsrechten, musste der IV. Senat indessen keine Stellung nehmen.

2.2 Anwendung der Einlageregeln

2.2.1 Frühere Auffassung der Finanzverwaltung

Nach der insbesondere von der früheren Finanzverwaltung vertretenen Auffassung sind ausschließlich die Einlageregeln anzuwenden.[377] Die Bewertung bei der aufnehmenden Gesellschaft folgt danach aus § 6 I Nr. 5 EStG. Das BMF hat die Frage der Übertragung eines Wirtschaftsguts aus dem Privatvermögen eines Mitunternehmers in das Betriebsvermögen der Personengesellschaft im Mitunternehmer-Erlass vom 20.12.1977 unter Ziffer V behandelt. Es hat darin zwischen der „Übertragung in das Gesamthandsvermögen" und der „Einlage in das Sonderbetriebsvermögen" unterschieden. Die Einlage in das Sonderbetriebsvermögen hat das BMF knapp als nach § 6 I Nr. 5 EStG zu bewertende Einlage qualifiziert.[378] Bei der Übertragung in das Gesamthandsvermögen hat es differenziert zwischen der entgeltlichen Veräußerung an die Gesellschaft und der Übertragung gegen Gewährung von Gesellschaftsrechten.[379] Die hier primär interessierende Übertragung gegen Gewährung von

375 BFH, Urteil vom 21.10.1976, IV R 210/72, BStBl II 1977, 145.

376 BFH, Urteil vom 28.01.1976, I R 84/74, BStBl II 1976, 744; vgl. Bordewin, DStZ 1979, 429, 435. Zum Begriff vgl. oben Fn 373.

377 BMF, Schreiben vom 20.12.1977 (sog. Mitunternehmer-Erlass), IV B 2 – S 2241 – 231/77, BStBl I 1978, 8, 13 (Tz. 49).

378 Tz. 50 des Mitunternehmer-Erlasses, a.a.O. (Fn 377).

379 Tz. 46 ff., a.a.O. (Fn 377).

Gesellschaftsrechten hat das BMF in ebenfalls knapper Form als nach § 6 I Nr. 5 EStG zu bewertende Einlage qualifiziert.[380] Die Gegenüberstellung mit der entgeltlichen Veräußerung bringt zum Ausdruck, dass das BMF die Übertragung gegen Gewährung von Gesellschaftsrechten nicht als einen Fall entgeltlicher Veräußerung, sondern als unentgeltliche Übertragung verstanden hat. So hat das BMF die spiegelbildliche Übertragung aus dem Gesamthandsvermögen in das Privatvermögen gegen Minderung der Gesellschaftsrechte des Erwerbers ebenfalls als unentgeltliche Übertragung qualifiziert, d.h. gerade nicht als entgeltliche Veräußerung.[381] Das BMF hat insoweit betont, der Umstand, dass der Erwerb mit einer Minderung der Gesellschaftsrechte des Erwerbers verbunden sei, rechtfertige es nicht, einen tauschähnlichen Vorgang anzunehmen.
Für die hier primär interessierende Fallvariante hat das BMF dieses Argument zwar nicht ausdrücklich wiederholt, jedoch hat es sich aus dem Kontext erschlossen. Ohne es explizit auszusprechen, hat das BMF dementsprechend argumentiert, der Umstand, dass die Übertragung aus dem Privatvermögen in das Gesamthandsvermögen gegen Gewährung von Gesellschaftsrechten erfolge, rechtfertige nicht die Annahme eines tauschähnlichen Vorgangs. Dieses Verständnis wird auch durch eine weitere Stelle des Mitunternehmer-Erlasses bestätigt. Für die Übertragung gegen Gewährung von Gesellschaftsrechten hat das BMF dort erläutert, die Übertragung eines Wirtschaftsguts aus einem Sonderbetriebsvermögen in das Gesamthandsvermögen sei steuerlich anders als eine Übertragung aus dem Privatvermögen in das Gesamthandsvermögen als tauschähnlicher Vorgang anzusehen.[382]

2.2.2 Finanzgerichtliche Rechtsprechung

In einem für die vorliegende Untersuchung sehr interessanten Urteil aus dem Jahre 1996 hat das FG Berlin zur Einbringung von Grundstücken in eine OHG als Anschaffungsvorgang im Rahmen eines gewerblichen Grundstückshandels entschieden.[383] Bei der gesellschaftsrechtlich begründeten Übertragung gegen Gewährung von Gesellschaftsrechten handle es sich um einen tauschähnlichen Vorgang, der als entgeltlicher Anschaffungsvorgang zu behandeln sei. Anders als der Mitunternehmer-Erlass hat das FG Berlin einen tauschähnlichen Vorgang angenommen. Dennoch hat das FG aber sodann § 6 I Nr. 5 EStG angewendet und die eingebrachten Grundstücke mit dem Teilwert zum Einlagezeitpunkt bewertet. Die Entscheidung des FG Berlin

---

380 Tz. 49, a.a.O. (Fn 377).
381 Tz. 42, a.a.O. (Fn 377).
382 Tz. 25, a.a.O. (Fn 377).
383 FG Berlin, Urteil vom 15.01.1996, VIII 47/90, EFG 1996, 581.

belegt, dass die Annahme eines tauschähnlichen Vorgangs die Nichtanwendung der Einlageregeln nicht automatisch zu erklären vermag.

2.2.3 Literaturstimmen

Auch in der Literatur hat es Stimmen gegeben, die die Position der Finanzverwaltung unterstützt haben.[384] Überführe eine natürliche Person ein einzelnes Wirtschaftsgut aus ihrem Privatvermögen in ihr Betriebsvermögen, so sei dies keine nach § 24 UmwStG zu bewertende Einbringung, sondern eine Einlage nach § 4 I 5 EStG. Dasselbe gelte, wenn der Gesellschafter ein Wirtschaftsgut aus seinem Privatvermögen dergestalt an die Personengesellschaft übereigne, dass er eine Mitunternehmerstellung erhalte bzw. eine schon vorhandene verstärkt werde. In diesem Fall sei nicht § 24 UmwStG, sondern die Bewertungsvorschrift des § 6 I Nr. 5 EStG anzuwenden. Auch ein gegebenenfalls nach §§ 17, 23 EStG bzw. § 21 UmwStG steuerpflichtiger Veräußerungsvorgang war nach dieser Auffassung für den Inferenten mit der Einlage nicht verbunden.[385]

2.3 Analoge Anwendung des § 24 UmwStG 1977

Die wohl überwiegende Auffassung in der Literatur, so zumindest die Ansicht des BFH im Urteil vom 19.10.1998, hat jedoch die entsprechende Anwendung des § 24 UmwStG befürwortet. Danach hat ein Wertansatzwahlrecht der Personengesellschaft bestanden, die einen Wert zwischen den fortgeführten Anschaffungskosten des Inferenten (Buchwert) und dem höheren Teilwert aktivieren konnte.[386] Die Einbringung aus dem Privatvermögen gegen Gewährung von Gesellschaftsrechten sei als Veräußerung zu qualifizieren, § 24 UmwStG sei analog bzw. die vom BFH im sog. Einbringungsurteil aus dem Jahre 1976 entwickelten Grundsätze seien sinngemäß anzuwenden.[387]
Mitte der 90er Jahre hat sich A. Söffing in der Tat noch einmal ausführlich gegen die bis dahin bestehende Auffassung der Finanzverwaltung gewandt und ein Wertansatzwahlrecht befürwortet, ohne allerdings § 24 UmwStG

---

384 Ehmcke, in Blümich, EStG § 6 Rn 140 (Stand: Oktober 1998); Dehmer, § 24 Anm. 10; Knobbe-Keuk, DStR 1979, 183, 189; Lange/Grützner/Kussmann/Reiß, Rn 440 (S. 209), Rn 953 (S. 411); Walpert, in Sudhoff, S. 362 (Rn 3); Widmann, in Widmann/Mayer, UmwStG § 24 Rn 81 (Stand: Juli 1989). Ebenso wohl auch Schulze zur Wiesche, FR 1982, 497, 500 ff.

385 Vgl. Schulze zur Wiesche, a.a.O. und Mitsch, INF 2000, 300, 301, der zu Recht darauf hinweist, dass insbesondere § 23 I 5 Nr. 1 EStG noch nicht in Kraft getreten war (a.a.O, Fn 17).

386 A. Söffing, DStR 1995, 37, 38 f.; jedenfalls konkludent Hermann/Heuer/Raupach, EStG, § 17 Anm. 73 (Stand: November 1981); Hörger, in Littmann, EStG, § 17 Rn 32. Weitere Literaturnachweise s. BFH-Urteil vom 19.10.1998, VIII R 69/95, BStBl II 2000, 230 unter II 1 b.

387 Zum Einbringungsurteil s. bereits oben 2.1 (S. 115).

auch nur zu erwähnen, geschweige denn für analog anwendbar zu erklären. Vielmehr hat er auf die Entscheidungsgründe des Einbringungsurteils abgestellt und diese für die Einbringung aus dem Privatvermögen für übertragbar erachtet. Laut BFH handle es sich bei der Einbringung einer wesentlichen Beteiligung in eine Personengesellschaft gegen Gewährung von Gesellschaftsrechten um einen Tauschvorgang, der eine Veräußerung im Sinne des § 17 EStG darstelle. Demzufolge müsse der Steuerpflichtige das Recht haben, die stillen Reserven des Wirtschaftsguts aufzudecken. Andererseits sei zu sehen, dass die Einbringung zugleich gesellschaftsrechtlicher Natur sei, die bisherige Sachherrschaft in der Form der gesamthänderischen Berechtigung nach der Einbringung fortgesetzt werde und die künftige steuerliche Erfassung der stillen Reserven sichergestellt sei. Der Steuerpflichtige müsse auch die Möglichkeit haben, auf die Gewinnverwirklichung zu verzichten. Diesen beiden Anforderungen, Möglichkeit der Gewinnrealisierung einerseits und Buchwert- bzw. Anschaffungskostenfortführung andererseits, könne nur durch die Anerkennung eines Wahlrechts entsprochen werden. Die Grundsätze des BFH für die Einbringung aus dem Betriebsvermögen gälten in gleicher Weise für die Einbringung aus dem Privatvermögen.

2.4 Differenzierende Minderheitsauffassung

Eine dritte Ansicht hat ausgehend von der Bejahung eines tauschähnlichen Vorgangs differenziert.[388] Der einbringende Gesellschafter realisiere zwingend einen Veräußerungsgewinn bzw. Veräußerungsverlust im Sinne des § 17 EStG, und zwar in Höhe der Differenz zwischen dem gemeinen Wert der erhaltenen Gesellschaftsrechte und den Anschaffungskosten der eingebrachten wesentlichen Beteiligung abzüglich etwaiger Veräußerungskosten. Bei der aufnehmenden Gesellschaft liege begrifflich eine Einlage im Sinne des § 4 I 5 EStG vor. Im Rahmen der Bewertung nach § 6 I Nr. 5 EStG ist sodann die Frage nicht abschließend geklärt gewesen, ob die Einlage entgegen der Anordnung in § 6 I Nr. 5 S. 1 Hs. 2 Buchst. b EStG nicht mit den Anschaffungskosten des Gesellschafters, sondern gemäß der Grundregel des § 6 I Nr. 5 S. 1 Hs. 1 EStG mit dem Teilwert anzusetzen sei.

---

388 Schmidt, EStG, 17. Aufl. 1998, § 15 Rn 665; Schmidt/Weber-Grellet, EStG, 17. Aufl. 1998, § 17 Rn 111; Schmidt/Heinicke, EStG, 17. Aufl. 1998, § 23 Rn 31. Weitere Literaturnachweise s. BFH-Urteil vom 19.10.1998, BStBl II 2000, 230 (Fn 1) unter II 1 c. Vgl. auch Groh, FR 1990, 528, 531, wobei dessen Ausführungen sich unmittelbar nur auf Sacheinlagen in Kapitalgesellschaften beziehen (vgl. Einleitung, S. 528). Vgl. auch die vom BFH im Urteil vom 19.10.1998 ebenfalls zitierte Fundstelle Groh, DB 1997, 1683, 1684 ff.

3. Offene Einlage von Einzelwirtschaftsgütern in Kapitalgesellschaften

3.1 Einbringung eines Einzelwirtschaftsguts aus dem Betriebsvermögen

Ebenso wie § 24 UmwStG enthält § 20 UmwStG keine Regelung für Einzelwirtschaftsgüter. Aus § 20 UmwStG war und ist daher kein Wertansatzwahlrecht für die Einbringung eines einzelnen Wirtschaftsguts in eine Kapitalgesellschaft zu entnehmen. Vielmehr ist bereits seit langem von der ganz überwiegenden Auffassung zumindest aus der Sicht des einbringenden Gesellschafters ein tauschähnlicher Vorgang angenommen worden.[389] Der Inferent hat die erlangten Gesellschaftsanteile, soweit sie Betriebsvermögen werden, mit dem gemeinen Wert des hingegebenen Wirtschaftsguts als Anschaffungskosten zu aktivieren.[390] Die Bewertung bei der aufnehmenden Kapitalgesellschaft war dagegen vor der Einfügung des § 6 VI 1 EStG nicht abschließend geklärt. Nach einer Auffassung lag auch aus der Sicht der Gesellschaft ein Anschaffungsvorgang vor.[391] Folglich habe die Gesellschaft das eingebrachte Wirtschaftsgut mit dessen Anschaffungskosten anzusetzen, d.h. mit dem gemeinen Wert der gewährten Gesellschaftsrechte als des hingegebenen Wirtschaftsguts.[392] Nach der anderen, wohl überwiegenden Auffassung war die Bewertung jedenfalls aus § 6 I Nr. 5 EStG als der Bewertungsvorschrift für Einlagen abzuleiten. Zweifelhaft und streitig war hierbei, ob bzw. inwieweit abweichend vom Grundsatz des Teilwertansatzes der zweite Halbsatz Anwendung findet.[393]

3.2 Einbringung eines Einzelwirtschaftsguts aus dem Privatvermögen

Auch für die Einbringung eines einzelnen Wirtschaftsguts aus dem Privatvermögen in eine Kapitalgesellschaft wurde und wird ein tauschähnlicher Vorgang angenommen. Für den Inferenten liegt eine Veräußerung vor, die insbesondere im Falle des § 17 EStG einen Realisationstatbestand bedeutet. Diese für die Kapitalgesellschaft bestehende Auffassung[394] hat der BFH in seinem

389 Groh, FR 1990, 528, 529; Schmidt/Weber-Grellet, EStG, 17. Aufl. 1998, § 5 Rn 636; Wassermeyer, BB 1994, 1, 3 f.; Wismeth, FR 1990, 275, 277, jeweils m.w.N. zur Rechtsprechung des BFH; a.A. Seifried, DB 1990, 1525, 1528 f.

390 Vgl. zu Anschaffung versus Herstellung oben im III. Kapitel unter 4.3 (S. 81) und im II. Kapitel unter 5.3 (S. 50).

391 Ehmcke, in Blümich, § 6 Rn 136.

392 Vgl. Wismeth, FR 1990, 275, 277 i.V.m. 276: § 6 I Nr. 2 EStG für die Bewertung maßgebend.

393 Vgl. Schreiber, in Blümich § 5 Rn 555; Groh, FR 1990, 528, 529 und 531; Schmidt/Glanegger, EStG, 17. Aufl. 1998, § 6 Rn 440 (Gesellschaftsrechtliche Einlagen unter (1)).

394 Schmidt, EStG, 17. Aufl. 1998, § 17 Rn 109 m.w.N.; vgl. auch BFH, Urteil vom 19.10.1998, VIII R 69/95, BStBl II 2000, 230 unter II 1 d m.w.N.

Urteil vom 19.10.1998 auch auf Mitunternehmerschaften übertragen. Bei der Bewertung durch die aufnehmende Kapitalgesellschaft stellte sich jedenfalls bis zum Inkrafttreten des § 6 VI 1 EStG wiederum die Frage, ob der Wertansatz § 6 I Nr. 2 EStG oder aber § 6 I Nr. 5 EStG zu entnehmen war.

VII. Kapitel: Reaktionen auf das Urteil des BFH vom 19.10.1998

1. Überblick

Das Urteil vom 19.10.1998 ist auf ein breites Echo gestoßen. Es hat zwar nicht allgemeine, wohl aber überwiegende Zustimmung gefunden (2.). Insbesondere die Finanzverwaltung hat ihre bis dahin bestehende Haltung revidiert und sich der Auffassung des BFH uneingeschränkt angeschlossen. Auf der Grundlage der überwiegenden Zustimmung ist ein Meinungsstreit zum Konkurrenzverhältnis von § 6 V EStG und § 6 VI EStG entstanden. Die Streitfrage ist im Zuge des Unternehmenssteuerfortentwicklungsgesetzes (UntStFG) durch die klarstellende Regelung des § 6 VI 4 EStG beigelegt worden. § 6 V EStG hat danach Vorrang vor § 6 VI EStG (3.). Diejenigen Vertreter im Schrifttum, die dem Urteil des BFH vom 19.10.1998 nicht uneingeschränkt zugestimmt haben, haben teilweise differenziert, und zwar einerseits zwischen betrieblichen und vermögensverwaltenden Personengesellschaften sowie andererseits zwischen Gründungs- und Kapitalerhöhungssituationen (4.). Nicht zuletzt haben sich auch einige Autoren gegen das Urteil des BFH vom 19.10.1998 gewandt (5.). Teilweise heftige Kritik hat der BFH hierbei für die Art und Weise seiner stark gesellschaftsrechtlich orientierten Begründung geerntet.

2. Zustimmende Reaktionen

2.1 Anerkennung durch Finanzverwaltung im BMF-Schreiben vom 29.03.2000

2.1.1 Anwendung und allgemeine Bedeutung des BFH-Urteils

Das BMF-Schreiben vom 29.03.2000 trägt den Titel „Behandlung der Einbringung einzelner zum Privatvermögen gehörender Wirtschaftsgüter in das betriebliche Gesamthandsvermögen einer Personengesellschaft als tauschähnlicher Vorgang".[395] Das BMF stellt darin zunächst fest, der BFH sei mit seiner Auffassung von derjenigen der Finanzverwaltung abgewichen, die eine

395 BMF, Schreiben vom 29.03.2000, IV C 2 – S 2178 – 4/00, BStBl I 2000, 462 f. = DStR 2000, 820 f. m. Anm. Kusterer, DStR 2000, 821 f.

Veräußerung durch den Gesellschafter im Sinne des § 17 EStG verneine und den Vorgang als Einlage im Sinne des § 4 I 5 EStG i.V.m. § 6 I Nr. 5 EStG ansehe. Die Rechtsgrundsätze des BFH-Urteils vom 19.10.1998 erklärt das BMF in allen offenen Fällen für anwendbar. Ziffer 49 des BMF-Schreibens vom 20.12.1977, des sog. Mitunternehmer-Erlasses,[396] sei damit überholt. Zwar sei das BFH-Urteil nur für die Übertragung einer im Privatvermögen gehaltenen wesentlichen Beteiligung im Sinne des § 17 EStG ergangen. Der Sache nach gelte es aber allgemein für die Übertragung einzelner Wirtschaftsgüter aus dem Privatvermögen in das betriebliche Gesamthandsvermögen einer Personengesellschaft gegen Gewährung von Gesellschaftsrechten. Es gelte ferner auch für andere Gesamthandsgemeinschaften wie Gütergemeinschaft und Erbengemeinschaft.
Eine Übergangslösung hat nur kurze Zeit für Wirtschaftsgüter bestanden, deren wirtschaftliches Eigentum vor dem 01.07.2000 in das Gesamthandsvermögen einer Personengesellschaft gegen Gewährung von Gesellschaftsrechten übertragen worden ist. Auf Antrag konnte übergangsweise nach der bisherigen Auffassung der Finanzverwaltung verfahren und die Übertragung in das Gesellschaftsvermögen gegen Gewährung von Gesellschaftsrechten als Einlage behandelt werden. Mit der in der Übergangsregelung gebrauchten Formulierung, die Übertragung sei als Einlage zu behandeln,[397] hat das BMF die Einlage im Sinne eines Gegenbegriffs zur Veräußerung verstanden.[398] Auch für die Anwendung des § 23 EStG konnte die Einbringung auf Antrag als Einlage angesehen werden. Bei nach dem 31.12.1999 vorgenommenen Einlagen war allerdings bereits § 23 I 5 Nr. 1 EStG zu beachten.

2.1.2 Offene Sacheinlage aus Privatvermögen als tauschähnlicher Vorgang

Das BMF listet in seinem Schreiben vom 29.03.2000 die Änderungen auf, die sich aus der Anwendung des BFH-Urteils vom 19.10.1998 gegenüber seiner bisherigen Rechtsauffassung ergeben. Die Übertragung eines Einzelwirtschaftsguts aus dem Privatvermögen in das betriebliche Gesamthandsvermögen einer Personengesellschaft stelle einen tauschähnlichen Vorgang dar, wenn dem Einbringenden als Gegenleistung für das eingebrachte Einzelwirtschaftsgut Gesellschaftsrechte gewährt werden, die dem Wert des Wirtschaftsguts entsprechen (offene Sacheinlage). § 6 I Nr. 5 EStG komme nicht zur Anwendung. Eine Gewährung von Gesellschaftsrechten sei anzunehmen, wenn die durch die Übertragung eintretende Erhöhung des Gesellschaftsvermögens dem Kapitalkonto des einbringenden Gesellschafters gutgeschrieben

---

396 BMF, Schreiben vom 20.12.1977, IV B 2 – S 2241 – 231/77, BStBl I 1978, 8-16.
397 Scilicet: „nicht als Veräußerung".
398 Vgl. zum begrifflichen Verhältnis von offener Einlage und Veräußerung oben im V. Kapitel unter 2.2 (S. 102).

werde, das für seine Beteiligung am Gesellschaftsvermögen maßgebend sei.[399] Dagegen stelle die Verbuchung auf einem Darlehenskonto keine offene Sacheinlage dar.[400]

Die Übertragung eines Einzelwirtschaftsguts aus dem Privatvermögen in das betriebliche Gesamthandsvermögen einer Personengesellschaft stelle eine Einlage dar, wenn dem Einbringenden überhaupt keine Gesellschaftsrechte gewährt werden (verdeckte Einlage). Dieser Satz ist insofern etwas irreführend, als auch er unter der Überschrift „Änderungen gegenüber der bisherigen Rechtsauffassung im Einzelnen" steht. Tatsächlich hat das BMF in diesem Punkt seine Auffassung nicht ändern müssen. Jedenfalls fällt aber auch hier auf, dass das BMF Einlage und tauschähnlichen Vorgang als Gegenbegriffe verwendet.

Eine Aufteilung in einen tauschähnlichen Vorgang und eine Einlage sei schließlich vorzunehmen, wenn der Wert des übertragenen Wirtschaftsguts höher sei als die im Gegenzug eingeräumten Gesellschaftsrechte. Aufteilungsmaßstab sei das Verhältnis des Werts der gewährten Gesellschaftsrechte zum gemeinen Wert des übertragenen Wirtschaftsguts.[401]

Da die genannten Grundsätze nicht nur bei der Einbringung wesentlicher Beteiligungen im Sinne des § 17 EStG gälten, führe z.B. die Einbringung von Grundstücken und grundstücksgleichen Rechten durch offene Sacheinlagen in das betriebliche Gesamthandsvermögen einer Personengesellschaft innerhalb von zehn Jahren seit der Anschaffung im Privatvermögen zu einem privaten Veräußerungsgeschäft im Sinne des § 23 I 1 Nr. 1 EStG. Erfolge die Einlage in das betriebliche Gesamthandsvermögen im Wege der verdeckten Einlage und sei sie nach dem 31.12.1999 vorgenommen worden, so liege ein privates Veräußerungsgeschäft im Sinne des § 23 I 5 Nr. 1 EStG vor, wenn das eingelegte Wirtschaftsgut innerhalb eines Zeitraums von zehn Jahren seit der Anschaffung im Privatvermögen aus dem Betriebsvermögen veräußert werde.[402]

---

399 Verwiesen wird hier auf Tz. 24 des BMF-Schreibens vom 20.12.1977 (Mitunternehmer-Erlass, IV B 2 – S 2241 – 231/77, BStBl I 1978, 8, 11), der die Übertragung gegen Gewährung von Gesellschaftsrechten (Einbringung) in diesem Sinne definiert.

400 Für die Abgrenzung zwischen Darlehenskonto und Kapitalkonto wird verwiesen auf das BMF-Schreiben vom 30.05.1997 zum Umfang des Kapitalkontos im Sinne des § 15a I 1 EStG, IV B 2 – S 2241a – 51/93 II, BStBl I 1997, 627 f.

401 Das BMF verweist hier auf BFH, Urteil vom 17.07.1980, IV R 15/76, BStBl II 1981, 11.

402 Zwar gebraucht § 23 I 5 Nr. 1 EStG das Tatbestandsmerkmal Einlage ohne Beschränkung auf verdeckte Einlagen. Dennoch ist die Auffassung des BMF konsequent, da offene Einlagen bereits nach § 23 I 1 Nr. 1 EStG Veräußerungen sind und insoweit keiner gesetzlichen Fiktion bedürfen. Vgl. insoweit das BMF-Schreiben vom 05.10.2000 (näher hierzu sogleich unter 2.1.3).

Bei der Übertragung eines Einzelwirtschaftsguts aus dem betrieblichen Gesamthandsvermögen einer Personengesellschaft oder anderen Gesamthandsgemeinschaft in das Privatvermögen gelte Entsprechendes. Auch im Falle der Übertragung gegen Minderung von Gesellschaftsrechten handle es sich um einen tauschähnlichen Vorgang.

2.1.3 BMF-Schreiben vom 05.10.2000 zu § 23 EStG

In seinem Schreiben vom 05.10.2000 zum Thema „Zweifelsfragen zur Neuregelung der Besteuerung privater Grundstücksveräußerungsgeschäfte nach § 23 EStG" hat das BMF[403] seine Rechtsauffassung noch einmal bekräftigt und ausdrücklich auf sein Schreiben vom 29.03.2000 Bezug genommen. Das BMF führt aus, die Übertragung eines Grundstücks aus dem Privatvermögen in das betriebliche Gesamthandsvermögen einer Personengesellschaft oder in das Vermögen einer Kapitalgesellschaft sei kein Fall des § 23 I 5 Nr. 1 EStG, sondern eine Veräußerung im Sinne des § 23 I 1 Nr. 1 EStG, soweit sie gegen Gewährung von Gesellschaftsrechten erfolge.[404]

2.2 Überwiegende Zustimmung auch im Schrifttum

Das Urteil des BFH vom 19.10.1998 ist im Schrifttum überwiegend positiv aufgenommen worden. Nachdem zunächst über die Möglichkeit bzw. Erforderlichkeit eines Nichtanwendungserlasses spekuliert worden war,[405] haben sich die zustimmenden, oft aber nur referierenden Reaktionen gemehrt. Hermann/Neufang bemerken beispielsweise, dass der BFH im Urteil vom 19.10.1998 noch enger an das Zivilrecht angeknüpft habe als schon im Einbringungsurteil vom 15.07.1976.[406]

Ley erachtet die gesellschaftsrechtliche Begründung des BFH für neu, aber überzeugend.[407] Die offene Einlage eines Wirtschaftguts in eine Personengesellschaft werde als Verkauf und im Ergebnis wie eine entsprechende Einlage in eine Kapitalgesellschaft behandelt. Gesellschafter hätten eine Verpflichtung, ihre Einlage in Geld zu leisten. Die Sacheinlage werde in drei Rechtsgeschäfte zerlegt, erstens die Begründung der Bareinlageverpflichtung, zweitens der Verkauf des Wirtschaftsguts und drittens die Aufrechnung der Kaufpreisforderung mit der Einlageverpflichtung. Bisher sei das Vorliegen einer Veräußerung des Inferenten damit begründet worden, dieser tausche den

403 BMF, Schreiben vom 05.10.2000, IV C 3 – S 2256 – 263/00, BStBl I 2000, 1383 = DStR 2000, 1867.

404 Vgl. Tz. 6 des BMF-Schreibens vom 05.10.2000, a.a.O.

405 Kraft/Bräuer, DStR 1999, 1603, 1604.

406 Herrmann/Neufang, BB 2000, 2599, 2601.

407 Ley, KÖSDI 1999, 12155, 12160.

Einbringungsgegenstand gegen Gesellschaftsrechte als Gegenleistung. Die Kritik, es fehle an einer Gegenleistung, könne der neuen Begründung nicht entgegengehalten werden. Gesellschaftsrechtlich werde die Festlegung einer Sacheinlage tatsächlich als besondere Erfüllungsvereinbarung einer Bareinlage verstanden.

Märkle stimmt der Auffassung des BFH vor allem vor dem Hintergrund der Neuregelungen in § 6 V EStG und § 6 VI 1 EStG in der Fassung des Steuerentlastungsgesetzes 1999/2000/2002 zu.[408] § 6 VI 1 EStG sei im Gegensatz zu § 6 IV, V EStG bewusst nicht auf den Tausch betrieblicher Wirtschaftsgüter beschränkt. § 6 VI EStG gelte unzweideutig auch für Tauschvorgänge, die sich im reinen Privatbereich bzw. zwischen der privaten und betrieblichen Sphäre abspielten.

Steinhauff weist insbesondere darauf hin, dass nach dem vom BFH für maßgeblich erachteten wirtschaftlichen Ergebnis kein bilanzrechtlich relevanter Unterschied zwischen einer Sacheinlage und einer Sachübernahme bestehe.[409] Bei der Sachübernahme werde aber die Einlagepflicht durch Verrechnung der als Gegenwert für die Einlage festgesetzten Vergütung erfüllt. Aus der Sicht der Gesellschaft stelle sich daher auch die Sacheinlage als kaufähnlicher Vorgang dar, vorbehaltlich einer Bewertung nach objektiven Kriterien.

Dieterlen gibt zu bedenken, dass ein eigentliches Tauschgeschäft nicht vorliege, da die Gesellschaftsanteile, die der Einlegende erhalte, in der Gesellschaft nicht als Vermögensgegenstände vorhanden seien.[410] Dennoch könne von einem kauf- oder tauschähnlichen Geschäft ausgegangen werden, da mit der Sacheinlage die Einlageforderung der Gesellschaft erfüllt werde.

Zahlreiche Fundstellen im Schrifttum sind schließlich dadurch charakterisiert, dass sie die neue Auffassung des BFH aus dem Urteil vom 19.10.1998 in berichtender Weise wiedergeben, ohne sich intensiver mit der Begründung der neuen Rechtsauffassung auseinander zu setzen.[411]

---

408 Märkle, DStR 2000, 797, 805 f.

409 Steinhauff, NWB, Fach 3, 10887, 10889.

410 Dieterlen, in Ernst & Young, vGA/vE, Fach 5, Rn 4.

411 So z.B. Düll/Fuhrmann/Eberhard, DStR 2000, 1713, 1717 f.; Gail/Düll/Fuhrmann/Grupp, DB-Beilage Nr. 14/1999, S. 19 f.; Gail/Düll/Fuhrmann/Grupp/Eberhard, DB-Beilage Nr. 15/2000, S. 17 f.; Ebling, in Blümich, EStG, § 17 Rn 143; Herrmann/Neufang, BB 2000, 2599, 2601; Ritzrow, StBP 2000, 294, 296 f., StBP 2001, 45, 46; Schiffers, GmbH-StB 2000, 213; J. Thiel, Stbg 2001, 1, 6; Wochinger, in Dötsch/Eversberg/Jost/Witt, § 8 III KStG, Rn 72 ff. Vgl. die Anm. von Gschwendtner, DStR 2000, 368.

3. Geklärtes Konkurrenzverhältnis von § 6 V EStG und § 6 VI EStG

Auf der Basis einer grundsätzlichen Zustimmung hat insbesondere van Lishaut einen Meinungsstreit zur Frage des Konkurrenzverhältnisses von § 6 VI EStG und § 6 V EStG aufgeworfen und darin eine Minderheitsauffassung vertreten.[412] „Aufgrund seines spezielleren Wortlauts" hat er § 6 VI 1 EStG generell für vorrangig gegenüber § 6 V EStG gehalten im Hinblick auf Einlagen gegen Gewährung von Gesellschaftsrechten. Zwar sei das Urteil des BFH vom 19.10.1998 zur Sacheinlage aus dem Privatvermögen ergangen. Für die Wertung als Tausch könne es aber keinen Unterschied machen, ob die Sacheinlage aus dem Privatvermögen oder aus dem Betriebsvermögen vorgenommen werde. Die überwiegende Gegenmeinung[413], darunter insbesondere auch die Finanzverwaltung[414], hat dem behaupteten Vorrang des § 6 VI 1 EStG widersprochen. Sie hat mittlerweile durch das Unternehmenssteuerfortentwicklungsgesetz vom 20.12.2001 in § 6 VI 4 EStG eine gesetzliche Bestätigung gefunden.[415] § 6 V EStG bleibt danach unberührt, selbst wenn § 6 VI EStG tatbestandlich für anwendbar gehalten werden könnte. Anzumerken ist, dass § 6 VI 4 EStG vom Boden der zuvor überwiegenden Auffassung als nur deklaratorische, klarstellende Regelung zu begreifen ist.[416]

---

412 van Lishaut, DB 2000, 1784, 1785, DB 2001, 1519, 1521. Ihm folgend Herrmann/Neufang, BB 2000, 2599, 2602; Kemper/Konold, DStR 2000, 2119, 2121; Patt, in H/H/R (StSenkG), EStG, § 6 Anm. R 132; Schmidt, EStG, 19. Aufl. 2000, § 15 Rn 664. Vgl. auch Schulze zur Wiesche, FR 2000, 976, 977. – Darstellung des Problems auch bei Reiß, BB 2000, 1965, 1967 f., wonach sich diese Auslegung jedoch nicht nur angesichts der „Absurdität des Ergebnisses" verbiete, sondern auch „evident verfassungswidrig" wäre.

413 Brandenberg, FR 2000, 1182, 1184; Düll/Fuhrmann/Eberhard, DStR 2000, 1713, 1714; Federmann, S. 128; Freikamp, BB 2001, 2618, 2618 f.; Gail/Düll/Fuhrmann/Grupp/Eberhard, DB-Beilage Nr. 15/2000, S. 18; Kempermann, GmbHR 2002, 200, 204; Kloster/Kloster, GmbHR 2000, 1129, 1132; Korn/Strahl, in Korn, EStG, § 6 Rn 513.7; Ley, in Daragan/Ley/Strahl, DStR 2000, 1973, 1980; Reiß, in Kirchhof, EStG, § 15 Rn 455, ders., BB 2000, 1965, 1967 f.; Schmidt, EStG, 19. Aufl. 2000, § 15 Rn 664; Schmitt/Franz, BB 2001, 1278, 1279; J. Thiel, Stbg 2001, 1, 6; Weber-Grellet, Stbg 2001, 64, 71; Wendt, FR 2002, 53, 55; Widmann, in Widmann/Mayer, UmwStG, § 24, Rn 3 mit Fn 1 (Stand: Dezember 2000).

414 BMF, Schreiben vom 07.06.2001, IV A 6 – S 2241 – 52/01, BStBl I 2001, 367; zuvor bereits OFD Frankfurt, Vfg. vom 14.02.2001, FR 2001, 504 und OFD Koblenz, Vfg. vom 17.01.2001, BB 2001, 829.

415 Vgl. Grützner, BBK, Fach 15, 1287, 1294; Korn, KÖSDI 2002, 13272, 13277; Mitsch, INF 2002, 77, 80; Wendt, FR 2002, 53, 57.

416 Vgl. auch Ehmcke, in Blümich, EStG, § 6 Rn 1386.

4. Differenzierende Reaktionen

4.1 Mitunternehmerschaft versus vermögensverwaltende Personengesellschaft

Eine Auffassung hat danach differenziert, ob die Einbringung in eine Mitunternehmerschaft oder aber in eine vermögensverwaltende Personengesellschaft erfolgt.[417] Die bei vermögensverwaltenden Personengesellschaften überwiegend vertretene Bruchteilsbetrachtung überlagere den mit der Einbringung verbundenen Veräußerungstatbestand.[418] Nach der insbesondere von der ständigen Rechtsprechung vertretenen Bruchteilsbetrachtung sind Kapitalbeteiligungen einer vermögensverwaltenden Personengesellschaft den Gesellschaftern der Personengesellschaft für die Bestimmung des Veräußerungstatbestands des § 17 EStG anteilig zuzurechnen.[419] Soweit der Einlagegegenstand auch im Anschluss an die Einbringung aufgrund der Bruchteilsbetrachtung nach § 39 II Nr. 2 AO weiterhin anteilig dem Inferenten zuzurechnen ist, fehlt es danach an einer Veräußerung, die somit nur im Übrigen vorliegen kann.[420]

Dem BFH ist in diesem Zusammenhang zugute zu halten, dass er das Urteil vom 19.10.1998 für eine gewerblich tätige Personengesellschaft getroffen hat.[421] Auch im amtlichen Leitsatz der Entscheidung kommt dies zum Ausdruck, da dort ausdrücklich die Gewährung eines Mitunternehmeranteils vorausgesetzt wird. Ein solcher Mitunternehmeranteil besteht indessen gerade nicht bei nur vermögensverwaltenden Personengesellschaften. Entsprechend hat auch das BMF in seinem Schreiben vom 29.03.2000 eine Einbringung in das betriebliche Gesamthandsvermögen vorausgesetzt. Eine vermögensverwaltende Personengesellschaft hat jedoch gerade kein Betriebsvermögen und somit auch kein betriebliches Gesamthandsvermögen. § 6 EStG ist daher auf

---

417 Daragan, DStR 2000, 573 ff.; Strahl, KÖSDI 2001, 12802, 12805. Allgemein zur Einheitsbetrachtung und zur Bruchteilsbetrachtung vgl. Strahl, KÖSDI 2001, 12802 ff.; vgl. auch G. Söffing, Stbg 1996, 289.

418 Strahl, KÖSDI 2001, 12802, 12805; Wacker, BB 2000, 1979, 1980.

419 BFH, Urteil vom 09.05.2000, VIII R 41/99, BB 2000, 1976 m.w.N.; vgl. auch BFH, Urteil vom 13.07.1999, VIII R 72/98, DStR 1999, 1808 = DB 1999, 2390 (Offenlassen der im späteren Urteil vom 09.05.2000 entschiedenen Rechtsfrage).

420 BFH, Urteil vom 09.05.2000, VIII R 41/99, BB 2000, 1976 m. Anm. Wacker, BB 2000, 1979. Vgl. auch Gail/Düll/Fuhrmann/Grupp/Eberhard, DB-Beilage Nr. 15/2000, S. 18. – Vgl. in diesem Zusammenhang die Entscheidung des Hessischen FG, Urteil v. 18.09.1001, 1 K 4061/99, DStRE 2002, 734, in der die Entscheidung des BFH vom 19.10.1998 zwar erwähnt wird, die Bruchteilsbetrachtung aber nicht hinreichend klar zur Begründung herangezogen wird. Das eigentliche Argument, dass die betroffene Gesellschaft bürgerlichen Rechts nur vermögensverwaltend tätig war, wird nicht deutlich genug herausgearbeitet (Az. des Revisionsverfahrens: BFH, IX R 68/01).

421 Vgl. in den Gründen unter II.1.

vermögensverwaltende Personengesellschaften tatbestandlich nicht anwendbar.[422] Auch die Legaldefinition der Einlage, die in § 4 I 5 EStG eine Zuführung zum Betrieb bzw. Betriebsvermögen voraussetzt, ist bei Einbringungen in vermögensverwaltende Personengesellschaften nicht erfüllt. Im Ergebnis ist die Bruchteilsbetrachtung bei vermögensverwaltenden Personengesellschaften in der Tat nicht durch das Urteil des BFH vom 19.10.1998 tangiert.[423]

4.2 Gründung versus Kapitalerhöhung

Eine andere differenzierende Auffassung hat Veranlassung gesehen, zwischen Gründungs- und Kapitalerhöhungsfällen zu unterscheiden. Wassermeyer wird mit der anlässlich der Jahrestagung der Fachanwälte für Steuerrecht des Jahres 2000 geäußerten Auffassung zitiert, das Urteil des BFH vom 19.10.1998 beziehe sich nur auf den Gründungsfall.[424] Voraussetzung sei nach diesem Urteil, dass der Inferent Gesellschaftsrechte erhalte. Die Gesellschafter einer Personengesellschaft könnten im Gegensatz zum Gesellschafter einer Kapitalgesellschaft jedoch nur einen einzigen Gesellschaftsanteil halten. Sie seien Inhaber eines einheitlichen Gesellschaftsanteils. Bereits früher hatte Wassermeyer die Auffassung vertreten, gegen Gewährung von Gesellschaftsrechten werde „eigentlich nur bei der Gründung einer Personengesellschaft oder bei der Neuaufnahme eines Gesellschafters eingelegt".[425]

5. Ablehnende Reaktionen

5.1 Ablehnende Auffassung von Reiß

Nicht wenige Stimmen im Schrifttum haben sich kritisch mit dem Urteil des BFH vom 19.10.1998 auseinandergesetzt und dieses abgelehnt. In ausführlicher und scharfer Form lehnt Reiß die nunmehr überwiegende Auffassung ab.[426] Der Gesetzgeber solle wegen der übereinstimmenden Fehlinterpretation des geltenden Rechts durch BFH und Finanzverwaltung eingreifen, um

---

422 So zu Recht Schüppen/Sanna, BB 2001, 2397, 2405. Inkonsequent insoweit Daragan, DStR 2000, 573, 576, der zur Schlussfolgerung gelangt, dass „Sacheinlagen in vermögensverwaltende Personengesellschaften, die keine Mitunternehmerschaft sind, als Einlagen i.S. des § 6 I Nr. 5 EStG möglich" sind. Vgl. auch oben V. Kapitel unter 1.2 (S. 100).

423 Vgl. insoweit auch Tz. 8 des BMF-Schreibens vom 05.10.2000, IV C 3 – S 2256 – 263/00, BStBl I 2000, 1383 = DStR 2000, 1867.

424 Wassermeyer, vgl. Nachweis bei Schulze zur Wiesche, DStZ 2001, 194 (Fn 13); vgl. auch Brandenberg, FR 2000, 1182, 1184.

425 Wassermeyer, BB 1994, 1, 3. Vgl. demgegenüber Schulze zur Wiesche, DStZ 2001, 192, 194 m.w.N. und van Lishaut, DB 2001, 1519, 1521.

426 Reiß, BB 2000, 1965, 1972 ff. und ders., in Kirchhof, EStG, § 15 Rn 371 ff.

eine offenkundige Fehlentwicklung sofort zu korrigieren. Die Aufforderung an den Gesetzgeber ist hierbei nicht darauf zurückzuführen, dass Reiß eine Korrektur etwa nur de lege ferenda für möglich hielte. Die Aufforderung entspringt vielmehr der Einsicht, dass die Einigkeit von BFH und BMF de lege lata seiner ablehnenden Position entgegensteht. Festzustellen ist indessen, dass Reiß gerade diese Unterscheidung zwischen der Rechtsbetrachtung de lege lata und der Rechtsbetrachtung de lege ferenda nicht sehr deutlich zum Ausdruck bringt.

Richtigerweise sei im Mitunternehmer-Erlass die gesellschaftsrechtliche Einbringung von Wirtschaftsgütern aus dem steuerlichen Privatvermögen des Mitunternehmers in das gemeinsame Betriebsvermögen der Mitunternehmerschaft steuerlich als Einlage nach § 4 I 5 EStG behandelt worden mit der Bewertungsfolge des § 6 I Nr. 5 EStG. Der neuen Sicht der Dinge sei für eine zutreffende steuerliche Behandlung der Mitunternehmer nicht zu folgen. Sie führe zu absurden Gestaltungsmöglichkeiten und verlasse das grundlegende Prinzip einer jeden Ertragsbesteuerung, die an den verwirklichten Lebenssachverhalt und nicht an eine buchmäßige Behandlung anzuknüpfen habe. Sie stehe in klarem Widerspruch zur Behandlung der Mitunternehmerschaft als steuerlich transparentem Gebilde mit den Mitunternehmern als den alleinigen Steuersubjekten. Last but not least spreche sie dem erklärten Ziel des Gesetzgebers Hohn, Umstrukturierungen im mittelständischen Bereich nicht zu behindern.

Im Einzelnen argumentiert Reiß wie folgt. Bei einer Personengesellschaft bestehe für den Mitgesellschafter ein einheitliches Gesellschaftsrecht. Dieses vermittle ihm einen Anteil am gemeinsamen Vermögen der Personengesellschaft. Die so genannte Gewährung von Gesellschaftsrechten durch gesellschaftsrechtliche Sacheinlagen trete unabhängig von jeder Verbuchung schlicht dadurch ein, dass dem Gesellschaftsvermögen Wirtschaftsgüter hinzugefügt werden, ohne dass die Gesellschaft dafür etwas aufwenden müsse. Durch eine solche gesellschaftsrechtliche Einlage erhöhe sich daher auch der Wert der Anteile der Gesellschafter am Vermögen der Gesellschaft. Dies und nichts anderes sei die angebliche Gewährung der Gesellschaftsrechte. Neue Gesellschaftsrechte würden auch bei der offenen Sacheinlage nicht ausgegeben und bei der offenen Sachentnahme nicht zurückgegeben. Wäre dies anders, müsste nach Auffassung von Reiß auch bei der Geldeinlage und bei der Geldentnahme von der Veräußerung von Gesellschaftsrechten bzw. Anteilen am Gesellschaftsvermögen ausgegangen werden. Dies sei eine offenkundig absurde Vorstellung.

Gutschriften auf den Kapitalkonten änderten an der auf der Ebene der Gesellschaft eintretenden Mehrung des Gesellschaftsvermögens überhaupt nichts. Sie beträfen allein das Verhältnis der Gesellschafter untereinander und gäben an, in welchem Umfange gesellschaftsrechtliche Einlagen den jeweiligen Gesellschaftern zugute kämen oder sie belasteten. Insoweit bestimmten sie die Höhe der Anteile der Gesellschafter am Gesellschaftsvermögen mit. Die zutreffende Höhe der Anteile der Gesellschafter am Gesellschaftsvermögen ergebe sich allerdings nur unter Berücksichtigung auch der stillen Reserven und deren Verteilung nach dem Gewinnverteilungsschlüssel. Die Frage, ob die gesellschaftsrechtliche Einlage eines Einzelwirtschaftsguts aus dem Privatvermögen in das Gesamthandsvermögen der Mitunternehmerschaft für den einlegenden Gesellschafter als tauschähnliches Veräußerungsgeschäft zu behandeln sei oder nicht, dürfe daher sinnvollerweise nicht von Buchungsvorgängen abhängig gemacht werden.
Soweit der VIII. Senat des BFH auch aus der Sicht der aufnehmenden Gesellschaft entschieden habe, dass bei dieser Anschaffungsaufwendungen vorlägen, sei dem jedenfalls für Personengesellschaften nicht zu folgen. Bereits gesellschaftsrechtlich sei unzutreffend, dass einer gesellschaftsvertraglich vereinbarten Sacheinlage zwingend eine Geldforderung zugrunde liege, die die Gesellschaft dann zur Erlangung des Sachwerts aufwende. Dies sei eine reine Fiktion. Für Personengesellschaften allgemein gebe es keinen Grundsatz der Kapitalaufbringung oder Kapitalerhaltung. Werde eine Sacheinlage vereinbart oder gar ohne Verpflichtung erbracht, so bestehe kein Geldanspruch, den die Gesellschaft aufwenden müsste, um die Sacheinlage zu erlangen. Tatsächlich wende die Personengesellschaft wie auch eine Kapitalgesellschaft außer einer etwaigen Sacheinlageforderung nichts auf, um den Einlagegegenstand zu erhalten. Der Untergang der auf die Übertragung des betreffenden Wirtschaftsguts gerichteten Einlageforderung könne nicht als Anschaffungsaufwand gesehen werden. Anders wäre nur dann zu entscheiden, wenn im Steuerrecht bereits die Einlageforderung als Einlage zu werten wäre.[427] Es müsste dann davon ausgegangen werden, dass die zugrunde liegende Geldforderung im Wege der Einlage erlangt wurde. Ob dies handelsrechtlich so sei oder auch steuerlich bei der Kapitalgesellschaft, könne dahinstehen. Denn für die Personengesellschaft folge bereits aus § 4 I 5 EStG, dass der Gesetzgeber erst die „zugeführte" Einlage als Einlage betrachte. Das Problem werde so ohnehin nur verschleiert. Dass in Wahrheit keine Anschaffungskosten vorlägen, werde schlicht auch durch folgende bilanzielle Binsenweisheit bestätigt. Anschaffungen führten zu Betriebsvermögensumschichtungen, unberührt bleibe die Höhe des Betriebsvermögens. Bilanziell gesprochen veränderten Anschaffungen nicht das Eigenkapital. Bekanntlich verhalte es sich bei gesell-

427 Vgl. hierzu das II. Kapitel unter 4.4.5 (S. 39).

schaftsrechtlichen Sacheinlagen anders. Der VIII. Senat habe sich dieser Erkenntnis lediglich dadurch versperrt, dass er unzulässigerweise eine fiktive, nicht vorhandene Geldforderung unterstelle und dabei auch noch der Frage ausweiche, wie denn diese angebliche Geldforderung erlangt worden sei.
Für die offene und verdeckte gesellschaftsrechtliche Einlage aus Privatvermögen bei Mitunternehmerschaften müsse einheitlich entschieden werden, ob tauschähnliche Veräußerungsgeschäfte anzunehmen seien oder steuerliche Einlagen und Entnahmen. Nachdem der Gesetzgeber richtigerweise nunmehr sogar für gesellschaftsrechtliche Einlagen aus dem Betriebsvermögen und für Überführungen in Betriebsvermögen durch gesellschaftsrechtliche Entnahmen die Buchwertfortführung vorschreibe, sei es unvertretbar, wenn offene Sacheinlagen aus dem Privatvermögen bei Erfüllung der sonstigen Voraussetzungen nach § 23 EStG steuerbar sein sollten. Dies sei alles andere als ein Beitrag zur Erleichterung von Umstrukturierungen im mittelständischen Bereich von Personengesellschaften. Erschwert werde erkennbar die Aufbringung von Eigenkapital bei Mitunternehmerschaften.
Dass bei der aufnehmenden Personengesellschaft kein Anschaffungsgeschäft vorliege, schließe allerdings nicht aus, für den Gesellschafter von einem tauschähnlichen Veräußerungsgeschäft auszugehen. Für den Gesellschafter sei in der Tat der Erhalt einer Gegenleistung in Form einer Wertsteigerung des Gesellschaftsvermögens festzustellen. Je nach Gutschrift auf dem Kapitalkonto komme ihm diese allein oder partiell auch den Mitgesellschaftern mit seinem Willen zugute. Insoweit erscheine die Annahme eines entgeltlichen tauschähnlichen Geschäftes nach Auffassung von Reiß sogar geboten. Auf der anderen Seite sei aber steuerlich zu berücksichtigen, dass die Personengesellschaft als solche gerade kein Einkommen- oder Körperschaftsteuersubjekt sei. Daher sei jedenfalls insoweit nicht von einer Veräußerung auszugehen, wie der Gegenstand über die Personengesellschaft weiterhin dem Mitunternehmer steuerlich zuzurechnen sei.[428] Dies könne bei Überführung aus dem Betriebsvermögen durch Buchwertfortführung (technisch mit Ergänzungsbilanz) gesichert werden und bei Überführung aus dem Privatvermögen gerade durch den Teilwertansatz und entsprechende Gutschrift auf dem (steuerlichen) Kapitalkonto. Es bestehe überhaupt kein Anlass, hier anders als bei der Überführung eines Wirtschaftsguts aus Privatvermögen in das Betriebsvermögen eines Einzelunternehmers zu entscheiden (vgl. § 23 I 5 Nr. 1 EStG). Steuerlich sei die Personengesellschaft keine Kapitalgesellschaft. Daher sollten, anders als bei der Kapitalgesellschaft, Übertragungen vom

428 Diese sogenannte Bruchteilsbetrachtung wird freilich mehrheitlich nur bei vermögensverwaltenden Personengesellschaften zugrundegelegt. Ihr entgegen steht die für Mitunternehmerschaften überwiegend vertretene Einheitsbetrachtung. Vgl. zu diesen Begriffen nur Wacker, BB 2000, 1979 f und G. Söffing, Stbg 1996, 289.

Gesellschafter auf die Gesellschaft, gleichgültig ob auf Grund offener oder verdeckter gesellschaftsrechtlicher Einlagen, weder für die Gesellschaft noch für den Gesellschafter als Veräußerungs- und Anschaffungsgeschäfte behandelt werden müssen. Hingegen sollte umgekehrt von einem Veräußerungsgeschäft für den Gesellschafter auch bei so genannten verdeckten Sacheinlagen in Kapitalgesellschaften ausgegangen werden.
Die Schlussfolgerung ist nicht sehr klar begründet. Gerade an dieser Stelle ist an die eingangs genannte Kritik zu erinnern. Leider unterlässt es Reiß, deutlicher erkennbar werden zu lassen, ob er de lege lata oder aber de lege ferenda argumentiert.[429] An anderer Stelle wird seine Position klarer.[430] Die offene gesellschaftsrechtliche Einlage eines Wirtschaftsguts aus dem Privatvermögen des Mitunternehmers sei eine nach § 6 I Nr. 5 EStG mit dem Teilwert zu bewertende Einlage. Eine davon zu trennende Frage sei, ob für den einbringenden Mitunternehmer eine Veräußerung vorliege. Während die offene Einlage in eine Kapitalgesellschaft in § 23 I EStG per se als eine Veräußerung angesehen werde, würden offene wie verdeckte Einlagen in eine Personengesellschaft offenbar nicht per se als Veräußerung angesehen. Zutreffend würden die offenen und verdeckten Einlagen in Kapitalgesellschaften nach § 23 I 1 EStG bzw. § 23 I 5 Nr. 2 EStG als Veräußerung behandelt, umgekehrt seien offene wie verdeckte Einlagen in eine Personengesellschaft nicht als Veräußerung zu behandeln.[431] Bei der Gleichbehandlung offener Einlagen in Personen- und Kapitalgesellschaften werde verkannt, dass steuerlich zwar die Kapitalgesellschaft, nicht aber die Personengesellschaft eigenes Steuersubjekt sei. Die offene Einlage falle ebenso wenig wie die verdeckte Einlage unter die Bewertungsvorschrift des § 6 VI 1 EStG. Ein Tausch liege nicht vor. Auch nach Auffassung Kempermanns weist Reiß „nicht ganz zu Unrecht" darauf hin, dass der Tauschgedanke fragwürdig sei, weil der BFH in dem „eingetauschten" Gesellschaftsanteil kein Wirtschaftsgut sehe.[432]

5.2 Andere ablehnende Auffassungen

Der zweite Autor, der die Auffassung des BFH mit ausführlicher Begründung ablehnt, ist Schulze zur Wiesche.[433] In Übereinstimmung mit Reiß geht Schulze zur Wiesche insbesondere davon aus, dass die Sacheinlage die

429 So in BB 2000, 1965, 1973 f.
430 Reiß, in Kirchhof, EStG, § 15 Rn 371 f, 457.
431 Die Anwendbarkeit der Veräußerungsfiktion des § 23 I 5 Nr. 1 EStG im Falle der Veräußerung aus dem Betriebsvermögen innerhalb von zehn Jahren seit Anschaffung wird von Reiß indessen auch für Mitunternehmerschaften bejaht, vgl. insoweit wiederum BB 2000, 1965, 1974 (dort Fn 29).
432 Kempermann, GmbHR 2002, 200, 205.
433 Schulze zur Wiesche, FR 1999, 519 f.

Primärschuld des Gesellschafters ist. Entgegen der Auffassung des BFH sei es nicht gerechtfertigt, die Sacheinlage gegen Gewährung der Mitunternehmerstellung in zwei Rechtsakte zu zerlegen, nämlich erstens die Vereinbarung der Höhe der Einlage und zweitens die Vereinbarung der Erfüllung der Einlageverpflichtung durch eine Sachleistung im Wert der festgelegten Einlage. Vielmehr werde die Sacheinlage primär geschuldet, insbesondere dann, wenn es der Gesellschaft auf die Einlage eines ganz bestimmten Grundstücks ankomme. Auch sei die notwendig von einem Gesellschafter oder künftigen Gesellschafter zu erbringende Einlage mit der Veräußerung eines fremden Dritten an die Gesellschaft nicht vergleichbar. Die Mitunternehmerstellung könne daher nicht als ein Entgelt im Rahmen eines Leistungsaustausches angesehen werden.

Schulze zur Wiesche hat ferner darauf hingewiesen, die Übertragung bei einem Tauschvorgange müsse sich beiderseitig auf ein Wirtschaftsgut beziehen.[434] Die Einbringung in ein Gesamthandsvermögen bewirke keinen Leistungsaustausch, der beiderseitig ein vorhandenes Wirtschaftsgut zum Gegenstand habe. Vielmehr sei im Zeitpunkt der Vereinbarung ein Gesellschaftsanteil noch gar nicht vorhanden, sondern entstehe erst durch den Gesellschafterbeitrag.[435] Die Rechtsauffassung des VIII. Senats stehe im Widerspruch zu einer Entscheidung des Großen Senats des BFH aus dem Jahre 1999, nach welcher die Aufnahme eines Gesellschafters in ein bisheriges Einzelunternehmen gegen Zuzahlung in das Privatvermögen keine steuerbegünstigte Veräußerung eines Mitunternehmeranteils darstelle.[436] Der Mitunternehmeranteil entstehe erst durch die Gründung der Personengesellschaft und die Einbringung in das Gesellschaftsvermögen.

Wichmann hat der Auffassung Schulze zur Wiesche zugestimmt und sie zum Anlass für weitere Überlegungen genommen.[437] Er attestiert dem BFH eine Beliebigkeit bei der Auslegung der Steuergesetze.[438] Bei der Anknüpfung an die zivilrechtliche Einlage sei der BFH von einem unzutreffenden Verständnis der Sacheinlage ausgegangen und habe überdies unzutreffend zitiert. Der Verweis auf die Kaufähnlichkeit zur Begründung der Tauschähnlichkeit sei ein Zirkelschluss. Der unbestimmte Begriff „tauschähnlich“ werde vom BFH ohne nähere Begriffsbestimmung verwendet. Dieser unpräzise Begriff sei nicht evident und nicht geeignet, das Urteil zu tragen. Ferner spreche das Urteil in unzutreffender Weise von einer „Gewährung“ von Gesellschaftsrechten, obwohl diese durch Sacheinlage im Wege der Herstellung

---

434 Schulze zur Wiesche, DStZ 2001, 192, 193.

435 Vgl. zum Verhältnis von Einlagebegriff und Beitragsbegriff oben im II. Kapitel unter 3. (S. 28).

436 Schulze zur Wiesche, a.a.O., m.N. BFH, GrS, Beschluss vom 18.10.1999, GrS 2/98, BStBl II 2000, 123.

437 Wichmann, Stbg 2000, 314 ff.

438 Wichmann, Stbg 2000, 314 (Fn 7).

entstünden.[439] Richtig sei nur, dass bei der Gesellschaft, in die eine Sacheinlage geleistet werde, ein Anschaffungsvorgang hinsichtlich des eingelegten Vermögensgegenstands vorliege. Insgesamt könne von einer Tauschähnlichkeit im Zusammenhang mit der Sacheinlage nicht gesprochen werden, zumindest habe der BFH diese nicht begründet, sondern nur behauptet.
Mitsch hinterfragt in kritischer Weise die Verwendung des Einlagebegriffs. Es sei kaum noch nachzuvollziehen, warum der in § 23 I 5 Nr. 1 EStG, § 6 I Nr. 5 EStG, § 21 IV UmwStG verwandte Einlagebegriff nur die verdeckte Sacheinlage, der Einlagebegriff in § 4 IV a EStG dagegen auch die offene Sacheinlage erfassen solle.[440]

---

439 Wichmann, a.a.O. und passim. Zum Streit, ob bei der offenen Einlage aus der Sicht des Inferenten ein Anschaffungsvorgang oder ein Herstellungsvorgang vorliegt, vgl. oben im III. Kapitel unter 4.3 (S. 81) und im II. Kapitel unter 5.3 (S. 50).
440 Mitsch, INF 2000, 300, 305.

VIII. Kapitel: Dogmatische Einordnung der BFH-Auffassung

1. Überblick

Der BFH hat in seinem Urteil vom 19.10.1998 eine klare Auseinandersetzung mit den vorgefundenen Auffassungen leider vermissen lassen. Mit Blick auf den im VI. Kapitel dargestellten Meinungsstand vor und die im VII. Kapitel genannten Reaktionen nach dieser Entscheidung soll nun der Versuch unternommen werden, die Rechtsauffassung des BFH auf der Grundlage der geltenden Rechtslage dogmatisch einzuordnen. Zunächst ist hierbei nach einer hinreichenden dogmatischen Begründung zu suchen für die Nichtanwendung des § 24 UmwStG einerseits (2.) und für die Nichtanwendung der Einlageregeln andererseits (3.). Im Anschluss wird die Herleitung der Tauschähnlichkeit beleuchtet und ebenfalls dogmatisch hinterfragt (4.). Schließlich wird die erst nach dem Urteil vom 19.10.1998 in Kraft getretene Bewertungsvorschrift für den Tausch in § 6 VI 1 EStG dahingehend überprüft, ob sie auch Anwendung auf den tauschähnlichen Vorgang finden kann, der von der überwiegenden Auffassung bei der offenen Einlage eines Einzelwirtschaftsguts in eine Mitunternehmerschaft für gegeben erachtet wird (5.).

2. Nichtanwendung des § 24 UmwStG

2.1 § 24 UmwStG versus Einzelwirtschaftsgut

Dogmatisch überzeugend ist die Begründung, mit der eine Anwendung des § 24 UmwStG abgelehnt wird. Die Prämisse der Tauschähnlichkeit ließe zwar eine derartige Analogie noch zu, da die in § 24 UmwStG geregelten Fälle gerade als tauschähnliche Vorgänge verstanden werden.[441] Der BFH lehnt aber im Ergebnis die analoge Anwendung des § 24 UmwStG zu Recht ab.

§ 24 I UmwStG setzt tatbestandlich voraus, dass ein Betrieb, ein Teilbetrieb oder ein Mitunternehmeranteil in eine Personengesellschaft eingebracht und der Einbringende Mitunternehmer der Gesellschaft wird. Einlagegegenstand bzw. Einbringungsobjekt im Sinne des § 24 UmwStG kann nach dem

[441] Vgl. hierzu bereits im IV. Kapitel unter 4. (S. 93).

vermeintlich klaren Wortlaut daher nicht ein einzelnes Wirtschaftsgut sein.[442] Dieses vermeintlich klare Wortlautargument relativiert der BFH allerdings postwendend. Der BFH habe im Einbringungsurteil vom 15.07.1976 diese Vorschrift entsprechend auf die Einbringung einzelner Wirtschaftsgüter angewendet. Zumindest auf den ersten Blick überrascht das. Rechtsdogmatisch stellt sich, wenn ein Sachverhalt vom Wortlaut einer Norm nicht erfasst wird, häufig die Frage, ob die Voraussetzungen einer Analogie vorliegen oder ein Umkehrschluss zu ziehen ist. Eine Analogie setzt stets das Vorliegen einer planwidrigen Regelungslücke und die Vergleichbarkeit der Interessenlagen im geregelten und im nicht geregelten Vergleichssachverhalt voraus. Im Falle des § 24 UmwStG spricht zunächst weitaus mehr dafür, dass die Nichtnennung des Einzelwirtschaftsguts nicht planwidrig ist, sondern sehr wohl vom Gesetzgeber so gewollt.[443] Dafür spricht schon, dass der Gesetzgeber die Einbringungsobjekte, die in den sachlichen Anwendungsbereich fallen, einzeln auflistet. Erfasst werden nach dem Wortlaut Betrieb, Teilbetrieb und Mitunternehmeranteil. Für einzelne Wirtschaftsgüter drängt sich der Umkehrschluss geradezu auf. Das FG Nürnberg hat dies in seiner Entscheidung vom 16.07.1997 ausführlich und unter Hinweis auf die Gesetzesmaterialien zu Recht dargelegt.[444] Auch § 6 III, IV, V, VI EStG belegt, dass der Gesetzgeber sehr bewusst zwischen Einzelwirtschaftsgütern, Betrieben, Teilbetrieben und Mitunternehmeranteilen differenziert.

Der BFH hat in der Revisionsentscheidung vom 11.12.2001 die überzeugende Argumentation des FG Nürnberg nicht vollständig übernommen. Vielmehr hat er nach wie vor von einem Wertansatzwahlrecht „nach den Grundsätzen des Einbringungsurteils (...) oder nach dem sinngemäß heranzuziehenden Rechtsgedanken des § 24 UmwStG 1977" gesprochen.[445] Von einem Großteil der Literatur werde die Rechtfertigung für die erfolgsneutral gestaltbare Einbringung einzelner Wirtschaftsgüter aus dem Betriebsvermögen des Gesellschafters in die Personengesellschaft auf eine rechtsanaloge Anwendung des § 24 UmwStG gestützt.[446] Dasselbe wie im direkten Anwendungsbereich des § 24 UmwStG müsse auch bei seiner sinngemäßen Heranziehung im zu entscheidenden Fall der Einbringung von Einzelwirtschaftsgütern des Betriebsvermögens gegen Mischentgelt gelten.[447]

---

442 So auch Wassermeyer, BB 1994, 1, 3.

443 Vgl. BT-Drs. 12/7263 und FG Nürnberg, Urteil vom 16.07.1997, V 296/95, EFG 1997, 1437. Vgl. auch Schmitt, in Schmitt/Hörtnagl/Stratz, UmwStG, § 24 Rn 76 m.N., wonach die Anregung des Bundesrates, Einzelwirtschaftsgüter des Betriebsvermögens in den Wortlaut des § 24 UmwStG aufzunehmen, nicht umgesetzt worden ist.

444 Vgl. auch FG Nürnberg, a.a.O.

445 BFH, Urteil vom 11.12.2001, VIII R 58/98, DStR 2002, 395, 399.

446 BFH, a.a.O., S. 398.

447 BFH, a.a.O., S. 400.

Gleichwohl ist zutreffend, dass die entsprechende Anwendung des § 24 UmwStG für Einzelwirtschaftsgüter des Betriebsvermögens infolge des Einbringungsurteils von der überwiegenden Auffassung bejaht worden ist, bis mit Wirkung vom 01.01.1999 die Fälle von § 6 V EStG geregelt worden sind.[448] Dogmatisch vermag dies nicht zu überzeugen. Indem der BFH die Anwendung des § 24 UmwStG auf Einzelwirtschaftsgüter nicht generell verneint, übergeht er unter Fortführung seiner bestehenden Rechtsprechung ein klares Wortlautargument.

Bei genauem Hinsehen begegnet die Argumentation des BFH im Urteil vom 19.10.1998 noch gravierenderen Bedenken. Zu Unrecht wird dort nämlich ausgeführt, der BFH habe im Einbringungsurteil diese Vorschrift[449] entsprechend auf die Einbringung einzelner Wirtschaftsgüter angewendet. Das ist unpräzise, wenn nicht unzutreffend. Mit keinem Wort hat der BFH im Einbringungsurteil in Wahrheit die Norm des § 24 UmwStG 1977 erwähnt. Genau das legt die Formulierung des BFH im Urteil vom 19.10.1998 aber nahe. Der Grund für die unterbliebene Nennung liegt auf der Hand. Das Einbringungsurteil datiert vom 15.07.1976, zugrunde gelegen hatte ein den Veranlagungszeitraum 1966 betreffender Sachverhalt, so dass § 24 UmwStG 1977 zeitlich nicht anwendbar war. Der BFH hat lediglich die Vorgängernorm des § 22 III UmwStG 1969 erwähnt, ohne sich aber mit ihrer Anwendung auseinander zu setzen. Von einer analogen Anwendung des § 24 UmwStG 1977 zu sprechen, verfälscht daher die Argumentation des Einbringungsurteils und ist ein erstes Indiz für mangelnde handwerkliche Präzision im Urteil vom 19.10.1998.

2.2 § 24 UmwStG versus Herkunft des Wirtschaftsguts aus dem Privatvermögen

Der BFH begnügt sich mit einem ebenfalls klaren und überzeugenden Wortlautargument. § 24 UmwStG gelte nicht für aus dem Privatvermögen stammende Wirtschaftsgüter. Für ein Bewertungswahlrecht bei aus Privatvermögen eingebrachten einzelnen Wirtschaftsgütern fehle die Rechtsgrundlage.[450] § 24 I UmwStG setzt in der Tat voraus, dass das eingebrachte Wirtschaftgut vor der Einbringung zu einem Betriebsvermögen und nicht zu einem Privatvermögen gehört hat. Das folgt sowohl aus der amtlichen Überschrift des § 24 UmwStG als auch aus den Absätzen 1 bis 3, in denen jeweils von eingebrachtem Betriebsvermögen die Rede ist.[451] Anders als das Argument,

---

448 Vgl. Schlößer, in Haritz/Benkert, UmwStG, § 24 Rn 7, 29 f.

449 Gemeint ist § 24 UmwStG 1977.

450 Vgl. auch Bordewin, DStR 1979, 468, 473.

451 Vgl. Schlößer, in Haritz/Benkert, UmwStG, § 24 Rn 13.

dass § 24 UmwStG einzelne Wirtschaftsgüter nicht erfasst, hält der BFH dieses Argument für durchschlagend. Insofern ist dem BFH beizupflichten. Wiederum ist ein Umkehrschluss zu ziehen. Die Analogievoraussetzungen liegen für Wirtschaftsgüter des Privatvermögens nicht vor, da keine planwidrige Regelungslücke besteht.

3. Nichtanwendung der Einlageregeln

3.1 Legaldefinition des § 4 I 5 EStG

Die Nichtanwendung der Einlageregeln verneint der BFH ohne Begründung. Der BFH übergeht zwei Fragen. Die erste Frage ist, ob er in seinem Urteil bereits auf der Ebene der Legaldefinition des § 4 I 5 EStG das Vorliegen einer Einlage verneint wissen will. Das wird teilweise angenommen mit dem Argument, wenn der BFH einen tauschähnlichen Vorgang bejahe, bedeute dies im Umkehrschluss, dass er eine Einlage im steuerrechtlichen Sinne verneine.[452]
Eine Subsumtion unter die Tatbestandsmerkmale der Legaldefinition sucht man vergebens. Der BFH spricht zwar von offener Einlage. Er versteht hierunter in Übereinstimmung mit dem anerkannten steuerrechtlichen Begriffsverständnis die Einbringung eines Wirtschaftsguts eines Gesellschafters in das Betriebsvermögen gegen Gewährung von Gesellschaftsrechten.[453] Ob indessen die so verstandene offene Einlage stets eine Einlage im Sinne der Legaldefinition des § 4 I 5 EStG darstellt oder aber zumindest im konkreten Fall nicht, wird vom BFH nicht ausdrücklich beantwortet. Der Vorwurf an die Adresse des BFH ist nur insofern zu relativieren, als vor der Entscheidung des BFH diese Frage ebenfalls nicht Diskussionsgegenstand war. Insbesondere ist sie von jener Auffassung nicht thematisiert worden, die hierzu Anlass gehabt hätte, da sie eine Veräußerung und ein Wertansatzwahlrecht bejaht hat.[454]
Der BFH stellt die Frage, ob ein tauschähnlicher Vorgang vorliege, derart in den Vordergrund, dass er die Frage der Einlagequalität völlig aus dem Blick verliert oder sie zumindest für nicht diskussionswürdig erachtet. Anders gewendet kann man sagen, dass der BFH die Bejahung einer Veräußerung wegen Tauschähnlichkeit des Vorgangs für hinreichend erachtet, die Nichtanwendung der Einlageregeln nicht näher begründen zu müssen. Das ist misslich, da auf diese Weise weder die Konturen des Einlagebegriffs noch die Konturen des Tauschbegriffs an Klarheit gewinnen können.

---

452 Wichmann, Stbg 2000, 314, 315.
453 Näher hierzu im III. Kapitel unter 3.5 (S. 76).
454 Vgl. oben im VI. Kapitel unter 2.3 (S. 119).

Auch wenn man das Urteil des BFH vom 19.10.1998 eingehend analysiert, ergibt sich diesbezüglich wenig Erhellendes. Ausgangspunkt der Überlegungen des BFH ist, da im konkreten Fall eine wesentliche Beteiligung an einer Kapitalgesellschaft eingebracht worden war, die Norm des § 17 EStG. Der BFH formuliert den Obersatz, mit dem er zur Darstellung des Meinungsstands überleitet, wie folgt. Ob ein Veräußerungs- bzw. Anschaffungsgeschäft als tauschähnlicher Vorgang zwischen Gesellschafter und Gesellschaft auch anzunehmen und wie es in der Bilanz der Gesellschaft zu behandeln sei, wenn der Gesellschafter – wie im Streitfall – eine bisher in seinem Privatvermögen gehaltene wesentliche Beteiligung im Wege der offenen Einlage gegen Gewährung von Gesellschaftsrechten einbringe, sei umstritten und vom BFH bisher noch nicht entschieden worden.
Die Feststellung des BFH, sich zur konkreten Fragestellung noch nicht geäußert zu haben, ist zutreffend.[455] Mit seinem Obersatz verstellt sich der BFH aber den Blick für eine deutliche begriffliche Abgrenzung zu den Einlageregeln. Für den BFH scheint klar zu sein, wenn Tauschähnlichkeit bejaht werden könne, liege eine Veräußerung vor und damit gleichbedeutend entweder keine Einlage oder aber zumindest kein nach den Einlageregeln zu beurteilender Vorgang. Welche dieser beiden Begründungen der BFH aber vor Augen hat, bleibt unausgesprochen. Immerhin kommt in der Formulierung des Obersatzes zum Ausdruck, dass der BFH sehr wohl unterscheidet zwischen der Annahme eines tauschähnlichen Veräußerungs- bzw. Anschaffungsgeschäftes und der Behandlung in der Bilanz der Gesellschaft.
An die Abhandlung des Meinungsstands schließt sich die apodiktische Feststellung an, der Senat beurteile – entgegen den im Urteil vorstehend wiedergegebenen Auffassungen – die Einbringung einer wesentlichen Beteiligung aus dem Privatvermögen eines Gesellschafters gegen Gewährung von Gesellschaftsrechten als tauschähnlichen Vorgang, der beim einbringenden Gesellschafter zu einer entgeltlichen Veräußerung im Sinne des § 17 EStG und bei der übernehmenden Gesellschaft zu einem Anschaffungsgeschäft führe. Der BFH begnügt sich in seiner eigentlichen, knapp ausfallenden Argumentation anschließend mit dem Versuch, die Tausch- bzw. Kaufähnlichkeit des Vorgangs zu begründen.[456] Gesondert begründet der BFH darüber hinaus nur, weshalb § 24 UmwStG weder unmittelbar noch entsprechend angewendet werden könne.[457]

455 Näher hierzu bereits oben im VI. Kapitel unter 2.1 (S. 115).
456 Dazu unten 4. (S. 142).
457 Dazu bereits oben 2. (137).

Fazit: Der BFH sagt jedenfalls nicht ausdrücklich, die tatbestandlichen Voraussetzungen der Legaldefinition des § 4 I 5 EStG lägen nicht vor. Den Ausführungen des BFH lassen sich auch keine dahingehenden Anhaltspunkte entnehmen. Einzig der kritiklose Gebrauch des Begriffs der offenen Einlage könnte darauf hindeuten, dass der BFH noch nicht das Vorliegen einer Einlage im Sinne der Legaldefinition verneint wissen will. Hierbei handelt es sich indessen nur um ein schwaches Indiz.

3.2 Bewertungsvorschrift des § 6 I Nr. 5 EStG

Die zweite vom BFH nicht eindeutig beantwortete Frage ist, weshalb § 6 I Nr. 5 EStG nicht anzuwenden ist. Klar wäre dies, wenn der BFH eine Einlage im Sinne der Legaldefinition verneinte, was aber gerade nicht eindeutig feststellbar ist. Auch bei der Bewertungsnorm des § 6 EStG sucht man vergebens nach einer Subsumtion bzw. nach einer Aussage zur Normenkonkurrenz. Eine Erklärung hierfür ergibt sich nicht daraus, dass § 6 I Nr. 5 EStG in seinem direkten Anwendungsbereich einen bereits bestehenden Betrieb voraussetzt. Zwar betrifft der konkrete vom BFH entschiedene Fall die Gründung einer Personengesellschaft. Gemäß § 6 I Nr. 6 EStG ist § 6 I Nr. 5 EStG aber bei der Eröffnung eines Betriebs entsprechend anzuwenden. Die Neugründung ist ein Hauptanwendungsfall der Betriebseröffnung,[458] die Gesellschaftsgründung steht der Anwendung der Einlageregeln daher nicht entgegen. Hinzuweisen ist in diesem Zusammenhang auch darauf, dass der BFH die Bewertungsvorschrift des § 6 I Nrn. 5 und 6 neben § 4 I 5 EStG explizit in die Liste der entscheidungsrelevanten Normen aufgenommen hat. Gleichwohl bleibt letztlich das eigentliche dogmatische Argument des BFH, aufgrund dessen er die Einlageregeln nicht anwendet, im Dunkeln. Der BFH konzentriert sich vollständig auf das Argument der Tauschähnlichkeit bzw. Kaufähnlichkeit. Dieses vom BFH für tragfähig gehaltene Argument ist nun auf seine Stichhaltigkeit hin zu prüfen.

4. Tauschähnlichkeit der offenen Einlage in eine Personengesellschaft

4.1 Erstreckung der Qualifizierung bei Kapitalgesellschaften

Zur Begründung dafür, dass er die Einbringung aus dem Privatvermögen gegen Gewährung von Gesellschaftsrechten als tauschähnlichen Vorgang beurteilt, verweist der BFH zunächst darauf, er erstrecke seine bei Kapitalgesellschaften bereits bestehende Rechtsauffassung nun auch auf Personenge-

---

458 Vgl. Fischer, in Kirchhof, EStG, § 6 Rn 173.

sellschaften.[459] Da für eine rechtsformspezifische Ungleichbehandlung – trotz der grundsätzlich fehlenden Steuersubjektqualität der Personengesellschaft – jedenfalls kein zwingender Grund besteht, ist die parallele Behandlung als solche zunächst nicht zu kritisieren.[460] Auffällig ist jedoch, dass der BFH sich mit der Zitierung von Fundstellen begnügt, die allesamt wenig aufschlussreich sind. Die eigentlichen Hintergründe und Wertungen legt der BFH gerade nicht offen.

Die Übertragung der für Kapitalgesellschaften bereits bestehenden Rechtsprechungs- und Verwaltungsauffassung auf die Mitunternehmerschaften wird vom BFH außerdem etwas irreführend eingeleitet. Überraschend ist nämlich in Anbetracht der Einleitung die Erkenntnis, dass das vom VIII. Senat in Bezug genommene Urteil des XI. Senats vom 11.09.1991[461] sich ausdrücklich auch zur Situation bei Personengesellschaften geäußert hat. Nicht nur die Sacheinlage in eine Kapitalgesellschaft, sondern auch die Sacheinlage in eine Personengesellschaft stellte nach den Ausführungen des XI. Senats für den Gesellschafter einen tauschähnlichen Vorgang dar.[462] Das Urteil vom 11.09.1991 selbst verweist ebenso wie das dort wiederum in Bezug genommene Urteil des BFH vom 29.10.1987[463] auf das Einbringungsurteil vom 15.07.1976.[464] Alle drei Urteile betreffen zwar nach ihren Sachverhalten die Einbringung von Wirtschaftsgütern des Betriebsvermögens. Dem Urteil vom 11.09.1991 sind aber immerhin Andeutungen dafür zu entnehmen, dass die Annahme eines tauschähnlichen Vorgangs sich auch auf Einbringungen aus dem Privatvermögen erstreckt.[465] Auch die beiden Urteile vom 15.07.1976 und vom 29.10.1987 beinhalten keinerlei Anhaltspunkte dafür, dass die Annahme der Tauschähnlichkeit ausschließlich auf die Einbringung von Wirtschaftsgütern des Betriebsvermögens beschränkt sein könnte, sondern verhalten sich für diese Frage neutral. Ferner enthält das Urteil vom 29.10.1987 den Hinweis, dass die Veräußerung in Form des tauschähnlichen Vorgangs unabhängig davon vorliege, ob der Einbringende durch den Einbringungsvorgang erstmals Mitunternehmer der empfangenden Gesellschaft werde oder seinen bereits vorhandenen Gesellschaftsanteil erhöhe.[466]

---

459 Zum Meinungsstand bei Kapitalgesellschaften zur Zeit des BFH-Urteils vom 19.10.1998 vgl. das VI. Kapitel unter 3. (S. 121).

460 A.A. Reiß, ausführlich zu seiner ablehnenden Haltung im VII. Kapitel unter 5.1 (S. 130). – Vgl. zur Vielheit der Gesellschafter und zur Einheit der Gesellschaft BFH, GrS, Beschluss vom 25.02.1991, GrS 7/89, BStBl II 1991, 691, 698 f.

461 BFH, Urteil vom 11.09.1991, XI R 15/90, BStBl II 1992, 404.

462 BFH, Urteil vom 11.09.1991, XI R 15/90, BStBl II 1992, 404, 405.

463 BFH, Urteil vom 29.10.1987, IV R 93/85, BStBl II 1988, 374.

464 Vgl. zum Einbringungsurteil 2.1 im VI. Kapitel (S. 115).

465 BFH, Urteil vom 11.09.1991, XI R 15/90, BStBl II 1992, 404, 405.

466 BFH, Urteil vom 29.10.1987, IV R 93/85, BStBl II 1988, 374, 376.

Der eigentlich überraschende Umstand besteht darin, dass die Annahme des tauschähnlichen Vorgangs im Urteil vom 19.10.1998 also auch im Zusammenhang mit Personengesellschaften alles andere als neu war. Neu waren lediglich die vom BFH hieraus gleichsam automatisch abgeleiteten Rechtsfolgen. Dieser Automatismus der Argumentation und die auch ansonsten unzureichende Begründung der Gleichbehandlung von Kapitalgesellschaften und Personengesellschaften begründen in dogmatischer Hinsicht einen Hauptkritikpunkt am Urteil des BFH.

4.2 Entgeltlichkeit wegen Gewährung von Gesellschaftsrechten als Gegenleistung

Die zuvor im Vordergrund stehende Streitfrage, ob die durch eine offene Einlage erlangten Gesellschaftsrechte als ertauschte Gegenleistung anzusehen sind,[467] erwähnt der BFH im Gegensatz zum BMF[468] nicht einmal mehr. Der BFH gebraucht zwar die gewohnte Wendung „gegen Gewährung von Gesellschaftsrechten" bzw. „gegen die Gewährung eines Mitunternehmeranteils", setzt sich aber argumentativ nicht mehr mit der Frage einer Gegenleistung der Mitunternehmerschaft für die Einbringung auseinander.[469] Auch das überrascht, jedenfalls vom Entscheidungszeitpunkt aus betrachtet. Gegen die entsprechenden Formulierungen ist nicht nur angesichts der §§ 20, 24 UmwStG und der §§ 27 I 1, 34 I Nr. 2 AktG nichts einzuwenden. Auch der durch das Unternehmenssteuerfortentwicklungsgesetz vom 20.12.2001 zum wiederholten Male neu gefasste § 6 V 3 EStG steht der Annahme einer Gegenleistung in Form von Gesellschaftsrechten nicht entgegen. Nach dessen jüngster Fassung ist die Übertragung eines Wirtschaftsguts in das Gesamthandsvermögen einer Mitunternehmerschaft „gegen Gewährung oder Minderung von Gesellschaftsrechten" explizite Tatbestandsvoraussetzung. In der Gegenüberstellung des unentgeltlichen Vorgangs kommt zum Ausdruck, dass in der Gewährung von Gesellschaftsrechten ein Entgelt bzw. eine Gegenleistung seitens der Gesellschaft bzw. seitens der anderen Mitunternehmer zu erblicken ist.

---

467 Vgl. dazu einerseits Groh, Ist die verdeckte Einlage ein Tauschgeschäft?, DB 1997, 1683, 1684 und andererseits Büchele, DB 1997, 2337, 2338, DStR 1998, 741, 742.

468 Das BMF spricht in seinem Schreiben vom 29.03.2000, IV C 2 – S 2178 – 4/00, BStBl I 2000, 462 f., ausdrücklich von der Gewährung von Gesellschaftsrechten als Gegenleistung für das eingebrachte Einzelwirtschaftsgut.

469 Auch in dem bereits angesprochenen Urteil des VIII. Senats vom 11.12.2002 (vgl. oben 2.1 (S. 137), im VI. Kapitel 2.1.1 (S. 115) und im V. Kapitel 2.2 (S. 102)) werden die Begriffe Entgelt und Gegenleistung mit Anführungszeichen versehen (BFH, VIII R 58/98, DStR 2002, 395, 397 („Entgelt") bzw. 399 („Gegenleistung")).

4.3 Gesellschaftsrechtliche Argumentation

Der BFH meint schließlich, die Tauschähnlichkeit mit einer gesellschaftsrechtlichen Argumentation herleiten zu können. Jeder offenen Sacheinlage liege eine Vereinbarung ihres Gegenstands und der Höhe der in Geld ausgedrückten Einlageschuld zugrunde. Diese gesellschaftsrechtliche Argumentation enthält die tragende Begründung des BFH. Sie geht ersichtlich auf Groh zurück, einen ehemaligen Vorsitzenden Richter am BFH, dessen Aufsatz aus dem Jahre 1997 der VIII. Senat im Urteil vom 19.10.1998 auch ausdrücklich zitiert.[470] Ob dessen vom BFH übernommene Argumentation tatsächlich tragfähig ist, ist im Folgenden zu überprüfen.

Zunächst sei die Argumentation des BFH hier noch einmal wiedergegeben. Der BFH argumentiert wie folgt. Jeder offenen Sacheinlage – sei es bei einer Personengesellschaft oder bei einer Kapitalgesellschaft – liege eine Vereinbarung des Gegenstands der Sacheinlage und der Höhe der in Geld ausgedrückten Einlageschuld zugrunde, auf die der Gesellschafter die Sacheinlage leiste, die die Gesellschaft mit dem angemessenen Wert gegen ihre Einlageforderung verrechne. Die Leistung einer Sacheinlage bei einer GmbH erfordere nach § 5 IV 1 GmbHG die gesellschaftsvertragliche Festsetzung des Gegenstands der Sacheinlage und des Betrags der Stammeinlage, auf die sich die Sacheinlage beziehe. Ferner erfordere sie einen Sachgründungsbericht nach § 5 IV 2 GmbHG. Im wirtschaftlichen Ergebnis, auf das es für die bilanzrechtliche Beurteilung allein ankomme, mache es dabei keinen Unterschied, ob eine Sacheinlage im eigentlichen Sinne oder eine Sachübernahme vereinbart worden sei, bei der die Einlagepflicht durch Verrechnung der als Gegenwert für die Sacheinlage festgesetzten Vergütung erfüllt werde. Immer stehe im Hintergrund die sich aus der Leistungsvereinbarung[471] bei der Gründung der Gesellschaft ergebende Pflicht des Gesellschafters zur Geldleistung. Die Sacheinlage stelle sich bei der Kapitalgesellschaft als kaufähnlicher Vorgang unter dem gesellschaftsrechtlichen Vorbehalt einer Bewertung nach objektiven Kriterien dar.

Bei einer KG gelte Entsprechendes. Die Haftung eines Kommanditisten sei nach § 171 I 1 Hs. 2 HGB ausgeschlossen, soweit er die Einlage geleistet habe. Die Haftungsbefreiung könne jedoch nach dem Kapitalaufbringungsprinzip nur in Höhe des objektiven Werts der Sacheinlage eintreten, mit dem diese gegen die in Geld ausgedrückte Einlageschuld verrechnet werde. Durch

---

470 Groh, DB 1997, 1683. Zu seiner Richtertätigkeit am BFH vgl. bereits oben im V. Kapitel unter 4.2 (S. 110, Fn 361). Interessanterweise war Groh zur Zeit des Urteils vom 11.09.1991, XI R 15/1990 (näher hier im Kapitel unter 4.1 (S. 142)) Vorsitzender Richter des XI. Senats.

471 Der BFH spricht von der Pflicht zur Geldleistung (m.N. Lutter/Hommelhoff, 5/12, 21 ff.), die sich für den Gesellschafter aus der „Leistungsvereinigung“ bei Gesellschaftsgründung ergebe. Hierbei handelt es sich aber wohl um ein Versehen.

die Verbuchung auf dem Kapitalkonto und u.U. zusätzlich auf einem Darlehenskonto weise die KG den von ihr und dem Gesellschafter für angemessen erachteten Wert aus. Hätte auch ein fremder Dritter diesen Betrag verlangt und erhalten, so führe dies aufgrund seiner Verrechenbarkeit mit der in Geld ausgedrückten Einlageschuld zu Anschaffungskosten der Gesellschaft. Sei er unangemessen hoch, so habe dies in Höhe der Differenz zum objektiven Wert der Sacheinlage eine verdeckte Entnahme, bei einer Unterbewertung eine verdeckte Einlage des Gesellschafters zur Folge.

Bei der dogmatischen Einordnung ist klar vor Augen zu behalten, dass die Argumentation des BFH einzig und allein dazu dient, die als Ergebnis formulierte Tauschähnlichkeit zu begründen. Die Argumentation dient nicht zu mehr, aber auch nicht zu weniger. Ungeachtet der noch vorzunehmenden Einzelkritik lässt die Entscheidungsbegründung allgemein gesprochen eine deutlichere Unterscheidung zwischen der zivilrechtlichen und der steuerrechtlichen Argumentationsebene vermissen. Die Tauschähnlichkeit ist steuerrechtlicher Natur. Allenfalls kann sie noch handelsbilanzrechtlich interpretiert werden, nicht dagegen gesellschaftsrechtlich bzw. allgemein zivilrechtlich. Es handelt sich bei dem Begriff des tauschähnlichen Vorgangs um einen im Steuerrecht, nicht dagegen im Zivilrecht verwendeten Begriff.[472] Im Zivilrecht hat der BGH für eine GmbH bereits im Jahre 1966 entschieden, dass das Sacheinlageversprechen kein Kauf, sondern eine körperschaftsrechtliche Regelung sei.[473] Dennoch bedient sich der BFH für die Begründung der steuerrechtlichen Tauschähnlichkeit des Gesellschaftsrechts. Die Zitierweise des BFH ist fragwürdig. Die Zitate an der entscheidenden Stelle der Urteilsbegründung sind irreführend, wenn nicht fehlerhaft. Zu Recht hat der BFH hierfür Kritik geerntet.[474] Beispielsweise weist der BFH nicht einmal auf die von Lutter/Hommelhoff in ihrer Kommentierung selbst angegebene Gegenmeinung zum Verhältnis von Bareinlage und Sacheinlage hin.[475]

---

472 Vgl. hierzu bereits oben im IV. Kapitel unter 4. (S. 93).

473 BGH, Urteil vom 02.05.1966, II ZR 219/63, BGHZ 45, 338. Vgl. zu diesem Urteil bereits oben im II. Kapitel unter 4.4.4 (S. 39).

474 Ausführlich Daragan, DStR 2000, 573, 573 f.: „Freie Belegwahl oder: Wie hätte ich´s denn gern?", „Wer die Zitate überprüft, die der VIII. Senat anführt, kann sich nur schwer des Eindrucks erwehren, dass eine allmähliche Verfertigung des Zivilrechts beim (steuerlichen) Judizieren stattgefunden hat, wie man in Paraphrasierung eines bekannten Kleist´schen Essays sagen kann.", „Für die Behauptung, die Sacheinlage in eine GmbH werde mit einer Geldeinlageschuld verrechnet, beruft sich der VIII. Senat auf K. Schmidt. Loco citato steht, (...). Von der Verrechnung einer Sacheinlage mit einer Geldeinlage ist keine Rede.", „Nachgerade als Selbstverständlichkeit referiert der VIII. Senat die Meinung Lutters, (...) eine Sacheinlage sei eine nach bestimmten Regeln zulässige datio in solutum einer primären Barleistungspflicht, also eine Leistung an Erfüllungs statt. Aber das ist eine vereinzelt gebliebene Meinung." – Vgl. auch Wichmann, Stbg 2000, 314, 315: „K. Schmidt hat an der vom Gericht zitierten Stelle die Sacheinlage anders dargestellt, als es das Gericht tut."

475 Winter, in Scholz, GmbHG, § 5 Rn 40 (8. Aufl. 1993), wonach die Sacheinlage keine datio

Groh, dessen Argumentation der BFH also übernimmt, hat an der in Bezug genommenen Stelle für offene Einlagen in Kapitalgesellschaften wie folgt argumentiert. Aus der Gründung oder der Kapitalerhöhung entstehe der Gesellschaft eine Einlageforderung. Sie gehe grundsätzlich auf eine Geldleistung. Erbringe der Gesellschafter stattdessen eine Sachleistung, handle es sich nach Meinung des Zivilrechts zwar nicht um einen Kauf, wohl aber um ein kaufähnliches Geschäft; der Gesellschafter verkaufe sozusagen die Sachleistung um den Preis der Einlageverpflichtung. In bilanzrechtlicher Verkürzung lasse sich bei der Sachübernahme von einem Tauschvorgang sprechen. Entsprechend sei auch die Sacheinlage „cum grano salis" als Tausch bzw. tauschähnlicher Vorgang zu bezeichnen. Groh hat die betreffenden Ausführungen zunächst unter der Überschrift „Handelsrecht" getroffen und dort insbesondere das Handelsbilanzrecht behandelt. Er ist sodann unter der Überschrift „Steuerrecht" zum Ergebnis gelangt, „wiederum cum grano salis" lasse sich auch steuerrechtlich von einem tauschähnlichen Geschäft der Gesellschaft sprechen.

Wörtlich übersetzt steht die lateinische Wendung „cum grano salis" für „mit einem Korn Salz", bildungssprachlich wird sie verwendet für „mit Einschränkung" oder „nicht ganz wörtlich zu nehmen".[476] Dogmatisch zu Recht hat Hoffmann in der ihm eigenen Prägnanz bemerkt: „Tauschähnlich bedeutet begrifflich die Anwendung einer Rechtsanalogie, die überdies Groh zufolge „cum grano salis" zu verstehen ist – sozusagen eine Analogie auf höherer logischer Ebene."[477]

4.4 Zwischenergebnis

Die Argumentation des BFH ist in weiten Teilen irreführend und unsorgfältig. Insbesondere die im Dienste der Begründung der Tauschähnlichkeit stehende „Verrechnungstheorie" steht auf wackligen Beinen. Sie greift explizit auf das Zivilrecht zurück, ist aber gerade zivilrechtlich nicht überzeugend. Jedenfalls vermag das vermeintliche Primat der Bareinlage allein, selbst wenn es zivilrechtlich bzw. gesellschaftsrechtlich bestünde, die hieraus abgeleiteten steuerlichen Folgen nicht zu rechtfertigen. Die Argumentation löst sich deutlich zu weitgehend von den an sich einschlägigen, weil jedenfalls nach dem

---

in solutum einer primären Barleistungspflicht sei, Lutter/Hommelhoff zögen aus der bei einer missglückten Sacheinlagevereinbarung oder Einlageerfüllung u.U. hilfsweise an ihre Stelle tretenden Pflicht zur Geldeinlage unzulässige Schlüsse. Ders., a.a.O. (9. Aufl. 2000) nennt zwei weitere Argumente: Die gegenteilige Auffassung habe keine Grundlage im Gesetz und widerspreche dem Gründerwillen. A.A. aber Lutter/Hommelhoff, GmbHG, 15. Aufl. 2000, § 5 Rn 13 (entsprechend § 5 Rn 12 der 14. Aufl. 1995).

476 Duden, S. 311 („cum grano salis").

477 Hoffmann, DB 1998, 1983, 1987 (Fn 35).

Gesetzeswortlaut erfüllten Einlageregeln. Dennoch ist die postulierte Tauschähnlichkeit als solche steuerrechtlich wie handelsbilanzrechtlich zumindest vertretbar. Wie bereits dargelegt, war die Annahme eines tauschähnlichen Vorgangs auch für Personengesellschaften eine keinesfalls neue Meinung. Zu klären bleibt aber, ob sich die vom BFH hieraus abgeleiteten Rechtsfolgen im geltenden Einkommensteuerrecht dogmatisch sauber verankern lassen.

5. Analogiethese

Die Feststellung der – unzureichend begründeten – Tauschähnlichkeit hält der BFH für hinreichend, die Einlageregeln des EStG nicht anzuwenden. Dies zu Unrecht. Die Annahme der Tauschähnlichkeit hätte allenfalls ein Zwischenschritt sein dürfen. Dogmatisch zwingend hätte sich daran eine Begründung anschließen müssen, aus welchem teleologischen, systematischen oder historischen Grund die Einlageregeln angesichts der Tauschähnlichkeit verdrängt werden. Genau genommen bedarf es sogar zweier Begründungsschritte. Erstens bedarf es einer Begründung für die Behandlung des nur tauschähnlichen Vorgangs als Tausch, zweitens einer Begründung für die Verdrängung der Einlageregeln. Die bereits zitierte Entscheidung des FG Berlin aus dem Jahre 1996[478] belegt anschaulich, dass die Annahme eines tauschähnlichen Vorgangs die Nichtanwendung des § 6 I Nr. 5 EStG nicht automatisch rechtfertigen kann.
Die Auffassung von BFH und BMF, die Einbringung eines Einzelwirtschaftsguts aus dem Privatvermögen in das betriebliche Gesamthandsvermögen einer Personengesellschaft stelle einen tauschähnlichen Vorgang dar, könnte dogmatisch als Analogie zu § 6 VI 1 EStG einzuordnen sein. Hierbei wird nicht übersehen, dass § 6 VI 1 EStG zur Zeit der BFH-Entscheidung vom 19.10.1998 noch gar nicht in Kraft getreten war, geschweige denn für den entscheidungsrelevanten Veranlagungszeitraum 1986 anzuwenden war. Zumindest dieser Vorwurf, die Bewertungsnorm des § 6 VI 1 EStG übergangen zu haben, trifft den BFH daher nicht.
Die durch das Steuerentlastungsgesetz 1999/2000/2002 neu eingefügte Vorschrift regelt nun aber seit dem 01.01.1999 die Bewertung von Tauschvorgängen dahingehend, dass der gemeine Wert des hingegebenen Wirtschaftsguts zu aktivieren ist. Ein nur tauschähnlicher Vorgang, für den Gleiches gelten soll, wird also analog § 6 VI 1 EStG behandelt, es sei denn, der Begriff des tauschähnlichen Vorgangs ist bereits unmittelbar unter den Begriff des Tausches zu subsumieren. Vor dem Hintergrund des § 6 VI 1 EStG

---

478 FG Berlin, Urteil vom 15.01.1996, VIII 47/90, EFG 1996, 581. S. hierzu 2.2.2 im VI. Kapitel (S. 118).

erscheint die dogmatische Einordnung der seit dem Urteil des BFH vom 19.10.1998 überwiegenden Auffassung daher unter veränderten normativen Vorzeichen. Anders als noch von Hoffmann seinerzeit korrekt beschrieben,[479] steht nun also nicht mehr die Rechtfertigung einer Rechtsanalogie, sondern diejenige einer Gesetzesanalogie zur Diskussion.[480]
Die Zulässigkeit einer steuerschärfenden Analogie wird unterschiedlich beurteilt, überwiegend jedoch eher verneint.[481] Anlässlich der Jahrestagung der Deutschen Steuerjuristischen Gesellschaft zum Thema „Grenzen der Rechtsfortbildung durch Rechtsprechung und Verwaltungsvorschriften im Steuerrecht" hat Tipke im Jahre 1982 Folgendes resümiert. Übereinstimmung habe darüber bestanden, dass die Rechtsprechung das Analogieverbot stillschweigend oder „verkappt" immer wieder unterlaufen habe.[482]
Das Urteil des BFH vom 19.10.1998, in dem § 6 VI 1 EStG zeitlich nicht anwendbar war, trifft zwar nicht der Vorwurf der steuerschärfenden Gesetzesanalogie, sondern vielmehr der Vorwurf des unzureichenden Eingehens auf zumindest ihrem Wortlaut nach einschlägige Gesetzesbestimmungen (§§ 4 I 5, 6 I Nr. 5 EStG). Nach dem Inkrafttreten des § 6 VI 1 EStG stellt sich nun aber die Frage, ob diese Norm den vom BFH im Urteil vom 19.10.1998 postulierten tauschähnlichen Vorgang erfasst.

6. Ergebnis

Das Urteil des BFH vom 19.10.1998 ist im wirtschaftlichen Ergebnis weniger zu kritisieren, aus juristischer Sicht aber um so mehr für seine Begründung in der eigentlichen Kernfrage. Um es deutlich zu sagen: Die Begründung des BFH für die Annahme eines tauschähnlichen Vorgangs überzeugt nicht. Die zivilrechtliche Anlehnung des BFH ist zwar im Ansatz nicht zu beanstanden, die Art und Weise der Argumentation und ganz besonders die Zitierweise des BFH ist aber mehr als nur fragwürdig. Bei genauerem Hinsehen ist gerade die Zitierweise im Urteil vom 19.10.1998 für ein Oberstes Bundesgericht äußerst befremdlich. Darüber hinaus ist die Annahme eines tauschähnlichen Vorgangs entgegen der Auffassung des BFH nicht hinreichend für die hieraus abgeleiteten Schlussfolgerungen. Mit Erstaunen muss zunächst zur Kenntnis genommen werden, dass der BFH seine Entscheidung nur unzureichend dogmatisch fundiert. Es verwundert, dass der BFH den Meinungsstand zwar

479 Hoffmann, DB 1998, 1983, 1987 (Fn 35).
480 Vgl. Hoffmann, GmbHR 1999, 452, 455 („Gesetzesanalogie). Zu den Begriffen Rechtsanalogie und Gesetzesanalogie vgl. Tipke/Lang, 17. Aufl. 2002, § 5 Rn 73 (S. 144).
481 Arndt, S. 36; vgl. auch Tipke/Lang, 17. Aufl. 2002, § 4 Rn 184 ff. (S. 110 ff.) m.w.N.; Crezelius, § 9 (S. 149 ff.) und § 20 II (S. 362 ff.).
482 Tipke (Grenzen), S. 406.

darstellt, sich sodann aber nicht eingehend mit den Argumenten der abweichenden Auffassungen auseinandersetzt. Wenn der BFH hierauf schon verzichten zu können glaubt, so wäre wenigstens eine klare dogmatische Einordnung seiner eigenen Rechtsauffassung erforderlich gewesen. Auch sie bleibt der BFH aber schuldig. Diese klare dogmatische Einordnung liegt – zumal nach dem Inkrafttreten des § 6 VI EStG mit Wirkung vom 01.01.1999 – auch keineswegs auf der Hand. Vieles spricht dafür, dass die Rechtsauffassung, die offene Einlage eines Einzelwirtschaftsguts aus dem Privatvermögen in das betriebliche Gesamthandsvermögen einer Personengesellschaft stelle einen tauschähnlichen Vorgang dar, dogmatisch de lege lata nur als Analogie zu § 6 VI 1 EStG eingeordnet werden kann.

IX. Kapitel: Stellungnahme

1. Überblick

Im folgenden Kapitel wird nun abschließend zu den „tauschähnlichen Vorgängen" Stellung genommen. Fraglich ist, ob die übereinstimmende Auffassung von BFH und BMF zur steuerlichen Beurteilung offener Einlagen von Einzelwirtschaftsgütern des Privatvermögens in Gesellschaften im Ergebnis doch befürwortet werden kann oder ob sie zumindest de lege lata ganz abzulehnen ist. Zunächst stehen die „tauschähnlichen Vorgänge" bei Personengesellschaften in Frage, als die Einbringungen gegen Gewährung von Mitunternehmeranteilen im Urteil vom 19.10.1998 qualifiziert werden (2.). Der ausführlichen Überprüfung bedürfen zwei Fragen. Die erste, vergleichsweise eindeutig zu beantwortende Frage ist, ob die offene Einlage eines Wirtschaftsguts in eine Mitunternehmerschaft begrifflich eine Einlage im Sinne des § 4 I 5 EStG darstellt. Ist dies der Fall, schließt sich die zweite Frage an, ob deren Bewertung sich nach § 6 I Nr. 5 EStG richtet. Diese zweite Frage ist in Übereinstimmung mit BFH und BMF nur dann zu verneinen, wenn hierfür eine überzeugende dogmatische Begründung genannt werden kann. Beide Fragen sollen nun mit Hilfe der aus der juristischen Methodenlehre bekannten Auslegungsmethoden beantwortet werden. Auszulegen ist folglich nach dem Gesetzeswortlaut, nach der Gesetzessystematik, nach der Normentstehungs- und der Normanwendungsgeschichte sowie nach dem Sinn und Zweck des Gesetzes. Am Ende des Kapitels soll schließlich auch für die „tauschähnlichen Vorgänge" bei Kapitalgesellschaften Stellung bezogen werden (3.).

2. „Tauschähnliche Vorgänge" bei Personengesellschaften

2.1 Keine analoge Anwendung des § 24 UmwStG

§ 24 UmwStG ist auf einzelne Wirtschaftsgüter des Privatvermögens eindeutig nicht direkt anzuwenden. Im Ergebnis zu Recht verneint der BFH die analoge Anwendung der Norm auf die Einbringung einzelner Wirtschaftsgüter des Privatvermögens in eine Personengesellschaft. Es bedürfte einer zweifachen Analogie, deren Voraussetzungen entgegen der Auffassung des BFH aber nicht nur in einer Richtung, sondern in beiden Richtungen nicht vorliegen.

Zutreffend verneint der BFH die analoge Anwendung für Wirtschaftsgüter des Privatvermögens. Die Begründung des BFH im Einbringungsurteil lässt sich entgegen A. Söffing[483] nicht auf Wirtschaftsgüter des Privatvermögens übertragen. Darüber hinaus liegen aber auch die Voraussetzungen einer analogen Anwendung auf einzelne Wirtschaftsgüter nicht vor. Das vom BFH in Bezug genommene Urteil ist gerade nicht zu § 24 UmwStG ergangen. Das übersieht der BFH. Zumindest ist auch diesbezüglich der Vorwurf unsorgfältigen Zitierens zu erheben. Zuzustimmen ist demgegenüber der Entscheidung des FG Nürnberg, wonach § 24 UmwStG auf Einzelwirtschaftsgüter nicht entsprechend angewendet werden kann.[484]

2.2 Einlagequalität der offenen Einlage

2.2.1 Wortlaut des § 4 I 5 EStG

Ist die offene Einlage (sic!) überhaupt eine Einlage im Sinne des Einkommensteuerrechts? Die Fragestellung erscheint auf den ersten Blick paradox. Genau diese Frage bedarf aber zuallererst der Überprüfung. Für den Begriff der Einlage besteht die Legaldefinition nach § 4 I 5 EStG. Einlagen sind alle Wirtschaftsgüter (Bareinzahlungen und sonstige Wirtschaftsgüter), die der Steuerpflichtige dem Betrieb im Laufe des Wirtschaftsjahrs zugeführt hat. Die Definition setzt zweierlei voraus, erstens einen Einlagegegenstand in Form eines Wirtschaftsguts und zweitens eine Einlagehandlung, die in der willentlichen Zuführung zum Betrieb besteht.[485]

Die generell-abstrakte Legaldefinition ist keineswegs trennscharf. Gerade in einzelnen Problemfällen hilft ihr Wortlaut allein häufig nicht weiter. Hinzu tritt ein weiteres, gerade auch im vorliegenden Zusammenhang zu Tage tretendes Problem: Im Urteil des BFH vom 19.10.1998 und im Schreiben des BMF vom 29.03.2000 wird ebenso wie in der Mehrzahl der Stellungnahmen im Schrifttum nicht hinreichend deutlich zum Ausdruck gebracht, ob bereits auf der begrifflichen Ebene das Vorliegen einer Einlage im Sinne der Legaldefinition zu verneinen ist.[486] Dass ausgerechnet die offene Einlage keine tatbestandliche Einlage im Sinne der einkommensteuerrechtlichen Legaldefinition sein soll, wäre begrifflich wundersam. Gelangte man zum Ergebnis, die offene Einlage schon auf der begrifflichen Ebene der Legaldefinition nicht als

---

483 A. Söffing, DStR 1995, 37, 39.

484 FG Nürnberg, Urteil vom 16.07.1997, V 296/95, EFG 1997, 1437. Vgl. auch Patt, in H/H/R (StSenkG), EStG, § 6 Anm. R 132 m.N. BT-Drs. 14/23, 173.

485 Näher zum steuerrechtlichen Einlagebegriff oben im III. Kapitel (S. 55 ff.).

486 Ist dies der Fall (so Steinhauff, NWB, Fach 3, S. 10887, 10890; Wichmann, Stbg 2000, 314, 315), so scheitert die Anwendung des § 6 I Nr. 5 EStG bereits im Ansatz. Es bedürfte über die Begründung der Frage hinaus, weshalb eine Einlage zu verneinen ist, keiner weiteren dogmatischen Begründung.

Einlage zu verstehen, so wäre es nur konsequent, die Bezeichnung als offene Einlage gänzlich aufzugeben, um zwangsläufigen Missverständnissen vorzubeugen. Zumindest wäre von diesem Standpunkt aus die unmissverständliche Klarstellung wünschenswert, dass die offene „Einlage" gar keine Einlage im Sinne des Steuerrechts ist. Hierfür bedürfte es einer nachvollziehbaren dogmatischen Begründung.

Die Nichtanwendung einer Norm trotz Vorliegens sämtlicher Tatbestandsmerkmale kann sich aus systematischen Gründen ergeben, wenn sie kraft Spezialität von einer anderen Norm verdrängt wird (lex specialis derogat legi generali). Ferner kann die Nichtanwendung mit einer teleologischen Reduktion zu begründen sein.[487] Diese Überlegungsansätze sind aber nicht mehr Fragen des Gesetzeswortlauts. Teleologische Reduktion auf der begrifflichen Tatbestandsebene und Spezialität auf der Konkurrenzebene sind gerade dadurch charakterisiert, dass sie zu einem anderen Ergebnis als die Auslegung nach dem bloßen Gesetzeswortlaut führen können.

Zunächst ist aber wie bei jeder Auslegung vom Wortlaut der Norm auszugehen. Liegt ein einlagefähiges Wirtschaftsgut vor, so erfordert § 4 I 5 EStG darüber hinausgehend nach seinem Wortlaut nicht mehr und nicht weniger als eine Zuführung zum Betrieb. Was nun hierunter zu verstehen ist, ist auslegungsbedürftig. Etwas zuführen bedeutet nach allgemeinem Sprachverständnis, dass jemand (Zuführungssubjekt) etwas (Zuführungsgegenstand) einem Zielobjekt zukommen lässt, nutzbar macht oder zur Verfügung stellt. In den Fällen der offenen Einlage, d.h. derjenigen gegen Gewährung von Gesellschaftsrechten, ist der Gesellschafter als Inferent das Zuführungssubjekt. Das betreffende Wirtschaftsgut ist der Zuführungsgegenstand, der dem Zielobjekt Betrieb nutzbar gemacht wird. Überlegen könnte man allenfalls, ob Zuführung Einseitigkeit im Sinne von Unentgeltlichkeit erfordert bzw. ob der Begriff des Zuführens ausschließt, dass das Zuführungssubjekt in unmittelbarem Zusammenhang mit der Zuführung seinerseits etwas erlangt. Rein sprachlich ist ein derartiges Begriffsverständnis möglich, aber nicht zwingend. Ebenso lässt sich auch vertreten, dass der Begriff des Zuführens überhaupt nur eine Bewegungsrichtung in den Blick nimmt, und zwar diejenige vom Zuführungssubjekt zum Zuführungsobjekt. Ob in der Gegenrichtung ebenfalls eine Vermögensbewegung erfolgt bzw. ob beim Zuführungssubjekt in zeitlichem und sachlichem Zusammenhang mit der Zuführung irgendeine wirtschaftliche Veränderung[488] eintritt, ist unerheblich für den Zuführungsbegriff.

---

487 Vgl. dazu Larenz/Canaris, S. 210 ff.

488 Abgesehen von der „Abführung" bzw. „Wegführung" des betreffenden Gegenstands.

An dieser Stelle kann man auch den Fall der Bareinlage gegen Gewährung von Gesellschaftsrechten vergleichend heranziehen.[489] Hierbei handelt es sich um den klassischen Fall einer Einlage. Zugeführt wird bei einer Bareinlage der Geldwert. Unschädlich für den Begriff der Einlage ist es, wenn im Vermögen des Zuführungssubjekts, das die Bareinlage erbringt, in zeitlichem und sachlichem Zusammenhang mit der Zuführung Gesellschaftsanteile hinzukommen. Wenn dies aber bei der Bareinlage so ist, so kann auch für die Sacheinlage nichts anderes gelten. Der Begriff der Zuführung erfordert also keine einseitige, unentgeltliche Zuwendung. Für den steuerrechtlichen Einlagebegriff ist unschädlich, wenn der Zuführende seinerseits im Zusammenhang mit der Zuführung einen irgendwie gearteten Vermögenszuwachs erlangt.[490] In der im Handelsbilanzrecht und im Steuerrecht anerkannten Terminologie können Bareinlagen wie Sacheinlagen offen oder verdeckt sein, d.h. mit Gegenleistung oder ohne Gegenleistung erfolgen.[491] Die Adjektive „offen" und „verdeckt" charakterisieren die Einlage näher, in beiden Fällen liegen aber schon aus grammatikalischen Gründen Einlagen vor. Im Ergebnis erfüllt daher die offene Einlage den Wortlaut des § 4 I 5 EStG. Die offene Sacheinlage ist jedenfalls nach der Wortlautauslegung eine Einlage im Sinne der Legaldefinition des Einkommensteuerrechts.

2.2.2 Systematische Auslegung

Die systematische Auslegung bestätigt die Wortlautauslegung. Das Einkommensteuergesetz enthält in § 4 I 5 EStG eine Legaldefinition für den Begriff der Einlage ganz allgemein. Hierunter fallen Bareinlagen wie Sacheinlagen, seien sie offen oder verdeckt. Zwar wird das Adjektiv „offen" im Gesetz nicht explizit erwähnt. Es erschließt sich aber aus dem im Gesetz explizit genannten Adjektiv „verdeckt".[492] Gerade diese Unterscheidung zwischen offener und verdeckter Einlage macht deutlich, dass beide Erscheinungsformen den Einlagebegriff der Legaldefinition erfüllen.

Ferner besteht im Einkommensteuergesetz auch keine Norm, aus der sich kraft ihrer Spezialität ableiten ließe, dass die offene Sacheinlage keine Einlage im Sinne der Legaldefinition ist. Insbesondere aus § 6 V 3 EStG, dessen Tatbestand in den Nrn. 1 und 2 die Gewährung von Gesellschaftsrechten voraussetzt, ohne hierbei den Begriff Einlage zu erwähnen, kann nicht entnommen werden, dass dieser Umstand der Einlage schon begrifflich

489 Vgl. Abbildung 10 am Ende des V. Kapitels auf S. 111.
490 Dasselbe gilt auch für den zivilrechtlichen Einlagebegriff.
491 Vgl. oben im III. Kapitel 3.4 und 3.5 (S. 75 ff.).
492 Vgl. nur § 6 VI 2, § 17 I 2 und § 23 I 5 Nr. 2 EStG.

entgegensteht.[493] Für eine Sacheinlage nach § 20 UmwStG ist es sogar tatbestandlich erforderlich, dass der Einbringende neue Anteile an der Gesellschaft erhält.
Zu nennen ist ferner § 4 I 1 EStG. Einlagen führen zwar ebenso wie Betriebseinnahmen zu einer Betriebsvermögensmehrung, im Gegensatz zu diesen aber nicht zu einer Erhöhung des zu versteuernden Gewinns. Nach § 4 I 1 EStG sind Einlagen vielmehr im Rahmen des Betriebsvermögensvergleichs durch Abzug zu neutralisieren. Auch offene Einlagen in eine Personengesellschaft dürfen vor diesem Hintergrund nicht zu einer Mehrung des Gewinns der Mitunternehmerschaft bzw. der beteiligten Mitunternehmer führen. Sie sind für Mitunternehmerschaften ebenso wie für Einzelunternehmer keine Betriebseinnahmen aus der werbenden Tätigkeit des Unternehmens. Erkennt man an, dass Betriebsvermögensmehrungen nur entweder auf Betriebseinnahmen oder auf Einlagen zurückgehen können,[494] so folgt zwingend, dass offene Einlagen begrifflich Einlagen im Sinne des § 4 I 5 EStG sind. Offene und verdeckte Einlagen sind folglich auch bei einer systematischen Betrachtung Unterfälle des Oberbegriffs Einlage.

2.2.3 Teleologische Auslegung

Auch die Auslegung nach dem Sinn und Zweck bzw. der ratio legis der Legaldefinition bestätigt das bisher gefundene Ergebnis. Zwar ist der Einlagebegriff teleologischen Überlegungen durchaus zugänglich. So vertritt insbesondere die Rechtsprechung nicht nur einen finalen Entnahmebegriff, sondern auch einen finalen Einlagebegriff, in den teleologische Erwägungen einfließen.[495] Ein teleologischer Grund dafür, bei offenen Einlagen die Tatbestandsmerkmale der Legaldefinition des § 4 I 5 EStG in restriktiver Auslegung schon auf der begrifflichen Ebene für nicht erfüllt zu erachten, ist jedoch auch in der Rechtsprechung nicht ersichtlich. Wenn überhaupt, so bedürfte es einer teleologischen Reduktion, d.h. einer Verkürzung des nach der Auslegung der Vorschrift zunächst zu formulierenden Zwischenergebnisses. Nach dem bisher Gesagten kann festgehalten werden, dass die offene Einlage die Tatbestandsmerkmale des Einlagebegriffs nach dem Wortlaut des § 4 I 5 EStG erfüllt. Jedes abweichende Ergebnis würde die Grenze des noch möglichen Wortsinns verlassen.

---

493 Vgl. III. Kapitel unter 3.3.1 (S. 71). – Ausführlich zur Bewertungsvorschrift des § 6 V EStG siehe unten 2.4.2.2 (S. 161) und bereits oben im III. Kapitel unter 4.2 (S. 79).

494 So zu Recht Schmidt/Heinicke, EStG, § 4 Rn 300. Vgl. auch Abbildung 3 im III. Kapitel auf S. 56.

495 Näher hierzu im III. Kapitel unter 3.1.4.1 (S. 63).

2.2.4 Teleologische Reduktion?

Vom Boden der Argumentation des BFH ausgehend könnte die Qualifizierung der offenen Sacheinlage als tauschähnlicher Vorgang eine teleologische Reduktion des Einlagebegriffs erforderlich machen. Insoweit ist zunächst auf die grundsätzlich voneinander zu unterscheidenden Prüfungsschritte der Begriffsauslegung, der Sachverhaltsqualifizierung und der Sachverhaltsbewertung hinzuweisen. Die momentane Argumentation setzt sich – ebenso wie das Hauptaugenmerk im Allgemeinen Teil der Arbeit (Kapitel II bis V) – mit der Ebene der Auslegung des Einlagebegriffs auseinander. Hier geht es primär um die Auslegung der einzelnen Tatbestandsmerkmale einer Norm und damit um den ersten Prüfungsschritt. Bei der steuerrechtlichen Sachverhaltsqualifizierung geht es sodann darum, das Vorliegen und das Nichtvorliegen steuerrechtlicher Begriffe zu einem Gesamtbild zusammenzufassen und den zu beurteilenden Sachverhalt zusammenfassend zu würdigen.[496] Wenn man so will, handelt es sich hierbei um eine qualitative Bewertung, an die sich die quantitativ verstandene Bewertung der Höhe nach anschließt.
Der BFH hat die Einbringung eines Einzelwirtschaftsguts des Privatvermögens im vorbeschriebenen Sinne zusammenfassend als tauschähnlichen Vorgang gewürdigt bzw. als solchen qualifiziert. Der Begriff des tauschähnlichen Vorgangs ist de lege lata weder zivilrechtlich noch steuerrechtlich ein Gesetzesbegriff. Aus diesem Grunde verdient bereits Hervorhebung, dass der Begriff des tauschähnlichen Vorgangs steuerrechtlich gleichwohl etabliert ist oder das zumindest zu sein vorgibt. Anders als dies bei der oben beschriebenen Begriffsauslegung üblicherweise der Fall ist, geht es bei der vermeintlichen Subsumtion unter den Begriff der Tauschähnlichkeit nicht um die Anwendung einer ertragsteuerlichen Norm auf einen Lebenssachverhalt. Die Qualifizierung als tauschähnlicher Vorgang formuliert ein Zwischenergebnis, welches scheinbar vertraut klingt, aber de lege lata dennoch unvermittelt ist, da es sich auf keine gesetzliche Rechtsgrundlage stützen kann. Die Kategorie des tauschähnlichen Vorgangs ist außerhalb der gesetzlichen Bestimmungen entwickelt und etabliert worden, es handelt sich daher um ein Rechtsinstitut, welches im Ertragsteuerrecht praeter legem besteht.
Richtet man den Blick weg vom Begriff des tauschähnlichen Vorgangs wieder zurück auf den steuerlichen Einlagebegriff, so stellt sich die Frage, ob im hier zu diskutierenden Fall die vorläufig im Wege der Auslegung bejahte begriffliche Einlage dennoch als Nicht-Einlage zu qualifizieren ist. Wie bereits dargelegt, ist die Annahme eines Einlagevorgangs aber vor allem im Hinblick auf

496 Der Begriff der Qualifizierung oder Qualifikation ist insbesondere aus dem IPR (vgl. Kropholler, § 15 (S. 109 ff.); Siehr, § 49 II (S. 429 ff.)) und dem Internationalen Steuerrecht (vgl. Bächle/Rupp, Teil G, 3.4 (S. 144 ff.); Jacobs, 4. Teil, III. Kapitel, A, S. 500; Kluge, R 65 ff. (S. 683 ff.)) vertraut.

§ 4 I 1 EStG systematisch richtig. Sie ist systemgemäß und nicht zweckwidrig. Argumente, wonach die Anwendung der Einlageregeln zu einem in sich widersprüchlichen, dem Zweck irgendeiner Norm zuwiderlaufenden Ergebnis führen könnte, sind auf der Ebene des Einlagebegriffs nicht erkennbar. Auch die Entscheidung des BFH vom 05.06.2002, die sich im Sinne einer begrifflichen Exklusivität von Einlage und Veräußerung interpretieren lässt, liefert keinerlei Anhaltspunkt für eine solche Begründung.[497] Es fehlt daher bereits an der grundlegenden Voraussetzung einer teleologischen Reduktion.

2.2.5 Einlagebegriff praeter legem?

Zu Recht wird darauf hingewiesen, man könne zur Erklärung der Rechtsprechung entweder praeter legem einen anderen Begriff verwenden oder von einer Einlage ohne die Bewertungsfolge des § 6 I Nr. 5 EStG sprechen.[498] Die erste Alternative, eine sich von der Terminologie des Gesetzes abhebende Begrifflichkeit zu entwickeln, ist nicht sinnvoll. Es bedürfte schon durchschlagender Argumente, die aber gerade nicht vorliegen. Praeter legem einen Begriff zu verwenden, der „in lege" zwar ausdrücklich definiert ist, der aber gleichwohl in einem anderen Sinne verstanden werden soll, ist rechtsstaatlich bedenklich. Ein solches Vorgehen würde die Gefahr heraufbeschwören, die richterliche Gesetzesbindung zu negieren, dies aber gleichzeitig zu verschleiern.

Auch aus der überwiegenden Auffassung zur in der Tat praeter legem entwickelten Tauschähnlichkeit offener Einlagen kann kein Argument für einen besonderen Einlagebegriff praeter legem abgeleitet werden. Im Ergebnis ist daher eine Begriffsbildung praeter legem ebenso wie schon eine teleologische Reduktion jedenfalls für die Ebene des Einlagebegriffs abzulehnen.

2.2.6 Ergebnis

Das Ergebnis überrascht nicht. Die offene Einlage eines Wirtschaftguts in eine Personengesellschaft ist begrifflich eine Einlage im Sinne der einkommensteuerlichen Legaldefinition. Überzeugende Argumente für eine gegenteilige Beurteilung sind in Rechtsprechung und Literatur weder vorgebracht worden noch sonst ersichtlich. Im Ergebnis besteht keine dogmatisch überzeugende Möglichkeit, die Rechtsprechung des BFH im Urteil vom 19.10.1998 durch ein wie auch immer geartetes, neues Verständnis des steuerrechtlichen Einlagebegriffs zu erklären.

---

497 BFH, Urteil vom 05.06.2002, I R 81/00, DStR 2002, 1480; näher dazu im V. Kapitel unter 2.2 (S. 104).

498 Hoffmann, GmbHR 1999, 452, 453.

2.3 Qualifizierung und Bewertung bei der einlegenden Person

Sowohl BFH als auch BMF halten die Annahme eines tauschähnlichen Vorgangs für erforderlich, um auf der Seite des Inferenten eine Veräußerung begründen zu können. Bevor das BMF sich der Meinung des BFH angeschlossen hat, hatte es eine Veräußerung des einbringenden Gesellschafters verneint.

Tatsächlich bedarf es des Umwegs über einen tauschähnlichen Vorgang nicht, um in offenen Sacheinlagen in Personengesellschaften begrifflich zugleich Veräußerungen im Sinne des Steuerrechts zu erkennen. Bei offenen steuerrechtlichen Einlagen in Gesellschaften bedarf es der Zuführung des Einlagegegenstands in das Gesamthandsvermögen der Mitunternehmerschaft bzw. in das Gesellschaftsvermögen der Kapitalgesellschaft. Die Zuführung kann in beiden Fällen nicht durch eine bloße Überführung, sondern nur durch Übertragung des wirtschaftlichen Eigentums auf die jeweilige Gesellschaft erfolgen. Mit anderen Worten wechselt bei offenen Einlagen in solche Gesellschaften das wirtschaftliche Eigentum stets vom Inferenten zur Gesellschaft.[499] Dieser Rechtsträgerwechsel vollzieht sich auch nicht unentgeltlich, da der Inferent bei einer offenen Einlage Gesellschaftsrechte erstmals oder zusätzlich erhält.

Damit sind aber zugleich die begrifflichen Voraussetzungen einer Veräußerung im Sinne des Steuerrechts erfüllt. Auch bei ihr bedarf es definitionsgemäß des entgeltlichen Übergangs des wirtschaftlichen Eigentums am Veräußerungsobjekt. Die begriffliche Überschneidung von offenen Einlagen und Veräußerungen ist oben bereits ausführlich dargestellt worden.[500] Die dortigen Ausführungen zum begrifflichen Verhältnis der beiden Begriffe harmoniert auch mit den §§ 17, 23 EStG. Nur für verdeckte Einlagen in Gesellschaften und für Einlagen in Einzelunternehmen oder Sonderbetriebsvermögen bedarf es dort gesetzlicher Gleichstellungsfiktionen.

Dogmatisch bestehen im Ergebnis daher keine Bedenken, die offenen Einlagen als Veräußerungen zu qualifizieren. Schon de lege lata sind offene Einlagen für den Inferenten also Veräußerungen und gegebenenfalls Realisationstatbestände gemäß der jeweils einschlägigen Bestimmungen zur Steuerbarkeit. Veräußerungen von Wirtschaftsgütern des Privatvermögens sind zwar nur ausnahmsweise nach §§ 17, 23 EStG steuerbar, zu qualifizieren sind die betreffenden Vorgänge aber jedenfalls als Veräußerung.

---

499 Eine gewisse Besonderheit besteht für die nicht betrieblich, sondern nur vermögensverwaltend tätigen Personengesellschaften. Zur sog. Bruchteilsbetrachtung vgl. oben 2.2 im V. Kapitel (S. 102).

500 Siehe V. Kapitel unter 2.2 (S. 102) und Abbildung 8 (S. 106).

2.4 Qualifizierung und Bewertung bei der aufnehmenden Gesellschaft

2.4.1 Wortlaut des § 6 I Nr. 5 EStG

Nachdem aus der Sicht des Inferenten bei der offenen Einlage tatsächlich eine Veräußerung vorliegt, stellt sich die Frage, wie der Vorgang aus der Sicht der aufnehmenden Gesellschaft zu qualifizieren und zu bewerten ist. Bewerten heißt, den Wert eines Wirtschaftsguts in Geld auszudrücken.[501] Wirtschaftsgüter können mit den Anschaffungs- bzw. Herstellungskosten, mit dem Teilwert oder mit dem gemeinen Wert bewertet werden.[502] Die allgemeine und jedenfalls expliziteste einkommensteuerrechtliche Bewertungsvorschrift für Einlagen ist § 6 I Nr. 5 EStG. Nach dessen S. 1 Hs. 1 sind Einlagen grundsätzlich mit dem Teilwert für den Zeitpunkt der Zuführung anzusetzen. Die niedrigeren Anschaffungs- oder Herstellungskosten sind gemäß § 6 I Nr. 5 S. 1 Hs. 2 EStG in zwei näher bestimmten Ausnahmefällen anzusetzen, deren Anwendung im Falle von offenen Einlagen in Gesellschaften im Einzelnen allerdings zweifelhaft ist.[503]

Bejaht man das Vorliegen einer Einlage im Sinne der Legaldefinition, so folgt bei strenger Wortlautbeachtung zwingend nicht nur die Anwendung des § 4 I 1 EStG, sondern auch die Anwendbarkeit der Bewertungsnorm des § 6 I Nr. 5 EStG. Zutreffend wird im Hinblick auf beide Normen festgestellt, dass der Einlagebegriff des § 6 EStG sich nicht von dem des § 4 EStG unterscheidet.[504] Wenn dies aber zutrifft, so bedarf es einer Begründung, weshalb § 6 I Nr. 5 EStG dennoch entweder bereits tatbestandlich oder aber aus Konkurrenzgründen unanwendbar sein soll. Auch hier kommen als dogmatische Begründung der Vorrang speziellerer Vorschriften und teleologische Erwägungen in Betracht.

2.4.2 Gesetzessystematik

2.4.2.1 Vorrangigkeit einer Anschaffung im Sinne des § 6 I Nrn. 1, 2 EStG?

Sucht man nach einem nachvollziehbaren systematischen Grund, § 6 I Nr. 5 EStG auf offene Einlagen von Einzelwirtschaftsgütern in das Gesamthandsvermögen einer Personengesellschaft nicht anzuwenden, so fällt der erste

---

501 Rick/Gunsenheimer/Martin/Schneider, S. 417 (Rn 1065).

502 Dazu Weber-Grellet, S. 209.

503 Vgl. zu § 6 I Nr. 5 S. 1 Hs. 2 EStG bereits das III. Kapitel unter 4.1 (S. 78). Zur problematischen Anwendung auf Einlagevorgänge bei Gesellschaften vgl. nur Schmidt/Glanegger, EStG, § 6 Rn 433 ff.

504 Insoweit zu Recht Wichmann, Stbg 2000, 314 m.N. Schmidt/Glanegger, EStG, § 6 Rn 430, auch wenn Wichmanns Verweisung auf Glanegger nicht zu überzeugen vermag.

Blick auf § 6 EStG. Spezielle Bewertungsvorschriften wie z.B. solche des Umwandlungssteuerrechts sind bereits tatbestandlich nicht anwendbar.[505]
Nach dem einleitenden Satz der steuerlichen Bewertungsvorschrift des § 6 EStG „gilt das Folgende" für die Bewertung der einzelnen Wirtschaftsgüter, die nach § 4 I EStG oder nach § 5 EStG als Betriebsvermögen anzusetzen sind. Es gilt also nicht nur, wie bereits erläutert, der seinem Wortlaut nach jedenfalls erfüllte § 6 I Nr. 5 EStG, sondern es sind auch die weiteren Nummern und Absätze des § 6 EStG auf ihre Anwendbarkeit hin zu überprüfen.
Ein dogmatisch überzeugender Grund wäre im Falle des tatbestandlichen Vorliegens irgendeiner weiteren Bewertungsvorschrift die Spezialität dieser anderen Bestimmung innerhalb des § 6 EStG. Nach der bis zum 31.12.1998 geltenden Rechtslage kommen nur § 6 I Nr. 1 EStG und § 6 I Nr. 2 EStG in Betracht, deren Anwendbarkeit in ihrer jeweils heutigen Fassung zu klären ist. Gemäß der Nummer 1 sind abnutzbare Wirtschaftsgüter des Anlagevermögens grundsätzlich mit den Anschaffungs- oder Herstellungskosten oder dem an deren Stelle tretenden Wert, vermindert um näher beschriebene Abzüge, anzusetzen. Nach der Nummer 2 sind für Grund und Boden, Beteiligungen und Umlaufvermögen des Betriebs grundsätzlich ebenfalls die Anschaffungs- oder Herstellungskosten, vermindert um näher beschriebene Abzüge, anzusetzen. In beiden Fällen „kann" bei einer voraussichtlich dauernden Wertminderung der niedrigere Teilwert angesetzt werden.[506]
Die tatbestandliche Anwendbarkeit der Nummern 1 und 2 des § 6 I EStG setzt einen Anschaffungsvorgang oder Herstellungsvorgang voraus. Eine Herstellung des Einlagegegenstands scheidet aus der Sicht der aufnehmenden Gesellschaft aus, wohl aber kommt eine Anschaffung des Einlagegegenstands in Betracht.[507] Der Begriff der Anschaffung ist das Pendant zum Begriff der Veräußerung. Wie oben bereits dargelegt, liegt bei einer offenen Einlage eines Wirtschaftsguts in das Gesamthandsvermögen einer Mitunternehmerschaft eine Veräußerung begrifflich vor.[508] Zugleich liegt begrifflich eine Anschaffung seitens des Empfängers des veräußerten Wirtschaftsguts vor, will man im Falle einer offenen Einlage nicht ausnahmsweise von dem begrifflichen Zusammentreffen von Veräußerung und Anschaffung abweichen.[509]
Dem konkreten, vom BFH entschiedenen Fall hat die Einbringung einer Beteiligung zugrundegelegen. Erachtete man nun also eine Anschaffung der empfangenden Mitunternehmerschaft für gegeben, so ist damit auch

505 Vgl. hierzu oben 2.1 mit Blick auf § 24 UmwStG.
506 Zu beachten sind aber § 5 I EStG und § 253 II, III HGB.
507 Zur streitigen Qualifizierung des Erlangens der Beteiligung aus der Sicht des Inferenten vgl. oben im III. Kapitel unter 4.3 (S. 81).
508 Dazu oben im V. Kapitel unter 2.2. (S. 102).
509 Das erscheint möglich mit dem Argument, der Anschaffungsbegriff sei auf Fälle der Betriebsvermögensumschichtung zu beschränken. Vgl. insoweit Reiß, BB 2000, 1965, 1974.

§ 6 I Nr. 2 EStG tatbestandlich erfüllt. Tatsächlich hat der BFH in seiner Entscheidung vom 19.10.1998 aus der Qualifizierung des konkreten Einbringungsvorgangs als tauschähnlich das Vorliegen von Anschaffungskosten abgeleitet. Die Anschaffungskosten hat der BFH im zweiten Satz des Leitsatzes allerdings in Anführungszeichen gesetzt und ausgeführt, die empfangende Personengesellschaft habe als „Anschaffungskosten" für das eingebrachte Wirtschaftsgut dessen gemeinen Wert zu aktivieren. Auch fällt auf, dass der BFH in der Liste der angewendeten Normen § 6 I Nr. 2 EStG im Gegensatz zu § 6 I Nr. 5 EStG nicht zitiert hat.
Selbst wenn man § 6 I Nr. 2 EStG gleichwohl für tatbestandlich erfüllt hielte, wäre hiermit indessen die Nichtanwendbarkeit des § 6 I Nr. 5 EStG keineswegs automatisch begründet. Vielmehr müsste zuerst die Frage des Anwendungsverhältnisses der Nummer 2 und der Nummer 5 geklärt werden. Die weitaus besseren Gründe sprächen für die Spezialität des § 6 I Nr. 5 EStG oder anders gewendet, für die Subsidiarität des § 6 I Nr. 2 EStG. Mit der Qualifizierung als Einlage ist der Vorgang in jedem Falle eindeutiger beschrieben als mit einer Qualifizierung als Anschaffung. Auch die bereits beschriebene Liste der angewendeten Normen spricht für die Vorrangigkeit des § 6 I Nr. 5 EStG. Aus § 6 I Nr. 2 EStG[510] kann daher keine dogmatisch überzeugende Begründung für die Nichtanwendung des § 6 I Nr. 5 EStG abgeleitet werden.

2.4.2.2 Vorrangigkeit einer Übertragung gemäß § 6 III, IV oder V EStG?

Erst mit dem Inkrafttreten des Steuerentlastungsgesetzes zum 01.01.1999 sind die Absätze 3 ff. an § 6 EStG in seiner damaligen Fassung angefügt worden. § 6 IV EStG nimmt Einlagen ausdrücklich aus. Darüber hinaus findet der Begriff der Einlage in den Absätzen 3 bis 5 des § 6 EStG keine Erwähnung. Bereits oben ist ausführlich dargelegt worden, dass § 6 V EStG spezielle Bewertungsvorschriften für Vorgänge enthält, die bei begrifflicher Betrachtung teilweise zugleich den Einlagebegriff erfüllen.[511] § 6 EStG nimmt daher bei der Bewertung einer Einlage nicht ausnahmslos das Tatbestandsmerkmal der Einlage in Bezug. Das belegt der Absatz 5 des § 6 EStG zwar in der Tat. Indessen regelt er nicht den Fall der offenen Einlage eines Einzelwirtschaftsguts aus dem Privatvermögen in das betriebliche Gesamthandsvermögen einer Personengesellschaft.

---

510 Gleiches gilt für § 6 I Nr. 1 EStG im Falle der Einbringung von abnutzbaren Wirtschaftsgütern des Anlagevermögens.
511 Vgl. hierzu bereits ausführlich im III. Kapitel unter 4.2 (S. 79).

Dasselbe gilt auch für § 6 III EStG, dessen Transparenz im Hinblick auf die nicht erfassten verdeckte Einlagen allerdings zu wünschen übrig lässt. Angesichts des § 6 IV EStG, der Einlagen ausdrücklich vom Anwendungsbereich ausnimmt, würde sich bei systematischer Betrachtung geradezu aufdrängen, dass § 6 III EStG verdeckte Einlagen in Kapitalgesellschaften und in das Gesamthandsvermögen von Mitunternehmerschaften erfasst. Auch der Wortlaut spricht für dieses Ergebnis, da verdeckte Einlagen de lege lata als unentgeltlich behandelt werden. Für die insbesondere aus historischen Gründen entgegenstehende Auffassung findet der unbefangene Leser keinen Anhaltspunkt im Gesetz.

2.4.2.3 Vorrangigkeit des § 6 VI 1 EStG?

§ 6 VI 2 EStG spricht Einlagen im Gegensatz zu § 6 III, V EStG ausdrücklich an und ist gegenüber § 6 I Nr. 5 EStG aufgrund Spezialität vorrangig.[512] Geregelt wird in § 6 VI 2 EStG aber nur die Bewertung der verdeckten Einlage eines Einzelwirtschaftsguts in eine Kapitalgesellschaft. In § 6 VI 1 EStG werden demgegenüber offene Einlagen in Kapitalgesellschaften jedenfalls nicht ausdrücklich angesprochen. § 6 VI 1 EStG spricht vielmehr von der Übertragung eines einzelnen Wirtschaftsguts im Wege des Tausches. Auch die hier zunächst interessierenden offenen Einlagen von Einzelwirtschaftsgütern in Mitunternehmerschaften sind in § 6 VI 1 EStG nicht ausdrücklich geregelt.

Nicht zuletzt angesichts der Darlegungen zu § 6 III, V EStG ist nun aber zu erwägen, ob § 6 VI 1 EStG gleichwohl offene Einlagen erfasst, auch wenn diese nicht ausdrücklich so bezeichnet werden. Wie gezeigt, kann ein Vorgang, dessen steuerliche Bewertung in § 6 EStG geregelt ist, begrifflich gleichsam versteckt eine Einlage darstellen, selbst wenn die Bewertungsvorschrift das Tatbestandsmerkmal der Einlage überhaupt nicht verwendet. Dass der Begriff der Einlage in § 6 VI 1 EStG nicht Tatbestandsmerkmal ist, spricht also nicht schon per se gegen die Anwendbarkeit der Norm auf offene Einlagen. Die Herkunft des betreffenden Wirtschaftsguts aus dem Privatvermögen steht der Anwendung des § 6 VI 1 EStG nicht entgegen.[513] Erforderlich, aber auch hinreichend ist der Umstand, dass das betreffende Wirtschaftsgut Betriebsvermögen des Einzelunternehmens, der Mitunternehmerschaft oder der Kapitalgesellschaft wird. Konkretisierende Anforderungen an die Herkunft des

---

512 Vgl. auch hierzu 4.2 im III. Kapitel (S. 79).

513 Vgl. einerseits Hoffmann, GmbHR 1999, 452, 456 und andererseits Schmidt/Glanegger, EStG, § 6 Rn 542 ff.; Vogt, DStR 1999, 1596, 1601 (allerdings bzgl. § 6 VI 2 EStG); Korn/Strahl, in Korn, EStG, § 6 Rn 518 f.; vgl. auch Märkle, DStR 2000, 797, 806, der allerdings zu Unrecht oder zumindest unpräzise ausführt, § 6 VI EStG gelte auch für Tauschvorgänge, die sich „im reinen Privatbereich" abspielen (vgl. dagegen insoweit nur den einleitenden Satz des § 6 EStG).

betreffenden Wirtschaftsguts müssen darüber hinaus gesondert normiert werden, wie dies beispielsweise in § 6 V EStG anschaulich geschehen ist. Für § 6 VI 1 EStG ist das nicht der Fall, so dass die Herkunft aus dem Privatvermögen möglich ist.

Dennoch bleibt fraglich, ob offene Einlagen in das Gesamthandsvermögen einer Mitunternehmerschaft als Tausch im Sinne des § 6 VI 1 EStG qualifiziert werden können.[514] Hier ist nun die Frage zu beantworten, wie der Tauschbegriff im Sinne des § 6 VI 1 EStG zu verstehen ist. Wie bereits erläutert, werden offene Einlagen überwiegend als tauschähnliche Vorgänge betrachtet.[515] Mit dieser Begründung wird die Auffassung vertreten, § 6 VI 1 EStG erfasse auch offene Einlagen.[516] Begründen ließe sich dies dogmatisch mit einem vom Zivilrecht abweichenden weiten Tauschbegriff, der auch tauschähnliche Vorgänge einschließt. Legt man § 6 VI 1 EStG aus, so bietet sich in Ermangelung einer ertragsteuerrechtlichen Legaldefinition zunächst an, vom zivilrechtlichen Begriff des Tausches auszugehen. Hierfür sprechen nicht zuletzt die Einheit der Rechtsordnung und die Tatsache, dass der Tausch ein originär dem zivilrechtlichen Regelungsbereich zuzuordnender Vorgang ist, an welchen das Steuerrecht näher bestimmte steuerliche Folgen knüpft. Da der Begriff des Tausches zivilrechtlich vorgeprägt ist, kann bei der Wortlautauslegung des Begriffes auch im Steuerrecht zunächst einmal vom zivilrechtlichen Begriffsinhalt ausgegangen werden.[517] Dies ändert nichts daran, dass ein und derselbe Begriff aufgrund der unterschiedlichen Teleologien von Zivilrecht und Steuerrecht in beiden Rechtsgebieten verschieden auszulegen sein kann.[518]

In allgemeiner Form sind die Gemeinsamkeiten und Unterschiede von zivilrechtlichem und steuerrechtlichem Tauschbegriff bereits dargestellt worden.[519] Danach schließt der steuerrechtliche Tauschbegriff den zivilrechtlichen Tauschbegriff jedenfalls vollumfänglich ein. Zwingende Gründe, tauschähnliche Vorgänge im Sinne des Steuerrechts dem Tausch im Sinne des Steuerrechts gleichzustellen, bestehen nicht. Auch ist der Begriff des tauschähnlichen Vorgangs im Steuerrecht nur schwer greifbar. Das liegt nicht zuletzt an seiner praeter legem vollzogenen Entwicklung. Je mehr aber die gesetzliche Regelungsdichte zunimmt, ohne dass zeitgleich ein praeter legem entwickelter Begriff vom Gesetzgeber als gesetzliches Tatbestandsmerkmal

---

514 Zu optimistisch, wenn auch nicht mit Blick auf die hier behandelte Fragestellung, Gebhardt, GmbHR 1999, 1280, 1281, wonach § 6 VI 1 EStG in seiner Deutung unstreitig sein dürfte.

515 Vgl. hierzu im IV. Kapitel unter 4. (S. 93).

516 Patt, in H/H/R (StSenkG), § 6 Anm. R 150 und Korn/Strahl, in Korn, EStG, § 6 Rn 519.

517 Vgl. Meincke, StuW 1992, 188, 190, der allerdings im Gegensatz zum BVerfG sogar von einer Vermutung für den vorgeprägten zivilrechtlichen Begriffsinhalt ausgeht (vgl. bereits oben Fn 8 (S. 4)).

518 Vgl. Tipke/Lang, 17. Aufl. 2002, § 5 Rn 65 (S. 142).

519 Vgl. 3. und 4. im IV. Kapitel (S. 89 ff., 93 ff.).

aufgegriffen wird, desto problematischer kann sich der Weitergebrauch dieses Begriffs darstellen.
Diese Aussage gilt in besonderem Maße für den Begriff des tauschähnlichen Vorgangs vor dem Hintergrund des erweiterten § 6 EStG. Im Hinblick auf die tauschähnlichen Vorgänge hätte nämlich beispielsweise die Möglichkeit bestanden, diese den echten Tauschvorgängen in § 6 VI EStG ausdrücklich gleichzustellen. Das ist unterblieben. Die Argumentation mit einem dem Tausch nur ähnlichen Vorgang hat in Wahrheit überhaupt keinen dogmatischen Nutzen. Dogmatisch geht es de lege lata allein um die Frage, ob offene Einlagen einen Tausch im Sinne des § 6 VI 1 EStG darstellen.
Hierfür könnte sprechen, dass § 6 VI 2 EStG Übertragungen von Einzelwirtschaftsgütern im Wege der verdeckten Einlage regelt. Augenscheinlich hat der Gesetzgeber für offene Einlagen kein Bedürfnis nach einer ebenso expliziten Regelung gesehen. Mit anderen könnte der Gesetzgeber § 6 VI 1 EStG ohnehin auf offene Einlagen für anwendbar gehalten haben. Tatsächlich sind solche Erwägungen den Gesetzesmaterialien zu § 6 VI 1 EStG aber leider nicht zu entnehmen.[520] Wie bereits erläutert, war gesetzgeberisches Motiv für die Einführung der Norm, das sog. Tauschgutachten abzuschaffen.[521] Von einer Gleichstellung von Tausch und offener Einlage, sei es auch über den argumentativen Umweg eines tauschähnlichen Vorgangs, ist in den Gesetzesmaterialien nicht ausdrücklich die Rede.
Nach Auffassung von Patt spreche die Anwendungsvorschrift des § 52 XVI 13 EStG dafür, dass § 6 VI 1 EStG nur den echten Tausch betreffe.[522] Gleichwohl geht er davon aus, dass unter Beachtung der Gesetzesbegründung davon ausgegangen werden müsse, dass mit dem Begriff des Tausches in § 6 VI 1 EStG „ein steuerrechtlicher Begriff" verwendet werde. Auch die offene Sacheinlage gehöre bei einem solchen Verständnis dazu, da sie wirtschaftlich einem Tausch gleichkomme. Auch die Ziele des Gesetzgebers, Aufhebung des Tauschgutachtens und Steuervereinfachung, werden von Patt als Argumente für die Einbeziehung der tauschähnlichen Vorgänge in den Tauschbegriff des § 6 VI 1 EStG vorgebracht.
Zum selben Ergebnis gelangen Korn und Strahl.[523] Soweit man § 6 VI 1 EStG nicht als Kodifizierung eines allgemeinen Rechtsgrundsatzes auf tauschähnliche Vorgänge und ähnliche Sachverhalte sinngemäß anwende, seien die vor dessen Einführung entwickelten Beurteilungsgrundsätze für die nicht abgedeckten Sachverhalte weiterhin gültig. Insbesondere gehe die Gesetzesbegründung von einer klarstellenden Bedeutung aus.

---

520 Vgl. BT-Drs. 14/23, 173 und BT-Drs. 14/265, 174 (dort zu § 6 V EStG in der damaligen Entwurfsfassung).
521 Vgl. oben im IV. Kapitel S. 91 mit Fn 296.
522 Vgl. hierzu und zum Folgenden Patt, in H/H/R (StSenkG), § 6 Anm. R 150.
523 Korn/Strahl, in Korn, EStG, § 6 Rn 519.

In der Tat spricht manches dafür, dass der Gesetzgeber die begriffliche Unterscheidung zwischen Tausch und tauschähnlichem Vorgang überhaupt nicht als Problem gesehen und beide als synonym verstanden hat. Dies unterstellt, hätte der Gesetzgeber also die offene Einlage ohne weiteren Begründungsbedarf als Unterfall des Tausches im Sinne des § 6 VI 1 EStG angesehen.[524] Selbst wenn man diese Unterstellung aber für zutreffend erachtet, bereitet die direkte Anwendung des § 6 VI EStG dennoch unüberwindliche Schwierigkeiten, soweit Personengesellschaften bzw. Mitunternehmerschaften betroffen sind. In Satz 2 des Absatzes sind nämlich, wie bereits erläutert, ausdrücklich nur verdeckte Einlagen in Kapitalgesellschaften angesprochen. Von Mitunternehmerschaften ist keine Rede. Für diese enthält § 6 V EStG eine Vielzahl von Bewertungsregeln, die jedoch ausnahmslos Einzelwirtschaftsgüter betreffen, welche aus dem Betriebsvermögen stammen. Aus dem Privatvermögen stammende Einzelwirtschaftsgüter sind von § 6 V EStG zwar nicht betroffen. Dennoch sprechen weder Wortlaut noch Systematik dafür, dass § 6 VI EStG auch offene Einlagen von Einzelwirtschaftsgütern aus dem Privatvermögen in das Gesamthandsvermögen von Mitunternehmerschaften regelt.
Richtig ist zunächst, dass die gewinnrealisierende Bewertung des Tausches nach dem Wortlaut des § 6 VI 1 EStG allgemein und nicht nur für Kapitalgesellschaften anzuwenden ist. Zu einer Erstreckung auf „tauschähnliche Vorgänge" bzw. offene Einlagen gelangt man aber nur, wenn man via Satz 2 gewissermaßen um die Ecke denkt. Da Satz 2 verdeckte Einlagen in Personengesellschaften überhaupt nicht thematisiert, bleibt die Reichweite im Dunkeln, inwieweit nun Satz 1, wenn überhaupt, offene Einlagen erfassen kann.
Als Gegenargument gegen die hier geäußerte Skepsis ließe sich allenfalls vorbringen, Satz 1 erfasse sämtliche Tausch- und tauschähnlichen Vorgänge, also auch alle offenen Einlagen, während die Erweiterung auf verdeckte Einlagen ausdrücklich nur solche in Kapitalgesellschaften erfasse. Die Schlussfolgerung, dass Satz 1 sowohl offene Einlagen von Einzelwirtschaftgütern in das Gesamthandsvermögen einer Mitunternehmerschaft als auch solche in eine Kapitalgesellschaft regelt, ist aber keineswegs zwingend. Sie vermag im Ergebnis auch nicht zu überzeugen. Eine direkte Anwendung des § 6 VI 1 EStG ist jedenfalls für offene Einlagen in das Gesamthandsvermögen einer Mitunternehmerschaft abzulehnen.
Über die oben genannten Überlegungen und Bedenken hinaus ist die Anwendbarkeit des § 6 VI 1 EStG auf offene Einlagen aufgrund zweier weiterer Argumente abzulehnen. Zunächst sind die Folgen einer Nichtanwendung des

524 So im Ergebnis Patt, in H/H/R (StSenkG), § 6 Anm. R 150 und Korn/Strahl, in Korn, EStG, § 6 Rn 519.

nach dem Wortlaut einschlägigen § 6 I Nr. 5 EStG zu überlegen. Diese Bewertungsvorschrift für Einlagen würde im Falle von Sacheinlagen nur noch bei Einlagen in Einzelunternehmen oder Sonderbetriebsvermögen und bei verdeckten Einlagen Anwendung finden.[525] Sämtliche offenen Sacheinlagen in Kapitalgesellschaften wie Mitunternehmerschaften fielen aus dem Anwendungsbereich heraus. Bei einer derart weitreichenden Folge wäre aber ein klarerer gesetzgeberischer Hinweis zu erwarten. Das gilt besonders – und darin liegt das zweite, wohl stärkste Argument – vor dem Hintergrund des § 6 V EStG. Stellt man diese Norm vergleichend neben § 6 VI EStG, so fällt auf, wie enumerativ und präzise die betroffenen Sachverhaltskonstellationen für Mitunternehmerschaften in § 6 V EStG geregelt worden sind.[526] Hätte der Gesetzgeber in § 6 VI 1 EStG auch offene Einlagen aus dem Privatvermögen in das Gesamthandsvermögen einer Mitunternehmerschaft erfassen wollen, so hätte eine ähnlich präzise Sachverhaltsbeschreibung nicht nur nahegelegen, vielmehr wäre sie auch erforderlich gewesen. Auch § 6 VI 4 EStG, der aus ganz anderem Grunde angefügt worden ist, liefert hierfür keine Begründung.[527] Durch die Einfügung des § 6 VI 1 EStG hat der Gesetzgeber weder die Tauschähnlichkeit der offenen Einlage in seinen Willen aufgenommen noch deren Behandlung als Tausch deutlich genug zum Ausdruck gebracht. Für die später eingefügte Klarstellung in § 6 VI 4 EStG gilt nichts anderes.

2.4.3 Gesetzgebungsgeschichte

Auf die gesetzgeberischen Motive für die Einfügung des § 6 VI EStG ist vorstehend bereits eingegangen worden. Bis zu der im Jahre 1999 begonnenen Unternehmenssteuerreform hatte § 6 EStG lediglich zwei Absätze. Erst im Zuge des Steuerentlastungsgesetzes 1999/2000/2002 sind die Absätze 3 ff. angefügt worden. Besonders unrühmlich ist für den Gesetzgeber die Gesetzgebung im Hinblick auf § 6 V EStG verlaufen.[528] Ganz im Gegensatz zu § 6 V EStG ist § 6 VI EStG seit seiner Einführung im Wesentlichen unverändert geblieben. Lediglich § 6 VI 4 EStG ist durch das Unternehmenssteuer-

---

525 Vgl. Schulze zur Wiesche, DStR 1999, 917, der indessen die verdeckte Einlage nicht erwähnt und zum Ergebnis gelangt, im Falle einer Personengesellschaft sei eine Einlage i.S.d. § 6 I Nr. 5 EStG nur noch bei der Überführung aus dem Privatvermögen in das Sonderbetriebsvermögen gegeben. Vgl. auch Abbildung 10 auf S. (111).

526 Vgl. Korn, KÖSDI 2002, 13272, 13275 m.w.N., mit dem zutreffenden Argument, dass in § 6 V EStG ein präziser, nicht beispielhafter Katalog mit enumerativem Charakter aufgezählt werde.

527 Vgl. insoweit 3. im VII. Kapitel (S. 128).

528 Vgl. Crezelius, Stbg 11/2001, I („Das „chaotische Steuerrecht" ist auf dem besten Wege, ein Pleonasmus zu werden."); Tipke/Lang, 17. Aufl. 2002, § 9 Rn 548 (S. 385) („Der (...) konzeptionslos und kompromisshaft agierende Gesetzgeber leistete sich ein einzigartiges Hin und Her (...).").

fortentwicklungsgesetz angefügt worden, um damit ein etwaiges Konkurrenzverhältnis zugunsten des Absatzes 5 zu entscheiden.
Der insoweit entstandene Meinungsstreit[529] war indessen ein anschauliches Beispiel dafür, dass die Anwendung des § 6 VI EStG auf tauschähnliche Vorgänge vom Gesetzgeber entweder nicht gewollt oder aber zumindest nur unzureichend durchdacht war. Tatsächlich erstreckt sich die praeter legem entwickelte „Definition" des tauschähnlichen Vorgangs gleichermaßen auf die offene Einlage von Wirtschaftsgütern aus dem Privatvermögen wie aus dem Betriebsvermögen.[530] Zwar vermochte die damalige Minderheitsauffassung zum Vorrang des vermeintlich teilweise spezielleren Absatzes 6 angesichts der klaren Sachverhaltsbeschreibung in Absatz 5 nicht zu überzeugen. Dennoch ist die Diskussion vor Einfügung des § 6 VI 4 EStG nicht zuletzt Ausdruck dessen gewesen, wie problematisch der nach wie vor nicht gesetzlich verankerte Begriff des tauschähnlichen Vorgangs sich auswirken kann. Auch diesbezüglich, im Hinblick auf den Begriff des tauschähnlichen Vorgangs, wäre eine wie auch immer geartete gesetzliche Klarstellung de lege ferenda daher wünschenswert.
In der Begründung des Gesetzesentwurfs hat das Ziel, das Tauschgutachten aufzuheben, im Vordergrund gestanden.[531] Dieses Ziel stand ausweislich der Gesetzesbegründung in engem Zusammenhang mit der Änderung des § 6b EStG in bezug auf Anteile an Kapitalgesellschaften. Im Tauschgutachten selbst hatte der BFH betont, das Gutachten beziehe sich nur auf den Tausch von Anteilen an Kapitalgesellschaften, soweit sich aus dem Gutachten selbst nicht etwas anderes ergebe.[532] Mitunternehmeranteile und Einbringungen in Mitunternehmerschaften blieben durch das Tauschgutachten unberührt.
Abgesehen von Ausführungen zur verdeckten Einlage ist in der Gesetzesbegründung zu § 6 VI 1 EStG nur noch erläutert worden, es handle sich bei der Übertragung von Einzelwirtschaftsgütern im Wege des Tausches nach § 6 VI 1 EStG[533] um einen normalen Veräußerungsvorgang. Es werde „klargestellt, dass dann die stillen Reserven in Höhe der Differenz zwischen dem gemeinen Wert und dem Buchwert des weggetauschten Wirtschaftsguts aufzudecken und zu versteuern sind". Das gelte auch, wenn die Tauschobjekte Anteile an Kapitalgesellschaften sind. Auch andere Tauschobjekte sind folglich ohne weiteres vom Anwendungsbereich erfasst, die Reichweite des Tauschbegriffs im Sinne des § 6 VI 1 EStG bleibt aber dennoch auch bei Hinzuziehung der Gesetzesbegründung unklar. Insbesondere für offene

529 Näher hierzu im VII. Kapitel unter 3. (S. 128).
530 Vgl. hierzu im IV. Kapitel unter 4. (S. 93).
531 Vgl. BT-Drs. 14/23, 173 vom 09.11.1998 (Entwurf der Regierungsfraktionen) und wortgleich 14/265, 174 (Entwurf der Bundesregierung), jeweils zu § 6 V EStG i.d.F. des Entwurfs.
532 BFH, 16.12.1958, I D 1/57 S, BStBl III 1959, 30, unter A IV.
533 § 6 VI 1 EStG war § 6 V 1 EStG des Entwurfs.

Sacheinlagen von Einzelwirtschaftsgütern des Privatvermögens in Mitunternehmerschaften ist den Gesetzesmaterialien nichts zu entnehmen.

2.4.4 Sinn und Zweck

Sinn und Zweck des § 6 EStG ist es in einer ganz allgemeinen Beschreibung, die Bewertung von Wirtschaftsgütern des Betriebsvermögens zu regeln. Die ratio legis der Einlageregeln hat der Große Senat des BFH in seiner Entscheidung vom 26.10.1987 wie folgt beschrieben.[534] Mit der Einlageregelung in § 4 I 1 EStG solle in steuerrechtlicher Hinsicht erreicht werden, dass vom Steuerpflichtigen steuerfrei gebildetes oder bei ihm bereits besteuertes Vermögen nach der Einbringung in den Betrieb nicht durch eine Erhöhung der Gewinneinkünfte der Besteuerung unterworfen werde. Diesem Interesse diene der Teilwertansatz nach § 6 I 5 EStG und der Abzug der Einlage nach § 4 I 1 EStG.

Für die vom BFH in der Entscheidung vom 19.10.1998 befürwortete Nichtanwendung des § 6 I Nr. 5 EStG und den Wertansatz mit dem gemeinen Wert sind vor diesem Hintergrund keine zwingenden teleologischen Erwägungen ersichtlich. Regelmäßig werden Teilwert und gemeiner Wert des Einlagegegenstands sogar übereinstimmen.[535] Der BFH hat sich mit § 6 I Nr. 5 EStG überhaupt nicht auseinandergesetzt. Er hat gerade nicht damit argumentiert, der bis dahin insbesondere von der Finanzverwaltung vertretene Wertansatz gemäß § 6 I Nr. 5 EStG führe zu sinn- oder zweckwidrigen Resultaten. Dass eine solche Sinn- oder Zweckwidrigkeit auch nicht besteht, belegt nicht zuletzt die lange Phase, in der die Finanzverwaltung nach Maßgabe des Mitunternehmer-Erlasses die Einlageregeln angewendet hat. Widersprüchlichkeiten in der praktischen Anwendung sind hierbei nicht bekannt geworden. Die teleologische Auslegung führt daher zu keinem anderen Ergebnis als die Auslegung nach dem Wortlaut des § 6 I Nr. 5 EStG, der Systematik und der Historie.

Angemerkt werden kann an dieser Stelle, dass der teilweise befürworteten Differenzierung zwischen Gründungs- und Kapitalerhöhungssituationen bzw. präziser formuliert zwischen offenen Sacheinlagen seitens Altgesellschaftern und solchen seitens Neugesellschaftern nicht zu folgen ist. Die erstmalige Gewährung eines Mitunternehmeranteils als entscheidendes Kriterium für die Abgrenzung von Tausch bzw. Nicht-Tausch zu sehen, beruht letzten Endes auf einer formaljuristischen Überlegung. Nur bei der offenen Einlage eines

---

534 BFH, GrS, Beschluss vom 26.10.1987, GrS 2/86, BStBl II 1988, 348; vgl. auch BFH, GrS, Beschluss vom 09.06.1997, GrS 1/94, BStBl II 1998, 307. Näher zu den beiden Beschlüssen des Großen Senats im III. Kapitel unter 3.1.4.2 und 3.1.4.3 (S. 64 ff.).

535 Vgl. bereits Schulze zur Wiesche, FR 1982, 497, 500. Vgl. zum Begriff des Teilwerts und zu den sog. Teilwertvermutungen auch Förschle/Kropp, in Budde/Förschle, B Rn 178 (S. 60 f.).

Neugesellschafters erlangt der Inferent in sachlichem und zeitlichem Zusammenhang mit dem Einbringungsvorgang zugleich erstmals einen Mitunternehmeranteil. Erbringt ein Altgesellschafter hingegen eine offene Einlage, ändert sich an dem bereits bestehenden einheitlichen Mitunternehmeranteil nichts, vielmehr erhöht sich anteilig lediglich dessen Wert. Hierin besteht aber für die von der wirtschaftlichen Betrachtungsweise geprägte steuerrechtliche bzw. bilanzrechtliche Beurteilung kein entscheidender Unterschied. Tatsächlich beruht die Qualifizierung als tauschähnlicher Vorgang auf der wirtschaftlichen Teleologie des Steuerrechts. Es wäre inkonsequent, aufgrund formaljuristischer Erwägungen in der beschriebenen Weise zu differenzieren. Dass bei offenen Sacheinlagen im Rahmen einer Kapitalerhöhung durch Altgesellschafter die Sinnhaftigkeit der Abgrenzung zu den anders gewürdigten verdeckten Einlagen verschwimmen mag, ist gleichwohl einzuräumen.

2.4.5 Analogie zu § 6 VI 1 EStG?

Nach den bisherigen Ausführungen bestätigt die Auslegung der §§ 4 I 5, 6 I Nr. 5 EStG die vormals bei der aufnehmenden Personengesellschaft von der Finanzverwaltung vertretene Bewertung nach § 6 I Nr. 5 EStG. Insbesondere § 6 VI 1 EStG hat sich als jedenfalls nicht direkt anwendbar erwiesen. In Frage kommt somit allenfalls noch eine Analogie zu § 6 VI 1 EStG.

Allgemeine Voraussetzung einer Analogie ist das Bestehen einer planwidrigen Regelungslücke und die Vergleichbarkeit der Interessenlagen im geregelten und im nicht geregelten Fall. Denkbar ist eine Analogie beispielsweise, um eine infolge teleologischer Reduktion entstandene Lücke zu schließen.[536] Allerdings sind die Voraussetzungen einer teleologischen Reduktion sowohl im Hinblick auf § 4 I 5 EStG als auch im Hinblick auf § 6 I Nr. 5 EStG zu verneinen. Ohnehin wären die Voraussetzungen einer potenziell steuerschärfenden Analogie äußerst umstritten, worauf es mangels bestehender Regelungslücke hier aber gar nicht ankommt. Aus diesem Grund fehlt es bereits an der ersten, grundlegenden Voraussetzung einer Analogie. Schon deshalb scheidet eine Analogie aus.

Im Übrigen ist auch hier noch einmal auf eines der Hauptargumente zurückzukommen, das bereits oben gegen die direkte Anwendung des § 6 VI 1 EStG genannt worden ist. Es handelt sich um das systematische Argument, dass die Anwendung des § 6 VI 1 EStG auf offene Einlagen in Mitunternehmerschaften im Hinblick auf § 6 V EStG widersprüchlich bzw. systemwidrig wäre. Die Übertragungs- und Überführungssachverhalte bei Mitunternehmerschaften sind in § 6 V EStG derart detailliert geregelt, dass die Auflistung als enumerativ zu begreifen ist. Sie ist daher im Hinblick auf Einlagevorgänge als

---

536 Tipke/Lang, 17. Aufl. 2002, § 5 Rn 75 (S. 145).

abschließend anzusehen. Mit anderen Worten greift für die nicht in § 6 V EStG geregelte offene Einlage eines Einzelwirtschaftsguts aus dem Privatvermögen in eine Mitunternehmerschaft die allgemeine Vorschrift des § 6 I Nr. 5 EStG. Wollte der Gesetzgeber dies anders verstanden wissen, so wäre eine Regelung zu erwarten, die in ihrer Exaktheit und Detailliertheit derjenigen des § 6 V EStG entspricht. De lege lata harmonierten § 6 V EStG und § 6 VI EStG daher nicht, wollte man die Rechtsprechung des BFH aus der Entscheidung vom 19.10.1998 mit § 6 VI 1 EStG rechtfertigen. Dogmatisch wäre die Anwendung des § 6 VI EStG aber nach der seit dem 01.01.1999 geltenden Rechtslage die einzige nachvollziehbare Begründung für die seit dem BFH-Urteil vom 19.10.1998 überwiegende Auffassung.
Auch die vergleichend betrachtete Rechtslage in Österreich unterstützt das hier gefundene Ergebnis. Nach § 6 Ziff. 14 S. 3 Ö-EStG „gilt" die Einlage von Wirtschaftsgütern in eine Körperschaft als Tausch. Der österreichische Gesetzgeber bedient sich also einer gesetzlichen Fiktion, die zudem beschränkt ist auf Einlagen von Wirtschaftsgütern in Körperschaften. Zumindest der österreichische Gesetzgeber behandelt die Einlage in Mitunternehmerschaften und diejenige in Kapitalgesellschaften demzufolge unterschiedlich. Auch im deutschen Recht ist die parallele Bewertung des Einlagevorgangs bei beiden Gesellschaften de lege lata kein logischer Automatismus.

2.5 Ergebnis

Die offene Einlage eines Einzelwirtschaftsguts ist de lege lata von der aufnehmenden Mitunternehmerschaft nach § 6 I Nr. 5 EStG zu bewerten. Die Anwendung des § 6 VI 1 EStG ist entgegen der wohl überwiegenden Meinung weder in direkter noch in analoger Anwendung zu befürworten. Wenn der Gesetzgeber sie wollte, bedürfte es einer gesetzlichen Klarstellung. Der BFH hat die Qualifizierung als tauschähnlichen Vorgang im Urteil vom 19.10.1998 nicht überzeugend begründet und unzureichend dogmatisch verankert. Spätestens seit Inkrafttreten des § 6 VI 1 EStG ist die derzeit überwiegende Auffassung mit dem geltenden Einkommensteuerrecht unvereinbar. Zuzustimmen ist ihr lediglich darin, dass die offene Sacheinlage in eine Mitunternehmerschaft aus der Sicht des Inferenten als eine Veräußerung zu qualifizieren ist. Auch insoweit bedarf es aber nicht der Argumentation mit einem tauschähnlichen Vorgang.

3. „Tauschähnliche Vorgänge" bei Kapitalgesellschaften

3.1 Qualifizierung und Bewertung bei der einlegenden Person

Bereits den obigen Ausführungen zur Situation bei Mitunternehmerschaften ist zu entnehmen, dass die Subsumtion der offenen Einlage von Einzelwirtschaftsgütern des Privatvermögens unter § 6 VI 1 EStG Probleme bereitet. Das gilt in ähnlicher Weise auch für die Situation bei Kapitalgesellschaften, obgleich sich die Rechtslage dort ein wenig anders darstellt als bei den Mitunternehmerschaften.
Für die Sicht des Inferenten kann auf die obigen Ausführungen verwiesen werden.[537] Auch bei Kapitalgesellschaften bedarf es des Umwegs über einen tauschähnlichen Vorgang nicht, um offene Einlagen von Einzelwirtschaftsgütern des Privatvermögens begrifflich zugleich als Veräußerungen im Sinne des Steuerrechts zu deuten. Wie bereits gesagt, bedarf es bei offenen steuerrechtlichen Einlagen in Gesellschaften der Zuführung des Einlagegegenstands in das Gesamthandsvermögen der Mitunternehmerschaft bzw. in das Gesellschaftsvermögen der Kapitalgesellschaft. Bei beiden Gesellschaftsformen liegt eine Übertragung des wirtschaftlichen Eigentums auf die jeweilige Gesellschaft vor. Dieser Rechtsträgerwechsel vollzieht sich auch nicht unentgeltlich, da der Inferent bei einer offenen Einlage Gesellschaftsrechte erstmals oder zusätzlich erhält.
Damit sind zugleich die begrifflichen Voraussetzungen einer Veräußerung im Sinne des Steuerrechts erfüllt. Auch bei ihr bedarf es definitionsgemäß des entgeltlichen Übergangs des wirtschaftlichen Eigentums am Veräußerungsobjekt. Im Hinblick auf die begriffliche Überschneidung von offenen Einlagen und Veräußerungen kann auf die Darstellung im Allgemeinen Teil der Arbeit verwiesen werden.[538] Dogmatisch bestehen im Ergebnis keine Bedenken, die offenen Einlagen als Veräußerungen zu qualifizieren. Schon de lege lata sind offene Einlagen für den Inferenten also Veräußerungen und gegebenenfalls Realisationstatbestände gemäß der jeweils einschlägigen Gesetzesbestimmungen.

3.2 Qualifizierung und Bewertung bei der aufnehmenden Kapitalgesellschaft

Weniger eindeutig ist die Frage der Qualifizierung und Bewertung bei der aufnehmenden Kapitalgesellschaft zu beantworten. Aufgrund der Qualifizierung als tauschähnlicher Vorgang ist schon vor dem Inkrafttreten

537 Vgl. 2.3 (S. 158) zur Qualifizierung beim Inferenten im Falle einer Mitunternehmerschaft.
538 Siehe V. Kapitel unter 2.2 (S. 102) und Abbildung 8 (S. 106).

des § 6 VI 1 EStG nicht die Bewertungsvorschrift des § 6 I Nr. 5 EStG angewendet worden. Statt ihrer kam § 6 I Nr. 2 EStG zur Anwendung.[539] Zu klären ist nach dem Inkrafttreten des § 6 VI 1 EStG nunmehr, welche der drei genannten Bewertungsvorschriften dogmatisch am überzeugendsten angewendet werden kann.

Im Hinblick auf § 6 VI EStG ist zunächst einmal klar, dass § 6 VI 2 EStG das Tatbestandsmerkmal der verdeckten Einlage enthält. Aus der Rechtsfolge des § 6 VI 2 EStG erschließt sich, dass nur Beteiligungen an Kapitalgesellschaften in Bezug genommen sind. Wie bereits oben festgestellt, werden offene Einlagen in Kapitalgesellschaften in § 6 VI 1 EStG demgegenüber jedenfalls nicht ausdrücklich angesprochen. § 6 VI 1 EStG spricht vielmehr von der Übertragung eines einzelnen Wirtschaftsguts im Wege des Tausches. Auch hier stellt sich also die Frage, ob der Tauschbegriff offene Einlagen von Einzelwirtschaftsgütern in Kapitalgesellschaften erfasst bzw. ob diese aufgrund ihrer Tauschähnlichkeit so zu qualifizieren sind.

Zuzugeben ist, dass die oben genannten Argumente auf Kapitalgesellschaften nur teilweise übertragbar sind. Auch für sie ist die aktuelle Rechtslage im Hinblick auf die offene Einlage eines Einzelwirtschaftsguts in den gesetzlichen Bestimmungen zwar alles andere als transparent. Dennoch ist beispielsweise das oben betonte systematische Argument des § 6 V EStG bei Kapitalgesellschaften weniger stichhaltig. § 6 V EStG ist auf Kapitalgesellschaften nicht anwendbar, vielmehr erfasst § 6 VI 1 EStG im Tauschfall sowohl den Empfang eines Einzelwirtschaftsguts des Privatvermögens als auch den Empfang eines solchen des Betriebsvermögens. Wiederum bleibt aber die Frage, ob im Falle einer offenen Sacheinlage eines Einzelwirtschaftsguts des Privatvermögens ein Tausch im Sinne des § 6 VI 1 EStG vorliegen kann.

Jedenfalls abzulehnen ist de lege lata auch für Kapitalgesellschaften der argumentative Umweg über einen tauschähnlichen Vorgang.[540] Das ist allerdings noch kein ausreichendes Argument gegen die Qualifizierung der offenen Einlage als Tausch im Sinne des § 6 VI 1 EStG. Erneut ist auf die Gesetzesbegründung einzugehen, in der besonders die Aufhebung des Tauschgutachtens herausgestellt worden ist.[541] Im Tauschgutachten selbst waren einerseits der echte Tausch und andererseits der Tausch einer unmittelbaren gegen eine mittelbare Beteiligung angesprochen worden.[542] Bei einem echten

539 Vgl. nur Wismeth, FR 1990, 275, 276.

540 Vgl. z.B. Hoffmann, Beilage 16 zu BB 40/1996, S. 2, wonach bei Sacheinlagen in Kapitalgesellschaften in Wirklichkeit weder ein Tausch noch ein tauschähnlicher Vorgang („was immer das sein mag") vorliege.

541 Vgl. BT-Drs. 14/23, 173 und BT-Drs. 14/265, 174 (jeweils zu § 6 V EStG in der damaligen Entwurfsfassung).

542 So BMF, Schreiben vom 09.02.1998, IV B 2 – S 1909 – 5/98, BStBl I 1998, 163 unter I.

Tausch übertragen die Vertragspartner wechselseitig aus ihrem Vermögen Beteiligungen. Im zweiten Fall legt ein Steuerpflichtiger Anteile an einer Kapitalgesellschaft in eine andere Kapitalgesellschaft ein und erlangt als Gegenleistung Anteile an der anderen Kapitalgesellschaft. Das Tauschgutachten war also auch auf den „tauschähnlichen" Vorgang der Sacheinlage in eine Kapitalgesellschaft anwendbar.[543] Im Tauschgutachten selbst hatte der BFH allerdings auch ausgeführt, bei gesellschaftlichen Vorgängen wie der Sacheinlage im Rahmen einer Kapitalerhöhung liege streng genommen ein Tausch der eingebrachten gegen neue Aktien, die aus der Kapitalerhöhung stammen, nicht vor.[544] Im Hinblick auf den Tauschbegriff des § 6 VI 1 EStG lassen sich aber auch für Kapitalgesellschaften weder dem Tauschgutachten selbst noch der Gesetzesbegründung klare Anhaltspunkte entnehmen.

Auch die geschilderte Rechtslage in Österreich, wo in § 6 Ziff. 14 S. 3 Ö-EStG die Einlage von Wirtschaftsgütern in eine Körperschaft als Tausch fingiert wird, kann im deutschen Recht argumentativ sowohl in die eine als auch in die andere Richtung gedeutet werden. Einerseits lässt sich argumentieren, darin komme zum Ausdruck, dass sich Tauschbegriff und Einlagen in Kapitalgesellschaften begrifflich besonders nahe stehen. Andererseits lässt sich aber mindestens ebenso gut argumentieren, die Verwendung einer Fiktion bringe im Gegenteil gerade zum Ausdruck, dass Einlage in Kapitalgesellschaft und Tausch sich begrifflich nicht schon per se überschneiden.

Bei systematischer Betrachtung ist auf die Anwendungsvorschrift des § 52 XVI 13 EStG einzugehen. § 6 IV, V, VI 1 EStG ist danach erstmals auf den Erwerb von Wirtschaftsgütern anzuwenden, bei denen der Erwerb auf Grund eines nach dem 31.12.1998 rechtswirksam abgeschlossenen obligatorischen Vertrags oder gleichstehenden Rechtsakts erfolgt. Obwohl Patt auch tauschähnliche Vorgänge von der Neuregelung des § 6 VI EStG erfasst sieht, sieht er § 52 XVI 13 EStG als Argument dafür, dass § 6 VI 1 EStG nur den echten Tausch betreffe.[545] Nur dem echten Tausch liege ein obligatorischer Vertrag zu Grunde. Die Sacheinlage basiere hingegen auf einem gesellschaftsrechtlichen Vorgang und damit auf einem Verpflichtungsgeschäft sui generis. Unklar bleibt freilich, weshalb Patt nicht auf das Merkmal des einem obligatorischen Vertrag gleichstehenden Rechtsakts Bezug nimmt. Von seinem Standpunkt aus betrachtet, hätte eine solche Argumentation zumindest nahe gelegen. Nach hier vertretener Auffassung lässt sich der Anwendungsvorschrift des § 52 XVI 13 daher – wenn überhaupt – eher ein Argument dafür entnehmen, dass es für einen Tausch im Sinne des § 6 VI 1 EStG nicht stets eines obligatorischen Vertrags in Gestalt eines zivilrechtlichen Tauschvertrags bedarf.

---

543 Vgl. Wassermeyer, DB 1990, 855, 856 m.w.N.

544 BFH, 16.12.1958, I D 1/57 S, BStBl I 1959, 30, unter A IV.

545 Patt, in H/H/R, EStG, § 6 Anm. R 150.

Im Ergebnis ist die Anwendung des § 6 VI 1 EStG auf offene Einlagen in Kapitalgesellschaften nach hier vertretener Auffassung jedoch de lege lata ebenfalls abzulehnen. Einzuräumen ist nur, dass die Auslegungsfrage bei Kapitalgesellschaften noch schwieriger zu beantworten ist als bei Mitunternehmerschaften.
Auch bei Kapitalgesellschaften wäre eine gesetzliche Klarstellung de lege ferenda aber jedenfalls wünschenswert. Mangels hinreichend klarer Anhaltspunkte im Gesetz rechtfertigt die im Steuerrecht weit verbreitete Tauschvorstellung nicht die Annahme, jede offene Einlage eines Einzelwirtschaftsguts in eine Kapitalgesellschaft sei ein Tausch im Sinne des § 6 VI 1 EStG.
Aufgrund der hier vertretenen Ablehnung des Begriffs des tauschähnlichen Vorgangs ist auch der früher für einschlägig gehaltene § 6 I Nr. 2 EStG nicht anzuwenden. Diese Bewertungsvorschrift würde von § 6 VI 1 EStG kraft Spezialität verdrängt werden, wenn man mit der ganz überwiegenden Auffassung § 6 VI 1 EStG für anwendbar hält.[546]

4. Ergebnis

Bei offenen Einlagen in Personengesellschaften wie Kapitalgesellschaften können schon nach den allgemeinen Überlegungen zum Begriffsinhalt Veräußerungen angenommen werden. Die Qualifizierung des Einlagevorgangs aus der Sicht des einbringenden Gesellschafters bereitet aus diesem Grunde keine Schwierigkeiten. Der Konstruktion eines im Gesetz nicht klar zu verankernden tauschähnlichen Vorgangs bedarf es nicht. Schon bei der Anwendung der allgemeinen Begriffsbestimmungen der steuerlichen Einlage und der steuerlichen Veräußerung kann man in Übereinstimmung mit der überwiegenden Auffassung zum Ergebnis gelangen, dass sowohl Mitunternehmer als auch Anteilseigner einer Kapitalgesellschaft bei der offenen Einlage von Wirtschaftsgütern Veräußerungen vornehmen. Diese als Veräußerung zu qualifizierenden Vorgänge sind gegebenenfalls nach den allgemeinen Vorschriften einkommensteuerbar und einkommensteuerpflichtig.
Bei der Qualifizierung und Bewertung aus der Sicht der aufnehmenden Mitunternehmerschaft oder Kapitalgesellschaft ist der überwiegenden Auffassung hingegen deutlicher und nicht nur in ihrer Begründung zu widersprechen. Die Anwendbarkeit der Bewertungsnorm des § 6 VI 1 EStG auf offene Einlagen ist de lege lata jedenfalls für Mitunternehmerschaften zu verneinen. Für sie ist die Rechtsprechung des BFH aus dem Urteil vom 19.10.1998 de lege lata dogmatisch nicht überzeugend begründbar. Insbesondere fehlt es an dogmatisch hinreichenden Argumenten für die Nichtanwendbarkeit des § 6 I

546 Vgl. nur Schmidt/Glanegger, EStG, § 6 Rn 542.

Nr. 5 EStG. – Für Kapitalgesellschaften ist die Situation im Vergleich etwas weniger kritisch zu sehen. In Anbetracht des systematischen Zusammenhangs mit Satz 2 kann man offene Einlagen in Kapitalgesellschaften dogmatisch zumindest nachvollziehbar für von § 6 VI 1 EStG erfasst halten. Wenn überhaupt, lässt sich die Argumentation, die offene Einlage sei ein Tausch im Sinne des § 6 VI 1 EStG allenfalls für Kapitalgesellschaften begründen, und zwar hier für die Herkunft des Einlagegegenstands aus dem Betriebsvermögen wie aus dem Privatvermögen.

Die Transparenz der derzeitigen Gesetzeslage lässt aber insgesamt zu wünschen übrig. Wünschenswert bzw. zumindest für Mitunternehmerschaften notwendig wäre ein klarstellendes Eingreifen des Gesetzgebers. De lege ferenda könnte er entweder den unbestimmten Rechtsbegriff des tauschähnlichen Vorgangs zum gesetzlichen Tatbestandsmerkmal erheben. Diese Option ist allerdings nur die zweitbeste. Vorzugswürdig wäre, wenn der Gesetzgeber den Begriff des tauschähnlichen Vorgangs ertragsteuerlich weiterhin unberücksichtigt ließe und statt seiner die genauen Lebenssachverhalte beschriebe. Als Vorbild kann § 6 V EStG dienen, auch wenn dessen Entstehungsgeschichte kein Ruhmesblatt für den Gesetzgeber war. Je unzweideutiger der gesetzliche Tatbestand ist, desto weniger Unklarheiten können bei der Auslegung auftreten.

X. Kapitel: Ergebnisse des Besonderen Teils

1. Dogmatische Schwächen im Urteil des BFH vom 19.10.1998

Im Besonderen Teil der Arbeit ist zunächst der Meinungsstand vor dem Urteil des BFH vom 19.10.1998 dargestellt worden. Hierbei hat sich wenig Überraschendes ergeben. Bei der Darstellung der Reaktionen im Anschluss an das Urteil war festzustellen, dass die Finanzverwaltung sich der BFH-Auffassung vollständig angeschlossen hat. Auch das ist keine Überraschung. Die herrschende Lehre befürwortet ebenfalls die Qualifizierung offener Einlagen von Einzelwirtschaftsgütern des Privatvermögens als tauschähnliche Vorgänge.
Überrascht hat, wie wenig der BFH sich in seiner Argumentation mit den vorgefundenen Positionen und vor allem mit den Einlageregeln der §§ 4 I 5, 6 I Nr. 5 EStG auseinandergesetzt hat. Die Argumentationsweise des BFH hat sich als in mehreren Punkten unsorgfältig erwiesen. Sie ist im Ergebnis abzulehnen, insbesondere insoweit, als sie auf das Gesellschaftsrecht rekurriert. Im Ergebnis kann die Rechtsprechung des BFH zur Einbringung von Wirtschaftsgütern des Privatvermögens in das Gesamthandsvermögen einer Personengesellschaft nur teilweise unterstützt werden, und zwar im Hinblick auf die Annahme einer Veräußerung des Einbringenden. Die im Urteil vom 19.10.1998 vertretene Beurteilung aus der Sicht der aufnehmenden Mitunternehmerschaft lässt sich de lege lata hingegen weder mit den Argumenten des BFH noch mit einer alternativen Begründung aufrechterhalten.
In besonderem Maße befremdet die Zitierweise des BFH im Urteil vom 19.10.1998. Das gilt vor allem im Hinblick auf die zivil- bzw. gesellschaftsrechtlichen Erwägungen zum Verhältnis von Bareinlage und Sacheinlage. Die „Verrechnungstheorie" des BFH überzeugt nicht. Der BFH hat zu Unrecht zweifelhafte zivilrechtliche an die Stelle autarker steuerlicher Überlegungen gesetzt. Die Annahme eines tauschähnlichen Vorgangs macht die Einlageregeln nicht im Sinne eines logischen Automatismus obsolet, mag das BFH-Urteil auch gerade diesen Anschein erwecken. Selbst wenn man die Annahme eines Tauschvorgangs aufgrund der das Steuerrecht kennzeichnenden wirtschaftlichen Betrachtungsweise für zutreffend hielte, hätte dies nur ein Zwischenschritt sein dürfen. Die Verdrängung der gesetzlichen Einlageregeln hätte gleichwohl einer Begründung bedurft.
Die mit Wirkung vom 01.01.1999 eingefügte Bewertungsvorschrift des § 6 VI 1 EStG ist von wesentlicher Bedeutung für die Dogmatik der sog. tauschähnlichen Vorgänge. Der BFH hat sich mit dieser Vorschrift nicht auseinandergesetzt. Hierin besteht indessen keine dogmatische Schwäche des BFH-Urteils

vom 19.10.1998. § 6 VI 1 EStG trat vielmehr erst kurze Zeit später in Kraft, für den Veranlagungszeitraum des Urteils war § 6 VI 1 EStG zeitlich nicht anwendbar.

2. De lege lata: Ablehnung des Begriffs des „tauschähnlichen Vorgangs"

Nach heutiger Rechtslage sind die „tauschähnlichen Vorgänge" hingegen auch und gerade vor dem Hintergrund des § 6 VI 1 EStG zu beurteilen. Der Begriff des tauschähnlichen Vorgangs ist de lege lata insgesamt abzulehnen. Er ist im geltenden Ertragsteuerrecht weder ein gesetzliches Tatbestandsmerkmal noch in sonstiger Weise hinreichend verankert. Die Einfügung des § 6 VI 1 EStG hat lediglich den Begriff des Tausches aufgegriffen, nicht jedoch denjenigen des tauschähnlichen Vorgangs.
Ungeachtet der Frage, ob die „tauschähnlichen Vorgänge" in Wahrheit steuerliche Tauschvorgänge sind, ist auf den Begriff des tauschähnlichen Vorgangs sinnvollerweise gänzlich zu verzichten. Auch bei der Anwendung des § 6 V EStG einerseits und der §§ 20, 24 UmwStG andererseits ist für die Rechtsanwendung vollkommen irrelevant, dass die dort beschriebenen Einlagevorgänge gegebenenfalls zugleich „tauschähnliche Vorgänge" im Sinne des herkömmlichen Verständnisses dieses Begriffs sein können.
Der Begriff des tauschähnlichen Vorgangs ist hierbei weder für die Perspektive des Inferenten noch für diejenige der aufnehmenden Gesellschaft von irgendeinem dogmatischen Nutzen. Für den Inferenten können Einlagen sowohl bei Mitunternehmerschaften als auch bei Kapitalgesellschaften schon nach allgemeinen Überlegungen zugleich Veräußerungen darstellen. Auf eine wie auch immer erklärte Tauschähnlichkeit kommt es hierbei nicht an. Auch im Rahmen der Qualifizierung des Einbringungsvorgangs bei der aufnehmenden Gesellschaft stiftet der Begriff des tauschähnlichen Vorgangs eher dogmatischen Schaden als Nutzen.

3. De lege lata: Ablehnung der „Tauschtheorie"

De lege lata ist in dogmatischer Hinsicht allein die Frage zu entscheiden, ob eine offene Einlage unter den Tauschbegriff des § 6 VI 1 EStG zu subsumieren ist. Diese Frage ist nach hier vertretener Auffassung jedenfalls für Mitunternehmerschaften zu verneinen. Die Bewertungsvorschrift des § 6 VI 1 EStG ist für offene Einlagen von Wirtschaftsgütern des Privatvermögens in Mitunternehmerschaften weder unmittelbar anwendbar, noch liegen die Voraussetzungen einer Analogie vor.

Weniger eindeutig ist die Frage der Anwendbarkeit des § 6 VI 1 EStG bei offenen Einlagen in Kapitalgesellschaften. Auch für sie lehnt die vorliegende Arbeit indessen die Qualifizierung einer offenen Einlage als Tauschvorgang im Ergebnis ab.
Bereits im Jahre 1958 hat R. Thiel für ein Fallenlassen der Tauschtheorie plädiert und prophetisch geäußert, es werde „vielleicht einmal der Tag kommen, an dem auch auf dem Gebiet der Verkehrssteuern die gekünstelte und dem Wesen der gesellschaftsrechtlichen Einlage nicht entsprechende Tauschtheorie fallen gelassen wird".[547] Im Anschluss an das Tauschgutachten des BFH vom 16.12.1958 hat derselbe Autor noch einmal betont, dass ein Einlagevorgang in eine Kapitalgesellschaft nicht den Charakter eines Tausches habe, sondern der Sache nach nichts als eine gesellschaftsrechtliche Einlage sei.[548] Der BFH irre, wenn er in seinem Tauschgutachten, ohne sich mit dem aktienrechtlichen Gehalt der Sacheinlage auseinander zu setzen, in der Person des Inferenten einen „Tausch" (Sachtausch) des einzulegenden Sachguts gegen die auszugebenden jungen Aktien annehme.[549]
In gewisser Weise sieht die vorliegende Arbeit in Anlehnung an die Formulierung R. Thiels den Tag gekommen, die „dem Wesen der gesellschaftsrechtlichen Einlage nicht entsprechende Tauschtheorie" im Ertragsteuerrecht zumindest de lege lata aufzugeben. Vereinfacht und stark verkürzt ausgedrückt hat die hier vertretene Rechtsauffassung ihren Grund in der Erweiterung des § 6 EStG um die Absätze 3 ff. und insbesondere in der Einfügung des Absatzes 6.
Nicht übersehen wird, dass die Tauschtheorie heute de facto außerhalb jeder existenziellen Diskussion steht. Sie ist derart etabliert, dass ein Abrücken von ihr bei realistischer Einschätzung nicht zu erwarten ist. Wichtig ist dennoch anzuerkennen, dass die Tauschtheorie sich allein aus der dem Steuerrecht immanenten wirtschaftlichen Betrachtungsweise heraus rechtfertigen lässt. Zivilrechtliche Argumente sprechen in weitaus stärkerem Maße gegen als für die steuerrechtsspezifische Tauschtheorie.

4. De lege ferenda: Aufnahme der „Tauschtheorie" im EStG?

Nach den vorstehenden Ausführungen müsste der Gesetzgeber nun also Farbe bekennen und die Tauschtheorie in irgendeiner Weise ertragsteuerlich fundieren. Der praeter legem entwickelte Begriff des tauschähnlichen Vorgangs ist dabei nicht nur de lege lata insgesamt abzulehnen, sondern auch

---

547 R. Thiel, DB 1958, 1281, 1282.
548 R. Thiel, DB 1960, 300.
549 R. Thiel, DB 1960, 300, 302.

de lege ferenda besser zu vermeiden. Vorzugswürdig wäre, wenn der Gesetzgeber die betreffenden Einbringungsvorgänge ohne den unnötigen Umweg über einen tauschähnlichen Vorgang direkt einem Tausch gleich stellte. Angesichts der minutiösen Regelung insbesondere in § 6 V EStG spricht viel dafür, Einbringungen von Einzelwirtschaftsgütern in Kapitalgesellschaften und Einbringungen von Einzelwirtschaftsgütern des Privatvermögens in Mitunternehmerschaften ebenso explizit und enumerativ zu normieren. Es ist nicht ersichtlich, dass einer solchen, der Gesetzestransparenz dienlichen Normsetzung irgendein Hindernis entgegenstünde. Solange der Gesetzgeber nicht tätig wird, gilt das oben gefundene Ergebnis. Bis zu diesem Zeitpunkt hat die Einlagevorgänge betreffende Tauschtheorie keine Rechtsgrundlage im geltenden Ertragsteuerrecht und ist aus diesem Grunde abzulehnen.
Bei der wünschenswerten und hier für erforderlich gehaltenen Klarstellung im Gesetz bietet sich eventuell auch an, die gegenwärtige Konzeption der Behandlung offener und verdeckter Einlagen bei Personengesellschaften und bei Kapitalgesellschaften noch einmal in grundsätzlicher Weise zu überdenken. Die Frage, ob bzw. inwieweit zum gegenwärtigen Zeitpunkt Wertungswidersprüche in der steuerlichen Behandlung von offenen Einlagen einerseits und verdeckten Einlagen andererseits bestehen, war allerdings nicht Gegenstand der vorliegenden Arbeit.

4. Teil: Ergebnisse der Arbeit

XI. Kapitel: Zusammenfassung der Ergebnisse

1. Vorbemerkung

Im Vordergrund der vorliegenden Arbeit haben terminologische und dogmatische Fragen an einer Schnittstelle zwischen den Rechtsgebieten des Steuerrechts und des Zivilrechts gestanden. In ihrem Allgemeinen Teil hat die Arbeit den Versuch unternommen, die Begriffe der Einlage, der Veräußerung und des Tausches im Zivilrecht und im Steuerrecht auf der Grundlage der geltenden Gesetzeslage zu konkretisieren. Ausgangspunkt war das Urteil des BFH vom 19.10.1998, in welchem der VIII. Senat die offene Einlage einer im Privatvermögen gehaltenen Beteiligung in eine Mitunternehmerschaft als tauschähnlichen Vorgang qualifiziert hat.

Methodologisch hebt sich das Steuerrecht vom Zivilrecht insbesondere durch die sog. wirtschaftliche Betrachtungsweise ab. Letztlich liegt diese Betrachtungsweise auch der Qualifizierung von gesellschaftsrechtlichen Einbringungen als tauschähnliche Vorgänge zugrunde. Zwar hat der BFH seine Auffassung vor allem gesellschaftsrechtlich zu begründen versucht, diese Begründung vermag aber nicht zu überzeugen. In Wahrheit geht es seit Inkrafttreten des § 6 VI 1 EStG um die Frage, ob die sogenannten tauschähnlichen Vorgänge steuerrechtlich aufgrund wirtschaftlicher Betrachtungsweise als echte Tauschvorgänge im Sinne des Steuerrechts zu qualifizieren sind.

Für primär wirtschaftswissenschaftlich oder steuerrechtlich vorgebildete Personen ist die Annahme tauschähnlicher Vorgänge im Zusammenhang mit offenen Sacheinlagen bislang nahezu eine Selbstverständlichkeit. Die „Tauschtheorie“ ist fest im Bewusstsein verankert. Auch allgemein sind Tauschassoziationen im wirtschaftswissenschaftlichen Bereich weiter verbreitet als im juristischen Bereich. So werden etwa erfolgsneutrale Betriebsvermögensumschichtungen buchhalterisch in Aktiv-Tausch, Passiv-Tausch und Aktiv-Passiv-Tausch klassifiziert.[550] In der Volkswirtschaftslehre wird beispielsweise Geld neben einer Recheneinheits- und Wertaufbewahrungsfunktion auch eine Tauschmittelfunktion zugewiesen.[551] Die Idee eines Tausches zur Charakterisierung einer Transaktion ist für eine wirtschaftswissenschaftlich geprägte Person daher tendenziell eher vertraut.

---

550 Vgl. Weidner, in Wuttke/Weidner, S. 7 f.

551 Vgl. Mankiw, Part 10, Chapter 27, S. 609.

Aus der Perspektive des Zivilrechts ist der Begriff des Tausches demgegenüber vor allem mit dem in § 480 BGB verbundenen schuldrechtlichen Vertragstypus verbunden. Für zivilrechtlich geprägte Personen stellen sich Einlagevorgänge daher völlig anders dar als für betriebswirtschaftlich geprägte Personen. Einlagevorgänge als tauschähnliche Vorgänge zu qualifizieren, drängt sich der Mehrzahl der Juristen auf den ersten Blick in keiner Weise auf. Juristen denken beim Tausch eher an einen synallagmatischen Kausalvertrag denn an einen Einlagevorgang im Zusammenhang mit einer Gesellschaft. Im Steuerrecht treffen nun wirtschaftliche und juristische Überlegungen aufeinander. Der Jurist hat bei dieser Begegnung die im Steuerrecht vorherrschende wirtschaftliche Betrachtungsweise vorbehaltlos zu akzeptieren. Nicht selten muss er sich von seinem formaljuristischen Korsett lösen, um den wirtschaftlichen Gehalt eines Lebenssachverhalts verstehen und Sachverhalte entsprechend würdigen zu können.[552] Gerade in diesem Punkt hat der Betriebswirt oftmals einen Standortvorteil, dessen sich der Jurist stets bewusst sein muss und den es anzuerkennen gilt. Umgekehrt muss sich aber auch die wirtschaftliche Orientierung des Steuerrechts stets auf juristische Methoden zurückführen lassen.[553] Die wirtschaftliche Betrachtungsweise bzw. die wirtschaftliche Auslegung der Steuergesetze ist im Sinne der juristischen Metho-denlehre eine teleologische Methode zur Verwirklichung des Gesetzeszwecks, einen wirtschaftlichen Vorgang oder Zustand erfassen zu wollen.[554]

2. Ergebnisse des Allgemeinen Teils

2.1 Klare Terminologie als Hilfsmittel zur Problemvermeidung und Problemlösung

Im Fokus des Allgemeinen Teils haben die Begriffe der Einlage, der Veräußerung, des Tausches und des tauschähnlichen Vorgangs gestanden. Die vorstehenden Erwägungen zugrundelegend, hat die Arbeit den Versuch unternommen, die beiden Rechtsgebiete des Zivilrechts und des Steuerrechts gleichberechtigt nebeneinander zu beleuchten. Eine klare Begriffsverwendung löst zwar für sich genommen keine Probleme, jedoch kann eine unklare Terminologie Problemlösungen erschweren. Darauf hat K. Schmidt mit gutem Grund

552 Ein Beispiel ist etwa die Unterscheidung von wirtschaftlichem Eigentum im Sinne der Zurechnungsnorm des § 39 AO einerseits und zivilrechtlichem Eigentum nach Maßgabe der Vorschriften des BGB.

553 Vgl. Tipke/Lang, 17. Aufl. 2002, § 1 Rn 12 (S. 4).

554 Vgl. Tipke/Lang, 17. Aufl. 2002, § 5 Rn 65 (S. 142).

gerade im Bereich der Einlageterminologie hingewiesen, wenn auch ohne das Steuerrecht in den Blick zu nehmen.[555] Die hier vorgeschlagene begriffliche Abgrenzung von Einlage, Tausch und Veräußerung im Zivilrecht und im Steuerrecht verfolgt das Ziel, in diesem Sinne einerseits zur Vermeidung und andererseits zur Lösung von Problemen beizutragen.

Der Begriff der Einlage ist im Steuerrecht nicht minder wichtig als im Zivilrecht. Der steuerrechtliche Einlagebegriff und sein Verhältnis zum zivilrechtlichen Einlagebegriff ist seit dem Ende der 80er Jahre immer wieder thematisiert worden. Bezogen auf das Steuerrecht hat ein dogmatisches Hauptaugenmerk im Rahmen der vorliegenden Arbeit darin bestanden, Fragen nicht auf der Ebene von Begriffsdefinitionen zu lösen, die auf der Ebene der Bewertung überzeugender zu lösen sind. Etwas pauschalierend gesprochen plädiert die Arbeit dafür, identische Tatbestandsmerkmale nach Möglichkeit gleich zu verstehen. Das gilt insbesondere für ein und dieselben Begriffe bei der rechtsgebietsübergreifenden Betrachtung des Zivilrechts und des Steuerrechts, wobei diese Möglichkeit hier nur in begrenztem Maße besteht. Noch mehr gilt das Bestreben für die Deutung ein und derselben Begriffe innerhalb eines der beiden Rechtsgebiete.

Insgesamt sollte die Möglichkeit, Probleme mit Hilfe des Einlagebegriffs zu lösen, nicht überschätzt werden. Eine klare Terminologie kann zwar helfen, Probleme zu vermeiden, und bestenfalls auch dazu beitragen, ein Problem zu lösen. Prinzipiell ist hierbei aber eine möglichst einheitliche Begriffsverwendung innerhalb eines Rechtsgebiets erstrebenswert. Aus diesem Grunde sind Tatbestandslösungen in Gestalt unterschiedlicher Auslegungen ein und desselben Begriffs in ein und demselben Rechtsgebiet prinzipiell zu vermeiden und Konkurrenzlösungen vorzuziehen.

2.2 Verhältnis der Einlagebegriffe im Zivilrecht und im Steuerrecht

Ausgehend von den zivilrechtlichen Gesetzesbestimmungen hat die Arbeit zunächst einen allgemeinen zivilrechtlichen Einlagebegriff herausgearbeitet. Einlage im Sinne des Zivilrechts ist danach jede gegenständliche, mitgliedschaftliche Leistung eines Unternehmensmitglieds in das Unternehmensvermögen, die den Unternehmenszweck fördert und die unternehmenseigene, frei verfügbare Haftungsmasse mehrt. Einen Unterfall des zivilrechtlichen Einlagebegriffs stellt die gesellschaftsrechtliche Einlage dar. Einlage im Sinne des Gesellschaftsrechts ist danach jede gegenständliche, mitgliedschaftliche Leistung eines Gesellschafters in das Gesellschaftsvermögen, die den Gesellschaftszweck fördert und die gesellschaftseigene, frei verfügbare

555 K. Schmidt, § 20 II 1 a (S. 567).

Haftungsmasse mehrt. Gesellschaftsrechtliche Einlage im engeren Sinne ist der dingliche Vollzug der gesellschaftsrechtlichen Einlageverpflichtung, gesellschaftsrechtliche Einlage im weiteren Sinne der aus Verpflichtungs- und Verfügungsgeschäft zusammengesetzte Vorgang.
Abgegrenzt worden ist schließlich ein handelsbilanzrechtlicher Einlagebegriff. Wenn man so will, begegnen sich die beiden Rechtsgebiete des Zivilrechts und des Steuerrechts im Handelsbilanzrecht. Wie das Steuerrecht ist allerdings auch das Handelsbilanzrecht geprägt von einer wirtschaftlichen Betrachtungsweise. Handelsbilanzrechtliche Einlagen sind solche mitgliedschaftlich veranlassten Vorgänge, die zu Eigenkapital im Sinne des Handelsbilanzrechts führen.
Anders als im Zivilrecht besteht im Steuerrecht mit § 4 I 5 EStG eine Legaldefinition des Einlagebegriffs. Etwas verkürzt sind Einlagen danach alle Wirtschaftsgüter, die der Steuerpflichtige dem Betrieb zugeführt hat. Nur diese Legaldefinition kann Ausgangspunkt einer Konkretisierung des steuerlichen Einlagebegriffs sein. Sie definiert den steuerrechtlichen Einlagebegriff für Einzelunternehmen, Mitunternehmerschaften und Kapitalgesellschaften. Sowohl Überführungen von Wirtschaftsgütern durch Realakt als auch Übertragungen von Wirtschaftsgütern durch Rechtsgeschäft können begrifflich Einlagen darstellen. Ob die Einlage rechtsgeschäftlicher oder tatsächlicher Natur ist, ist rechtformabhängig. Entgegen der wohl überwiegenden Meinung ist nach hier vertretener Auffassung der Betriebsbegriff eng und der Einlagebegriff dementsprechend weit auszulegen. Etwaige Problemfälle sind regelmäßig nicht auf der begrifflichen Ebene des § 4 I 5 EStG zu lösen, sondern auf der Ebene der qualitativen Bewertung. Der auf der Ebene des § 6 EStG ansetzenden Konkurrenzlösung ist hierbei regelmäßig der Vorzug vor einer bereits auf der Ebene des § 4 EStG ansetzenden Tatbestandslösung zu geben.
Ein wesentliches Anliegen der Arbeit hat darin bestanden, Gemeinsamkeiten und Unterschiede der Einlagebegriffe im Zivilrecht und im Steuerrecht zu beschreiben. Ergebnis ist, dass der steuerrechtliche über den zivilrechtlichen Einlagebegriff, dass aber auch umgekehrt der zivilrechtliche Einlagebegriff im Einzelfall über den steuerrechtlichen Einlagebegriff hinausreichen kann. Hervorhebung verdient zunächst, dass originärer Anwendungsbereich des § 4 I 5 EStG Einzelunternehmen sind, während Einlagen zivilrechtlich vor allem im Bereich des Gesellschaftsrechts ihre Bedeutung haben. Oft werden Einlagebegriff, Einlagebewertung und weitere Rechtsfolgen im Zivilrecht durch die dem Gläubigerschutz dienenden Grundsätze der Kapitalaufbringung und der Kapitalerhaltung beeinflusst. Sie schaffen beim Bestehen von Haftungsbeschränkungen eine Balance. Einlagen im Sinne des Zivilrechts können anders als Einlagen im Sinne des Steuerrechts nur quoad dominium, nicht aber quoad sortem oder quoad usum erfolgen. Für Einlagen in das rein steuerliche

Sonderbetriebsvermögen fehlt es ebenfalls an einem zivilrechtlichen Äquivalent. Während es bei der zivilrechtlichen Einlage um eine mitgliedschaftlich veranlasste Mehrung der unternehmenseigenen Haftungsmasse geht, erfordert der steuerrechtliche Einlagebegriff nur eine nicht betrieblich veranlasste Mehrung des steuerlichen Betriebsvermögens. Umgekehrt kann auch der zivilrechtliche Einlagebegriff über den steuerlichen Einlagebegriff dann hinausgehen, wenn aufgrund des Vorliegens von steuerlichem Privatvermögen keine Einlage im Sinne des § 4 I 5 EStG vorliegt. Das ist insbesondere bei vermögensverwaltenden Personengesellschaften der Fall.

2.3 Verhältnis zu den Begriffen der Veräußerung und des Tausches

Steuerlicher wie zivilrechtlicher Veräußerungsbegriff beziehen sich auf eine Eigentumsübertragung. Bezugspunkt des steuerrechtlichen Veräußerungsbegriffs ist das wirtschaftliche, derjenige des zivilrechtlichen Veräußerungsbegriffs hingegen das rechtliche Eigentum. Im Zivilrecht überschneiden sich der Einlagebegriff und der Begriff der Veräußerung im engeren Sinne. Die gesellschaftsrechtliche Einlage im engeren Sinne beschreibt den dinglichen Vollzug einer Einlageverpflichtung und ist damit zugleich eine zivilrechtliche Veräußerung im engeren Sinne.

Im Steuerrecht ist ebenso wie im Handelsbilanzrecht zwischen offenen und verdeckten Einlagen zu unterscheiden. Eine verdeckte Einlage ist vorbehaltlich gesetzlicher Fiktionen de lege lata keine steuerrechtliche Veräußerung, wie §§ 17 I 2, 23 I 5 Nr. 2 EStG und § 8b II 3 KStG belegen. Anders ist das bei offenen Einlagen. Da sowohl der steuerrechtliche Begriff der Veräußerung als auch der steuerrechtliche Begriff der offenen Einlage von einem Entgelt bzw. einer Gegenleistung abhängig sind, liegt im Falle einer offenen Einlage in eine Mitunternehmerschaft oder eine Körperschaft begrifflich nicht nur eine Einlage, sondern zugleich eine Veräußerung vor. Der als Begründung regelmäßig postulierten Tauschähnlichkeit bedarf es hierbei nicht. Offene Einlagen sind bereits nach den allgemeinen Voraussetzungen Veräußerungen, und zwar solche auf gesellschaftsrechtlicher Grundlage.

Anders als Einlage und Veräußerung haben Einlage und Tausch zivilrechtlich nichts miteinander gemein. Liegt eine zivilrechtliche Einlage vor, so scheidet ein zivilrechtlicher Tausch begrifflich aus. Umgekehrt gilt dasselbe. Bei zivilrechtlichen Tauschverträgen handelt es sich um rein schuldrechtliche Verträge ohne gesellschaftsrechtliches bzw. mitgliedschaftliches Element. Einlagen sind hingegen per definitionem mitgliedschaftlich veranlasst. Ferner bleibt bei der gesellschaftsrechtlichen Einlage anders als beim Tausch auch nach dem dinglichen Vollzug eine mittelbare Beziehung zwischen dem Inferenten und dem Einlagegegenstand bestehen. Diese Beziehung wird

durch die Mitgliedschaft im betreffenden Unternehmen vermittelt. Eine zivilrechtliche Einlage führt nicht zu einer Trennung, sondern zu einer Umformung der Berechtigung an den zu übertragenden Wirtschaftsgütern. Bei einem zivilrechtlichen Tausch wird die Rechtsbeziehung zum hingegebenen Tauschobjekt demgegenüber definitiv beendet.
Klarheit besteht insofern, als der steuerrechtliche Tauschbegriff den zivilrechtlichen Tauschbegriff jedenfalls vollständig einschließt. In Abweichung vom Zivilrecht werden im Steuerrecht allerdings offene Sacheinlagen als tauschähnliche Vorgänge qualifiziert. Ob bzw. inwieweit diese Sichtweise mit der am 01.01.1999 in Kraft getretenen Tausch-Bewertungsvorschrift des § 6 VI 1 EStG harmoniert, hat im Mittelpunkt des Besonderen Teils der Arbeit gestanden.

3. Ergebnisse des Besonderen Teils

3.1 Qualifizierung offener Einlagen beim Inferenten

Offene Einlagen von Wirtschaftsgütern des Privatvermögens in Personengesellschaften wie Kapitalgesellschaften sind schon nach allgemeinem Verständnis zugleich Veräußerungen im Sinne des Steuerrechts. Hierfür bedarf es nicht der Annahme eines tauschähnlichen Vorgangs. Insofern ist die Auffassung des BFH aber immerhin im Ergebnis zu unterstützen.

3.2 Qualifizierung offener Einlagen bei der aufnehmenden Gesellschaft

3.2.1 Mangelnde Überzeugungskraft der Urteilsbegründung des BFH

Im Übrigen verdient das Urteil des BFH vom 19.10.1998 weder in der Begründung noch im Ergebnis Zustimmung. Aufgrund seiner dogmatischen Schwächen vermag das Urteil nicht zu überzeugen. Zwar ist die parallele Behandlung von offenen Einlagen von Einzelwirtschaftsgütern bei Mitunternehmerschaften und Kapitalgesellschaften als solche nicht zu beanstanden. Insbesondere die gesellschaftsrechtliche Argumentation, die sich auf ein angebliches Rangverhältnis von Bareinlage und Sacheinlage im Gesellschaftsrecht stützt, kann aber nicht überzeugen. Mit diesem Argument fällt die Urteilsbegründung in sich zusammen. Tatsächlich kann es sich bei der Qualifizierung von Einlagevorgängen als „tauschähnliche Vorgänge" nur um eine Ausprägung der wirtschaftlichen Betrachtungsweise des Steuerrechts handeln. Möglicherweise hätte der BFH überzeugender zu argumentieren vermocht, wenn er gerade keine Anlehnung an das Zivilrecht, sondern eine Abgrenzung zu demselben vorgenommen hätte.

3.2.2 Unzureichende dogmatische Fundierung der „tauschähnlichen Vorgänge"

Kann die Urteilsbegründung schon auf der Grundlage des alten Rechts nicht überzeugen, so gilt das erst recht für die seit Jahresbeginn 1999 geltende Rechtslage. Zwar besteht weiterhin keine ertragsteuerliche Tauschdefinition, mit § 6 VI 1 EStG besteht aber nun immerhin eine einkommensteuerrechtliche Bewertungsvorschrift für den Tausch eines Einzelwirtschaftsguts. Der Anwendungsbereich des § 6 VI EStG erscheint hierbei als noch nicht abschließend geklärt, auch und gerade soweit offene Einlagen von Einzelwirtschaftsgütern betroffen sind. Insoweit ist die Arbeit zu folgendem Ergebnis gelangt. Entgegen der überwiegenden Auffassung sind jedenfalls offene Einlagen in Mitunternehmerschaften nicht als „tauschähnliche Vorgänge" zu qualifizieren. Allenfalls könnte man deutlich aussprechen, dass diese „tauschähnlichen Vorgänge" in Wahrheit Tauschvorgänge im Sinne des in § 6 VI 1 EStG verwendeten Tauschbegriffs sind. Der steuerrechtliche Tauschbegriff ginge dann über den zivilrechtlichen hinaus. Auch diese dogmatische Einordnung ist aber im Ergebnis abzulehnen. Weniger eindeutig stellt sich de lege lata schließlich die steuerliche Behandlung offener Einlagen von Einzelwirtschaftsgütern in Kapitalgesellschaften dar.

4. Ausblick

Vieles spricht dafür, dass die derzeitige steuerliche Behandlung von offenen Einlagen von Einzelwirtschaftsgütern in Mitunternehmerschaften oder Kapitalgesellschaften als tauschähnliche Vorgänge dem Willen des Gesetzgebers entspricht. Trifft dies zu, so ist eine entsprechende Gesetzesanpassung gleichwohl wünschenswert. Einerseits könnte der Gesetzgeber den Begriff des tauschähnlichen Vorgangs in § 6 EStG zu einem gesetzlichen Tatbestandsmerkmal erheben. Beispielsweise könnte er dies tun, indem er in § 6 VI EStG tauschähnliche Vorgänge dem Tausch ausdrücklich gleichstellt und tauschähnliche Vorgänge als die gegen Gewährung von Gesellschaftsrechten erfolgende Übertragung eines Einzelwirtschaftsguts in eine Mitunternehmerschaft oder in eine Kapitalgesellschaft definiert. Vorzugswürdig wäre indessen ein völliger Verzicht des Ertragsteuerrechts auf den Begriff des tauschähnlichen Vorgangs.

Nach den Erfahrungen der Vergangenheit steht leider eher zu befürchten, dass der Gesetzgeber sich – trotz seiner hohen Aktivität im Bereich des Steuerrechts – zu einer solchen Gesetzesänderung nicht veranlasst sehen wird. Zu wünschen bleibt dennoch, dass der Gesetzgeber erkennt, dass die

„tauschähnlichen Vorgänge“ im deutschen Einkommensteuerrecht de lege lata nur unzureichend erfasst sind und die momentane Gesetzesfassung nicht hinreichend transparent ist.

Im Hinblick auf die Einlagebegriffe im Zivilrecht und im Steuerrecht bleibt abschließend festzuhalten, dass die saubere begriffliche Definition, Konkretisierung und Abgrenzung der Begriffe in ihrer Bedeutung nicht überschätzt werden darf. Wenn die vorliegende Arbeit dazu beitragen kann, weniger oft in den Einlagebegriffen des Zivilrechts bzw. Steuerrechts Ursachen für begriffliche Unsicherheiten oder gar fehlerhafte Rechtsauffassungen zu vermuten, so wäre eines ihrer Hauptanliegen erreicht.

Literaturverzeichnis

Adler/Düring/Schmaltz	Rechnungslegung und Prüfung der Unternehmen, Kommentar zum HGB, AktG, GmbHG, PublG nach den Vorschriften des Bilanzrichtlinien-Gesetzes, 6. Aufl., Stuttgart: Schäffer-Poeschel, 1995 ff.
Aigner, Dietmar/ Aigner, Hans-Jörgen	Nutzungseinlagen in Kapitalgesellschaften, Kritische Würdigung der bestehenden Judikatur und Literatur, SWK 2001, 1372-1380 (S 850-S 858).
Andersen, Arthur	Körperschaftsteuergesetz, Kommentar, Bonn: Stollfuß, Stand: August 2002.
Arndt, Hans-Wolfgang	Grundzüge des Allgemeinen Steuerrechts, München: Vahlen, 1998.
Bächle, Ekkehard/ Rupp, Thomas	Internationales Steuerrecht, Stuttgart: Schäffer-Poeschel, 2002.
Baumbach, Adolf/ Hopt, Klaus	Handelsgesetzbuch, 30. Aufl., München: Beck, 2000.
Baumbach, Adolf/ Hueck, Alfred	GmbH-Gesetz, Kommentar, 17. Aufl., München: Beck, 2000.
Beck Bilanz	Beck´scher Bilanz-Kommentar, Handels- und Steuerrecht, §§ 238 bis 339 HGB, 4. Aufl., München: Beck, 1999.
Beck Bilanz (KapCoRiLiG)	Beck´scher Bilanz-Kommentar, Handels- und Steuerrecht, §§ 238 bis 339 HGB, 4. Aufl., Ergänzungskommentar zum KapCoRiLiG (§§ 264a bis 264c, 285 HGB und Art. 48 EGHGB), München: Beck, 2001.
Beck Hdb.PersGes	Beck´sches Handbuch der Personengesellschaften: Gesellschaftsrecht – Steuerrecht, hrsg. von Welf Müller und Wolf-Dieter Hoffmann, 2. Aufl., München: Beck, 2002.
Blümich	Einkommensteuergesetz, Körperschaftsteuergesetz, Gewerbesteuergesetz, Kommentar, hrsg. von Klaus Ebling, München: Vahlen, Stand: Oktober 2002.
Booten, Volker von/ Jochimsen, Claus/ Schnitger, Arne	Anteilstausch bei internationalen Zusammenschlüssen aus deutscher Sicht, in Grotherr (Hrsg.), Handbuch der internationalen Steuerplanung, 2. Aufl., Herne/Berlin: Verlag Neue Wirtschafts-Briefe, 2003, S. 243-261.

Bordewin, Arno — Zur Besteuerung der Mitunternehmer von Personengesellschaften (Erwiderung auf die Ausführungen von Knobbe-Keuk, DStR 1979, 183), DStR 1979, 468-474.

Bordewin, Arno — Entnahmen und Einlagen, DStZ 1979, 429-437.

Brandenberg, Hermann Bernwart — Wiedereinführung des Mitunternehmererlasses?, FR 2000, 1182-1189.

Braun, Christoph — Anm. zur Anwendbarkeit des Tauschgutachtens und zur Verfügung der OFD Frankfurt vom 21.05.2001 mit Zusatz vom 20.09.2001, GmbH-StB 2002, 131-132.

Braun, Eberhard — Insolvenzordnung (InsO), Kommentar, München: Beck, 2002.

Brenner, Dieter — Neuere Rechtsprechung zu Einlagen in Kapitalgesellschaften, zu Tantiemen als verdeckte Gewinnausschüttungen und zur Anrechnung ausländischer Steuern, DStZ 1995, 97-104.

Brönner, Herbert/ Bareis, Peter — Die Bilanz nach Handels- und Steuerrecht, 9. Aufl., Stuttgart: Schäffer-Poeschel, 1991.

Budde, Wolfgang Dieter — Sonderbilanzen: Von der Gründungsbilanz bis zur Liquidationsbilanz, München: Beck, 1994.

Budde, Wolfgang Dieter/ Förschle, Gerhart — Sonderbilanzen: Von der Gründungsbilanz bis zur Liquidationsbilanz, 3. Aufl., München: Beck, 2002.

Büchele, Ernst — Die verdeckte Einlage im Brennpunkt von Bilanz- und Gesellschaftsrecht, DB 1999, 2336-2340.

Büchele, Ernst — Die Sacheinlage – ein Austauschgeschäft oder ein mitgliedschaftlicher Beitrag?, DStR 1998, 741-745.

Büchele, Ernst — Offene und verdeckte Einlagen im Bilanz- und Gesellschaftsrecht, DB 1997, 2337-2344.

Cattelaens, Heiner/ Niermann, Walter/ Tausch, Wolfgang — Steuerentlastungsgesetz 1999/2000/2002: einschließlich Steuerentlastungsgesetz 1999 und Steueränderungsgesetz 1998, Textausgabe mit Gesetzesbegründung, Düsseldorf: IDW-Verlag, 1999.

Cebulla, Mario — Einlagenrückgewähr, Haftung und Bilanzierung beim Ausscheiden eines Kommanditisten, DStR 2000, 1917-1923.

Creifelds, Carl — Rechtswörterbuch, 17. Aufl., München: Beck, 2002.

Crezelius, Georg — Fairneß im Steuerrecht, Stbg 11/2001, S. I (Editorial).

Crezelius, Georg	Steuerrechtliche Rechtsanwendung und allgemeine Rechtsordnung: Grundlagen für eine liberale Besteuerungspraxis, Herne/Berlin: Neue Wirtschafts-Briefe, 1983.
Custodis, Hans	Verdeckte Sacheinlagen im GmbH-Recht – Anmerkungen zum Tatbestand und zur Heilung, DNotZ 1997, 437-465.
Daragan, Hanspeter	Einbringung von Wirtschaftsgütern – (k)ein kauf- oder tauschähnliches Geschäft?, DStR 2000, 573-576.
Daragan, Hanspeter/ Ley, Ursula/ Strahl, Martin	Steuerliche Gestaltungsüberlegungen zum Jahresende, DStR 2000, 1973-1988, 2123.
Debatin, Helmut/ Wassermeyer, Franz	Doppelbesteuerung, Kommentar zu allen deutschen Doppelbesteuerungsabkommen, Band 1: Kommentierung des OECD-MA, München: Beck, Stand: Oktober 2002.
Dehmer, Hans	Umwandlungsrecht – Umwandlungssteuerrecht: Umwandlung – Verschmelzung – Spaltung – Einbringung, München: Beck, 1994.
Derleder, Peter	Die Aufgabe der monistischen Struktur der Gesellschaft bürgerlichen Rechts durch Verleihung der Rechtsfähigkeit, BB 2001, 2485-2493.
Dötsch, Ewald/ Eversberg, Horst/ Jost, Werner F./ Witt, Georg	Die Körperschaftsteuer, Kommentar, Stuttgart: Schäffer-Poeschel, Stand: Oktober 2002.
Duden	Duden Deutsches Universalwörterbuch, hrsg. und bearb. vom Wiss. Rat und der Dudenredaktion unter Leitung von Günther Drosdowski, 2. Aufl., Mannheim: Dudenverlag, 1989.
Düll, Alexander/ Fuhrmann, Gerd/ Eberhard, Martin	Unternehmenssteuerreform 2001: Die Neuregelung des § 6 Abs. 5 Satz 3 EStG – sog. Wiedereinführung des Mitunternehmererlasses, DStR 2000, 1713-1718.
Ebenroth, Carsten Thomas/ Boujong, Karlheinz/ Joost, Detlev	Handelsgesetzbuch, München: Beck/Vahlen, 2001.
Engisch, Karl	Einführung in das juristische Denken, 8. Aufl., Stuttgart/Berlin/Köln: Kohlhammer, 1983.
Engl, Richard L.	Realteilung auch mit Einzelwirtschaftsgütern rückwirkend ab 1.1.2001 nach UntStFG ohne Behaltefrist steuerneutral möglich, DStR 2002, 119-122.

Ernst & Young — Verdeckte Gewinnausschüttungen und verdeckte Einlagen, Bonn: Stollfuß, Stand: August 2002.

Federmann, Rudolf — Unternehmenssteuerreform 2001: Analyse aller wesentlichen Änderungen mit Praxishinweisen, Gestaltungsempfehlungen und Checklisten, Freiburg i. Br.: Haufe, 2000.

Fehrenbacher, Oliver — Der Tausch, ZVglRWiss 101 (2002), S. 89-138.

Freikamp, Gerhard — Transaktionen i.S.v. § 6 Abs. 5 Satz 3 EStG aus dem Vermögensbereich des Mitunternehmers in den Jahren 1999/2000, BB 2001, 2618-2623.

Friedrich, Armin — Anm. zum Beschluss des Großen Senats des BFH vom 09.06.1997 (Forderungsverzicht), WiB 1997, 1301-1302.

Frotscher, Gerrit — Zur „Zuführung neuen Betriebsvermögens" nach § 8 Abs. 4 KStG, DStR 2002, 10-16.

Frotscher, Gerrit — Kommentar zum Einkommensteuergesetz, 6. Aufl., Freiburg i. Br.: Haufe, Stand: 2002.

Gädcke, Jörg-Christian — „Dem Werte nach" eingebrachte Grundstücke im Gesellschaftsvermögen, Frankfurt a.M./Bern/New York/Paris: Lang, 1987.

Gail, Winfried/ Düll, Alexander/ Fuhrmann, Gerd/ Grupp, Siegfried — Aktuelle Entwicklungen des Unternehmenssteuerrechts, Steuerliche Überlegungen zum Jahresende 1999, DB 1999, Beilage Nr. 14.

Gail, Winfried/ Düll, Alexander/ Fuhrmann, Gerd/ Grupp, Siegfried/ Eberhard, Martin — Aktuelle Entwicklungen des Unternehmenssteuerrechts, Steuerliche Überlegungen zum Jahresende 2000, DB 2000, Beilage Nr. 15.

Grützner, Dieter — Die Änderungen zur Ertragsbesteuerung der Unternehmen durch das StÄndG 2001 und das UntStFG (Teil A), BBK, Fach 15, 1287-1296.

Gschwendtner, Hubertus — Anm. zum Urteil des BFH vom 25.07.2000, VIII R 46/99, DStR 2000, 1907-1908.

Gschwendtner, Hubertus — Anm. zum Urteil des BFH vom 19.10.1998, VIII R 69/95, DStR 1999, 368.

Hachenburg — Gesetz betreffend die Gesellschaft mit beschränkter Haftung, 8. Aufl., Berlin: de Gruyter, 1992 (Erster Band: Allgemeine Einleitung, §§ 1-34 GmbHG).

Hallweger, Matthias — Die freie Verfügbarkeit von Bareinlagen aus Kapitalerhöhungen in der Aktiengesellschaft, DStR 2002, 2131-2135.

Haritz, Detlef/ Benkert, Manfred — Umwandlungssteuergesetz, 2. Aufl., München: Beck, 2000.

Heil, Hans-Jürgen — Die verdeckte Sacheinlage bei Beteiligung Dritter, NZG 2001, 913-921.

Henze, Hartmut — Erfordernis der wertgleichen Deckung bei Kapitalerhöhung mit Bareinlagen?, Anm. zu zwei Urteilen des BGH vom 18.03.2002, BB 2002, 955-957.

Henze, Hartmut — Die Rechtsprechung des BGH zu den Kapitalaufbringungsgrundsätzen im GmbH- und Aktienrecht, DB 2001, 1469-1477.

Herrmann, Carl/ Heuer, Gerhard/ Raupach, Arndt — Einkommensteuer- und Körperschaftsteuergesetz, Kommentar, 21. Aufl., Köln: O. Schmidt, Stand: Juni 2002.

H/H/R (StSenkG) — Steuersenkungsgesetz, Kurzkommentar und Materialien; Sonderdruck aus: Kommentar zum EStG und KStG, Köln: O. Schmidt, 2001.

Herrmann, Hans J./ Neufang, Bernd — Übertragung von einzelnen Wirtschaftsgütern zwischen Gesellschafterbetriebsvermögen und Mitunternehmerschaften, BB 2000, 2599-2605.

Hofbauer, Max A./ Kupsch, Peter — Bonner Handbuch der Rechnungslegung (BHR), 2. Aufl., Stand: Juni 2002.

Hoffmann, Wolf-Dieter — Der Transfer von Einzel-Wirtschaftgütern gemäß § 6 Abs. 5 EStG nach Verabschiedung des UntStFG, GmbHR 2002, 125-134.

Hoffmann, Wolf-Dieter — Unentgeltliche Übertragung eines (Teil-)Betriebs oder Mitunternehmeranteils gemäß § 6 Abs. 3 EStG i.d.F. des UntStFG, GmbHR 2002, 236-242.

Hoffmann, Wolf-Dieter — Beraterhinweise für den GmbH-Unternehmer, GmbH-StB 2002, 59-60.

Hoffmann, Wolf-Dieter — Forderungsverzicht als Gestaltungspotenzial, GmbH-StB 2001, 241-242.

Hoffmann, Wolf-Dieter — Übertragung von Wirtschaftsgütern im Rahmen des neuen § 6 Abs. 6 EStG, Gewollte und ungewollte(?) Besteuerungseffekte, GmbHR 1999, 452-462.

Hoffmann, Wolf-Dieter — Kritische Anmerkungen zum sog. Einlagebeschluß des Großen BFH-Senats, DB 1998, 1983-1988.

Hoffmann, Wolf-Dieter „Einlagen“ von wertlosen Forderungen in die Kapitalgesellschaft in ökonomischer und rechtlicher Betrachtung, DStR 1996, Beihefter zu Heft 11.

Hoffmann, Wolf-Dieter Die Einlagen in Kapitalgesellschaften als Bilanzierungsproblem beim Einlegenden, BB 1996, Beilage 16.

Hog, Harald/ Tenbrock, Berthold Steuerentlastungsgesetz 1999/2000/2002, Ausführliche Darstellung des Gesetzes mit Materialien und umfangreichen Erläuterungen, Freiburg i. Br./Berlin/ München: Haufe, 1999.

Hopt, Klaus J. Handelsgesetzbuch, 30. Aufl., München: Beck, 2000.

Horschitz, Harald/ Groß, Walter/ Weidner, Werner Bilanzsteuerrecht und Buchführung, 9. Aufl., Stuttgart: Schäffer-Poeschel, 2002.

Huber, Ulrich Vermögensanteil, Kapitalanteil und Gesellschaftsanteil an Personalgesellschaften des Handelsrechts, Heidelberg: Winter, 1970.

Hübschmann/Hepp/Spitaler Abgabenordnung, Finanzgerichtsordnung, Kommentar, 10. Aufl., Köln: O. Schmidt, Stand: September 2002.

Hüffer, Uwe Aktiengesetz, 5. Aufl., München: Beck, 2002.

HwStR Handwörterbuch des Steuerrechts, 2. Aufl., München: Beck, Bonn: Verlag des Wissenschaftlichen Instituts der Steuerberater und Steuerbevollmächtigten, 1981.

Jacobs, Otto H. Internationale Unternehmensbesteuerung: deutsche Investitionen im Ausland; ausländische Investitionen im Inland, 5. Aufl., München: Beck, 2002.

Joswig, Michael Gründungsbilanzierung bei Kapitalgesellschaften nach Handels- und Steuerrecht, Düsseldorf: IDW-Verlag, 1995.

Kazele, Norbert Die Rechts- und Parteifähigkeit der Gesellschaft bürgerlichen Rechts, INF 2001, 335-341.

Kemper, Nicolas/ Konold, Robert Übertragung von Wirtschaftsgütern zwischen beteiligungsidentischen Schwesterpersonengesellschaften zum Buchwert, DStR 2000, 2119-2123.

Kempermann, Michael Anm. zum Urteil des BFH vom 05.06.2002, I R 81/00, FR 2002, 1058.

Kempermann, Michael	Mitunternehmererlass, Mitunternehmer und Mitunternehmeranteil – steuerrechtliche Probleme der Personengesellschaft aus der Sicht des BFH, GmbHR 2002, 200-204.
Kirchhof, Paul	Einkommensteuergesetz, 2. Aufl., Heidelberg: C.F. Müller, 2002.
Kirchhof, Paul/ Söhn, Hartmut/ Mellinghoff, Rudolf	Einkommensteuergesetz, Kommentar, Stand: Oktober 2002.
Kleine-Rosenstein, Christoph	Nutzungsänderungen und Übertragungen einzelner Wirtschaftsgüter, BBK, Fach 30, 1281-1296.
Klose, Holger	Die Gesellschaft bürgerlichen Rechts, NWB, Fach 18, S. 3889-3912.
Kloster, Anja/ Kloster, Lars	Steuersenkungsgesetz: Umstrukturierung von Mitunternehmerschaften, GmbHR 2000, 1129-1135.
Kluge, Volker	Das Internationale Steuerrecht, 4. Aufl., München: Beck, 2000.
Knobbe-Keuk, Brigitte	Bilanz- und Unternehmenssteuerrecht, 8. Aufl., Köln: O. Schmidt, 1991.
Knobbe-Keuk, Brigitte	Die Besteuerung der Personengesellschaft nach der neueren Rechtsprechung und Verwaltungsauffassung, DStR 1979, 183-191.
Korn	Carlé/Korn/Stahl/Strahl, Einkommensteuergesetz, Kommentar, 2000, Stand: November 2002.
Korn, Klaus	Buchwertfortführung für die Übertragung einzelner Wirtschaftsgüter bei Mitunternehmerschaften, KÖSDI 2002, 13272-13284.
Kraft, Gerhard/ Bräuer, Astrid	Einbringung von Wirtschaftsgütern des Privatvermögens in das Gesamthandsvermögen einer Mitunternehmerschaft ein privates Veräußerungsgeschäft im Sinne des § 23 Abs. 1 EStG?, DStR 1999, 1603-1605.
Kramer, Jörg-Dietrich	Die umsatzsteuerrechtliche Behandlung von Sacheinlagen in eine GmbH, GmbHR 1994, 93-98.
Kropholler, Jan	Internationales Privatrecht, 4. Aufl., Tübingen: Mohr Siebeck, 2001.
Küting, Karlheinz/ Weber, Claus-Peter	Handbuch der Rechnungslegung, Kommentar zur Bilanzierung und Prüfung, 3. Aufl., Stuttgart, Schäffer-Poeschel, 1990.

Kußmaul, Heinz/ Klein, Nicole — Maßgeblichkeitsprinzip bei verdeckter Einlage und verdeckter Gewinnausschüttung?, DStR 2001, 189-194.

Kusterer, Stefan — Anm. zum BMF-Schreiben vom 29.03.2000, DStR 2000, 821-822.

Lademann — Kommentar zum Einkommensteuergesetz, 4. Aufl., Stuttgart: Boorberg, Heidelberg: Recht und Wirtschaft, Stand: 2002.

Lange, Joachim/ Grützner, Dieter/ Kussmann, Manfred/ Reiß, Wolfram — Personengesellschaften im Steuerrecht, 5. Aufl., Herne/Berlin: Verlag Neue Wirtschafts-Briefe, 1998.

Larenz, Karl/ Canaris, Claus-Wilhelm — Methodenlehre der Rechtswissenschaft, 3. Aufl., Berlin/Heidelberg: Springer, 1995.

Laudan, Diether — Wahl der Sitzstaaten von Konzerngesellschaften als steuerliches Entscheidungsproblem, in Grotherr (Hrsg.), Handbuch der internationalen Steuerplanung, 2. Aufl., Herne/Berlin: Verlag Neue Wirtschafts-Briefe, 2003, S. 123-137.

Ley, Ursula/ Strahl, Martin — Steuerlicher Handlungsbedarf zum Jahreswechsel 2001/2002, DStR 2001, 1997-2013.

Ley, Ursula — Brennpunkte zu Einbringungen in und Umwandlungen auf Personengesellschaften, KöSDi 10/1999, 12155-12165.

Lishaut, Ingo van — Einzelübertragung bei Mitunternehmerschaften, DB 2001, 1519-1528.

Lishaut, Ingo van — Steuersenkungsgesetz: Mitunternehmerische Einzelübertragungen i.S. des § 6 Abs. 5 Satz 3 ff. EStG n.F., DB 2000, 1784-1789.

Littmann, Eberhard — Das Einkommensteuerrecht, 15. Aufl., Stand: 2002.

Littmann, Eberhard — Anm. zu den BFH-Urteilen I R 84/74 und I R 17/74, DStR 1976, 588.

Loos, Gerold — Zur verschleierten Sacheinlage bei der Aktiengesellschaft, AG 1989, 385-391.

Lutter, Marcus/ Hommelhoff, Peter — GmbH-Gesetz: Kommentar, 15. Aufl., 2000, Köln: O. Schmidt.

Lutter, Marcus/ Hommelhoff, Peter — GmbH-Gesetz: Kommentar, 14. Aufl., 1995, Köln: O. Schmidt.

Lutter, Marcus/ Gehling, Christian — Verdeckte Sacheinlagen, Zur Entwicklung der Lehre und zu den europäischen Aspekten, WM 1989, 1445-1460.

Lutter, Marcus — Verdeckte Leistungen und Kapitalschutz, in Festschrift für Ernst C. Stiefel zum 80. Geburtstag, München: Beck, 1987, S. 505-533.

Mankiw, N. Gregory — Principles of Economics, 2nd Edition, Fort Worth/ Philadelphia/San Diego/New York...: Harcourt College Publishers, 2001.

Märkle, Rudi — Neue Beratungssignale der Rechtsprechung zur Mitunternehmerschaft, DStR 2000, 797-808.

Maurer, Jörg — Vorbelastungshaftung und Eintragungshindernis bei Kapitalgesellschaften, BB 2001, 2537-2541.

Meilicke, Wienand — „Verschleierte" Sacheinlage und EWG-Vertrag, DB 1990, 1173-1179.

Meincke, Jens Peter — Anm. zum Beschluss des Bundesverfassungsgerichts vom 27.12.1991, StuW 1992, 188-190.

Mitsch, Bernd — Übertragungen im Bereich von Einzelunternehmen und Mitunternehmerschaften nach dem UntStFG, INF 2002, 77-82.

Mitsch, Bernd — Beratungsempfehlungen zu Vermögenstransfers zwischen Privat- und Betriebsvermögen bei Mitunternehmerschaften, INF 2000, 300-305.

MünchHdb.GesR I — Münchener Handbuch des Gesellschaftsrechts, hrsg. von Michael Hoffmann-Becking, Band 1, München: Beck, 1995.

MünchKommHGB — Münchener Kommentar zum Handelsgesetzbuch, hrsg. von Karsten Schmidt, Band 4, Drittes Buch – Handelsbücher: §§ 238-342a HGB, München: Beck, 2001.

MünchKommInsO — Münchener Kommentar zur Insolvenzordnung, hrsg. von Hans-Peter Kirchhof, München: Beck, 2001.

Neumann, Ralf — VGA und verdeckte Einlagen von A–Z, Köln: O. Schmidt, 2001.

Palandt — Bürgerliches Gesetzbuch, 62. Aufl., Beck: München, 2003.

Paus, Bernhard — Forderungsverzicht zugunsten der Personengesellschaft: Auswirkungen auf Gewinnverteilung und verrechenbare Verluste, FR 2001, 113-117.

Piltz, Detlev Jürgen — Stichwort: Gesellschafterbeiträge (Einlagen) quoad dominium, quoad usum, quoad sortem, DStR 1991, 251-252.

Raiser, Thomas — Recht der Kapitalgesellschaften: ein Handbuch für Praxis und Wissenschaft, 3. Aufl., München: Vahlen, 2001.

Reiß, Wolfram — Die Revitalisierung des Mitunternehmererlasses – keine gesetzestechnische Meisterleistung, BB 2000, 1965-1974.

Reuter, Alexander — Unternehmensbewertung bei Sacheinlagen: Der neue IDW-Standard S 1 auf dem Prüfstand des Kapitalaufbringungsrechts, BB 2000, 2298-2305.

Rick, Eberhard/ Gunsenheimer, Gerhard/ Martin, Ulrike/ Schneider, Josef — Lehrbuch der Einkommensteuer, 10. Aufl., Herne/ Berlin: Verlag Neue Wirtschafts-Briefe, 1999.

Risthaus, Anne — Erneute Änderung des § 23 EStG im Rahmen des Steuerbereinigungsgesetzes, FR 2000, 128-133.

Ritzrow, Manfred — Übertragung einzelner Wirtschaftsguts aus dem steuerlichen Betriebsvermögen einer Personengesellschaft in das Privatvermögen eines ihrer Mitunternehmer, StBP 2001, 16-19, 45-50.

Ritzrow, Manfred — Übertragung eines Wirtschaftsguts aus dem Privatvermögen eines Mitunternehmers in das steuerliche Betriebsvermögen der Personengesellschaft, StBP 2000, 294-298.

Röhricht, Volker/ Graf von Westphalen, Friedrich — Handelsgesetzbuch, Kommentar, 2. Aufl., Köln: O. Schmidt, 2001.

Rowedder, Heinz/ Schmidt-Leithoff, Christian — Gesetz betreffend die Gesellschaften mit beschränkter Haftung (GmbHG), 4. Aufl., München: Vahlen, 2002.

Rohler, Thomas — Ist die Abschaffung der Tauschgrundsätze wirklich gelungen? NWB, Fach 3, S. 10855-10858.

Rupp, Thomas/ Felder, Bernd/ Geiger, Otto/ Lang, Friedbert — Kommentar zur verdeckten Gewinnausschüttung und zur verdeckten Einlage, Stuttgart: Schäffer-Poeschel, Stand: 2001.

Rutkowsky, Stefan — Die neuen Grundsätze der Besteuerung der Mitunternehmer von Personengesellschaften, NJW 1978, 1298-1301.

Scheel, Karl-Christian — Unterschiedlicher Einlagebegriff im Gesellschafts- und Steuerrecht?, BB 1988, 1211-1214.

Schiffers, Joachim — Übertragung von GmbH-Beteiligungen und anderen Einzelwirtschaftsgütern in das Gesamthandsvermögen einer Personengesellschaft, GmbH-StB 2000, 213-216.

Schlegelberger — Handelsgesetzbuch, 5. Aufl., München: Vahlen, 1992.

Schmidt, Karsten — Die BGB-Außengesellschaft: rechtsfähig und parteifähig, NJW 2001, 993-1003.

Schmidt, Karsten — Rechtsfortbildung im Unternehmens- und Gesellschaftsrecht durch die Rechtsprechung des BGH, NJW 2000, 2927-2936.

Schmidt, Karsten — Gesellschaftsrecht, 4. Aufl., Köln/Berlin/Bonn/ München: Heymanns, 2002.

Schmidt, Ludwig (Hrsg.) — Einkommensteuergesetz, 21. Aufl., München: Beck, 2002.

Schmidt, Ludwig (Hrsg.) — Einkommensteuergesetz, 19. Aufl., München: Beck, 2000 (zit.: Schmidt, EStG, 19. Aufl. 2000).

Schmidt, Ludwig (Hrsg.) — Einkommensteuergesetz, 17. Aufl., München: Beck, 1998 (zit.: Schmidt, EStG, 17. Aufl. 1998).

Schmitt, Joachim/ Hörtnagl, Robert/ Stratz, Rolf-Christian — Umwandlungsgesetz, Umwandlungssteuergesetz, 3. Aufl., München: Beck 2001.

Schmitt, Michael/ Franz, Roland — Die Umstrukturierung von Personenunternehmen im Lichte des Berichts zur Fortentwicklung des Unternehmenssteuerrechts, BB 2001, 1278-1287.

Schnorr, Randolf — Die Verjährung von Einlageforderungen im Kapitalgesellschaftsrecht, DStR 2002, 1269-1275.

Schöpflin, Martin — Die Lehre von der verdeckten Sacheinlage – eine gelungene Rechtsfortbildung?, GmbHR 2003, 57-66.

Scholz, Franz — GmbH-Gesetz, Band 1, §§ 1-44, 9. Aufl., Köln: O. Schmidt, 2000.

Scholz, Franz — GmbH-Gesetz, Band 1, §§ 1-44, 8. Aufl., Köln: O. Schmidt, 1993.

Schoor, Hans Walter — Einlagen und ihre Bewertung, LSW, Gruppe 5, S. 115 (Heft 9/99).

Schüppen, Matthias/ Sanna, Thomas | Probleme beim Abschied von der wesentlichen Beteiligung, BB 2001, 2397-2407.

Schuhmann, Helmut | Zur Einlage im Einkommensteuerrecht, StBP 1997, 228-235.

Schulze zur Wiesche, Dieter | Einbringung von Wirtschaftsgütern aus dem Privatvermögen in eine Personengesellschaft gegen Gewährung von Gesellschaftsrechten, DStZ 2001, 192-196.

Schulze zur Wiesche, Dieter | StSenkG: Einbringung einzelner Wirtschaftsgüter des Betriebsvermögens in das Gesamthandsvermögen einer Personengesellschaft und umgekehrt sowie Realteilung nicht steuerbegünstigt?, FR 2000, 976-978.

Schulze zur Wiesche, Dieter | Betriebsveräußerung, Gesellschafterwechsel und Betriebsaufgabe im Steuerrecht unter besonderer Berücksichtigung der freiberuflichen Praxis, 7. Aufl., Heidelberg: C.F. Müller, 1999 (zit.: Betriebsveräußerung).

Schulze zur Wiesche, Dieter | Vermögensübertragungen im Rahmen einer Personengesellschaft nach den Änderungen durch das Steuerentlastungsgesetz 1999/2000/2002, DStR 1999, 917-922.

Schulze zur Wiesche, Dieter | Die Einbringung von Wirtschaftsgütern des Privatvermögens in das Gesamthandsvermögen einer Personengesellschaft, FR 1999, 519-521.

Schulze zur Wiesche, Dieter | Rechtsgeschäfte wie unter fremden Dritten oder Gesellschaftereinlage bei Personengesellschaften?, FR 1988, 177-179.

Schulze zur Wiesche, Dieter | Einlage und Entnahmen bei Personengesellschaften, FR 1982, 497-502.

Schwendy, Klaus | Einlagen, LSW 5/1999, Gruppe 4/96.

Schwetlik, Harald | Hinweise zur Verfügung der OFD Frankfurt vom 21.05.2000, GmbH-StB 2001, 224-225.

Seifried, Max | Zur Frage der Gewinnrealisierung bei Ausgliederung einzelner Wirtschaftsgüter, DB 1990, 1473-1478 (Teil I), 1525-1530 (Teil II).

Siehr, Kurt | Internationales Privatrecht, Heidelberg: Müller, 2001.

Söffing, Andreas | Übertragung einer wesentlichen Beteiligung auf eine Personengesellschaft, DStR 1995, 37-40.

Söffing, Günter | Durchgriff durch die Personengesellschaft, Stbg 1996, 289-299.

Söffing, Günter — Besteuerung der Mitunternehmer, Herne/Berlin: Verlag Neue Wirtschafts-Briefe, 1978.

Steinhauff, Dieter — Einbringung einer im Privatvermögen gehaltenen wesentlichen Beteiligung in KG gegen Gewährung von Gesellschaftsrechten, NWB, Fach 3, S. 10887-10890.

Strahl, Martin — Vermögensverwaltende Personengesellschaften im Ertragsteuerrecht, KÖSDI 2001, 12802-12811.

Sudhoff, Heinrich — Personengesellschaften, 7. Aufl., München: Beck, 1999.

Thiel, Jochen — Die Besteuerung der Personenunternehmen, Stbg 2001, 1-7.

Thiel, Jochen — Einlagen in Kapitalgesellschaften – Aktuelle Steuerfragen bei der Gesellschaft und beim Gesellschafter, DStR 1992, 1-7.

Thiel, Rudolf — Handelsrechtliche und steuerrechtliche Bewertung von Sacheinlagen bei der Kapitalgesellschaft, DB 1960, 300-303 und 334-336.

Thiel, Rudolf — Die Gewinnverwirklichung bei gesellschaftsrechtlichen Vorgängen, DB 1958, 1281.

Thömmes, Otmar/ Scheipers, Thomas — Ausgewählte Fragen zum Steuerentlastungsgesetz 1999/2000/ 2002: Internationales Steuerrecht, DStR 1999, 609-615.

Tiedtke, Klaus — Einkommensteuer- und Bilanzsteuerrecht, 2. Aufl., Herne/Berlin: Verlag Neue Wirtschafts-Briefe, 1995.

Tipke, Klaus (Hrsg.) — Grenzen der Rechtsfortbildung durch Rechtsprechung und Verwaltungsvorschriften im Steuerrecht, Köln: O. Schmidt, 1982 (zit.: Grenzen).

Tipke, Klaus/ Lang, Joachim — Steuerrecht, begründet von Klaus Tipke, fortgeführt von Joachim Lang, 17. Aufl., Köln: O. Schmidt, 2002.

Tipke, Klaus/ Lang, Joachim — Steuerrecht, begründet von Klaus Tipke, fortgeführt von Joachim Lang, 16. Aufl., Köln: O. Schmidt, 1997.

Uhlenbruck, Wilhelm — Insolvenzordnung, Kommentar, 12. Aufl. (früher zur KO), München: Vahlen, 2003.

Ulmer, Peter — Die höchstrichterlich „enträtselte“ Gesellschaft bürgerlichen Rechts, ZIP 2001, 585-599.

Vogt, Gabriele	Die Änderungen des § 17 EStG und ihre Auswirkungen auf Veräußerungen von Anteilen an Kapitalgesellschaften, DStR 1999, 1596-1605.
Vogt, Gabriele	Steuerliche Behandlung des Verzichts auf eigenkapitalersetzende Darlehen, DStR 2001, 1881-1882.
Wacker, Roland	Kommentar zu Urteil des BFH vom 09.05.2000, VIII R 41/99, BB 2000, 1979-1980.
Wacker, Roland	Einlagen, NWB, Fach 3, S. 5039-5046.
Wälzholz, Eckhard	Auswirkungen der Schuldrechtsreform auf Gesellschaften und Geschäftsanteilsabtretungen, DStR 2002, 500-508.
Wassermeyer, Franz	Die Übertragung von Wirtschaftsgütern unter Vermeidung der Aufdeckung stiller Reserven, BB 1994, 1-6.
Wassermeyer, Franz	Tausch und Einlage von Anteilen an Kapitalgesellschaften über die Grenze, DB 1990, 855-859.
Weber-Grellet, Heinrich	Steuerbilanzrecht, München: Beck, 1996.
Weber-Grellet, Heinrich	Die verdeckte Einlage, DB 1998, 1532-1538.
Weber-Grellet, Heinrich	Aktuelle Entscheidungen und Entwicklungen im Bilanzsteuerrecht, Stbg 2001, 64-75.
Wendt, Michael	Übertragung von Wirtschaftsgütern zwischen Mitunternehmerschaft und Mitunternehmer – § 6 Abs. 5 EStG i.d.F. des UntStFG als zweiter Versuch zur „Wiedereinführung des Mitunternehmererlasses", FR 2002, 53-66.
Weßling, Johannes/ Bange, Hubertus	Gestaltungsempfehlungen zur steuerneutralen Übertragung von Einzelwirtschaftsgütern und (Teil-) Betrieben, INF 1998, 653-658.
Wichmann, Gerd	Einlagen in Gesellschaften?, Stbg 2000, 314-318.
Wichmann, Gerd	Einlage von Wirtschaftsgütern des Privatvermögens in ein Betriebsvermögen (Anmerkungen zu Schulze zur Wiesche, DStR 1999, 917), DStR 1999, 1221.
Wichmann, Gerd	Einlagen und Entnahmen im Zusammenhang mit verdeckten Gewinnausschüttungen, BB 1998, 20-22.
Wichmann, Gerd	Derzeitiger Erkenntnisstand zur Rückabwicklung einer verdeckten Gewinnausschüttung, GmbHR 1997, 991-995.

Widmann, Siegfried/ Mayer, Dieter | Umwandlungsrecht: Umwandlungsgesetz, Umwandlungssteuergesetz, Kommentar, Bonn: Stollfuß, Stand: Juli 2002.

Wiedmann, Harald | Bilanzrecht, Kommentar zu den §§ 238-342a HGB, München: Beck, 1999.

Wilhelm, Marco | Grundlagen zur verdeckten Sacheinlage, StuB 2000, 1228-1229.

Wismeth, Siegfried | Ertragsteuerliche Auswirkungen von offenen und verdeckten Sacheinlagen in eine Kapitalgesellschaft, FR 1990, 275-279.

Wolter, Claudia | Gesellschafterfremdfinanzierung – verdeckte Einlage, verdecktes Stammkapital, Drittaufwandseinlage, Berlin: Duncker und Humblot, 1997.

Wuttke, Ralf/ Weidner, Werner | Buchführungstechnik und Bilanzsteuerrecht, 12. Aufl., Stuttgart: Schäffer-Poeschel, 2001.

Zenthöfer, Wolfgang Schulze zur Wiesche, Dieter | Einkommensteuer, 6. Aufl., Stuttgart: Schäffer-Poeschel, 2001.

Von den nach Abgabe der Dissertation am 21.03.2003 erschienenen Publikationen sei auf die beiden folgenden hingewiesen:

Schmidt, Lutz/ Hageböke, Jens | Offene Sacheinlagen als entgeltliche Anschaffungsvorgänge? Zugleich kritische Anmerkungen u.a. zum BFH-Urteil vom 05.06.2002, I R 6/01, DStR 2003, 1813-1818.

Wendt, Volker | Das Verhältnis von Entnahme/Einlage zur Anschaffung/Veräußerung im Einkommensteuerrecht, Köln: O. Schmidt, 2003.

Freiburger Steuerforum

Herausgegeben von Wolfgang Kessler

Band 1 Andreas Sinz: Stützungsmaßnahmen im transnationalen Konzern. Steuerwirkungen von Zuschuss und Forderungsverzicht im Verhältnis Deutschland, Frankreich und Schweiz. 2001.

Band 2 Christian Gastl: Betriebe gewerblicher Art im Körperschaftsteuerrecht. Abgrenzung – Einkommensermittlung – Steuerbelastung. 2002.

Band 3 Tobias Teufel: Steuerliche Rechtsformoptimierung. Gestaltungssuche im Gesellschaft-Gesellschafter-Verhältnis. 2002.

Band 4 Markus Peter: Fortentwicklung des Betriebsstättenprinzips. 2002.

Band 5 Ingmar Schörck: Veränderungen der Kommunikation in der Steuerberatung durch den Einsatz internetbasierter Technologien. 2003.

Band 6 Ralph-Erich Schmidt: Die Umsatzbesteuerung der Bankleistung im Einlagen- und Kreditgeschäft. Mängel und Alternativen unter besonderer Berücksichtigung einer Cash-Flow Umsatzbesteuerung (TCA-Modell). 2003.

Band 7 Claudia Pischetsrieder: Einkünftequalifikation bei Immobiliendirektinvestitionen in Ungarn und Tschechien unter Einschaltung von haftungsbeschränkten Personengesellschaften. 2004.

Band 8 Michael Muchenberger: Die Entwicklung der Besteuerung und deren Ausrichtung am Leistungsfähigkeitsprinzip. Historische Bedeutung, theoretischer Erklärungsansatz und neuere Implikationsanalyse für die BRD. 2004.

Band 9 Michael A. Müller: Die GmbH & Co. KG als Europa-Holding. 2004.

Band 10 Ralf Adam: Einlage, Tausch und tauschähnlicher Vorgang im Zivilrecht und im Steuerrecht. 2005.

www.ingramcontent.com/pod-product-compliance
Ingram Content Group UK Ltd.
Pitfield, Milton Keynes, MK11 3LW, UK
UKHW021935290926
8980IPUK00016B/1645

9 783631 536384